AUSPICIOUS SHAANXI

朱文杰　著

吉祥陕西

下

陕西新华出版传媒集团
太白文艺出版社

Contents 目录

第五章 秦岭南北说祥禽

第六章 秦岭南北的嘉木奇卉

第一章 天下门神出关中

DI YI ZHANG
TIAN XIA MEN SHEN
CHU GUAN ZHONG

天下门神出关中

1. 门神文化之内蕴

所谓门神，顾名思义就是守护宅门的神灵，是中国古代创造出来的宅院保护神的统称。

门是人居环境中与外界相通的出入口，也称阴阳两界的界隔。因此，中国古人对门非常看重。《礼记·曲礼下》中有：“天子祭天地，祭四方，祭山川，祭五祀，岁遍。”东汉班固《白虎通·五祀》则有“五祀者何谓也？谓门、户、井、灶、中溜也。”门被列为五祀之首，可见祭祀门神这种民俗被上升到了“礼”的高度。

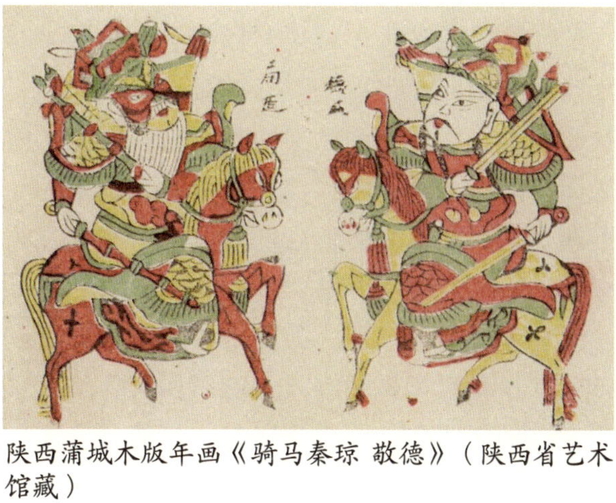
陕西蒲城木版年画《骑马秦琼 敬德》（陕西省艺术馆藏）

最早充当门神的是一块桃木，接着演化为雕刻成人形的桃木，历来就用

陕西凤翔木版年画《方弼 方相》（陕西省艺术馆藏）

一方桃木板，画上两个神人，一曰神荼，一曰郁垒。或画上一些咒符，即桃符。桃木自古以来就有辟邪驱鬼的功能，古人认为桃木是五木之精，能克百鬼。明代冯应京《月令广义·十二月令》载："道家谓门神，左曰门丞，右曰门尉，盖司门之神，其义本自桃符。"宋代诗人王安石在《元日》中写道："爆竹声中一岁除，春风送暖入屠苏。千门万户曈曈日，总把新桃换旧符。"这诗中的"桃符"说的也是春联，以此看来，这春联和门神皆源自桃符。

王充的《论衡·订鬼》所引《山海经》有："沧海之中，有度朔之山，上有大桃木，其屈蟠三千里，其枝间东北曰鬼门，万鬼所出入也。上有二神人，一曰神荼，二曰郁垒。主阅领万鬼。善害之鬼，执以苇索，而以食虎。于是黄帝乃作礼，以时驱之，立大桃人，门户画神荼、郁垒与虎，悬苇索以御凶魅。"蔡邕《独断》也有类似之说。但现今版本的《山海经》无此引文。据以上记载我们可以进一步得知"门神"的创造源于神话。

过年贴门神源于古人的门神崇拜，随着造纸术的发明，纸张逐渐被广泛应用，于是桃符被画有人像的纸所代替。汉时即以神荼、郁垒为门神，腊月画其像贴于门户上，抵御鬼魅。神荼、郁垒是有文字记载以来最早的门神，出在黄帝时代，传说是黄帝的部属神将，黄帝下令将其刻在桃木上置于门而驱鬼辟邪。

黄帝活动范围主要在黄河流域，陕西为其中心地带，黄帝陵就在陕西。还有，与黄帝同为中华民族始祖的炎帝在宝鸡，黄帝的史官文字之祖仓颉也生活在陕西白水。看来陕西应该是门神最早的发源地。

到了唐代，神荼和郁垒被两位唐代大将秦琼和尉迟恭所取代，成为新的门神。这二位大唐的开国功臣最为老百姓所熟悉和喜爱，成了门神中影响全国的头牌人物。

接着《封神演义》中的人物赵公明和燃灯道人成了一对门神。赵公明是陕西周至人，还是一位大财神，被姜子牙封为中路正财神，也可以说是统管五路的总财神。财神当门神，护宅还招财，身份够绝的了。

陕西凤翔木版年画中的门神画《镇殿将军》选的是方弼、方相兄弟，传说两兄弟是西岐人，即现在陕西岐山、凤翔一带人，也是《封神演义》中为商纣王守宫门的镇殿大将军。

陕西汉中木版年画还有清代的门神是与秦琼、敬德同时代的李元霸与裴元庆，应是出自历史小说《隋唐演义》。李元霸为李世民弟弟，传说都出生于陕西武功，他们的父亲李渊时任岐州刺史。

而唐代终南山人氏钟馗，也被尊为门神，他应算是客串的。门神画一般

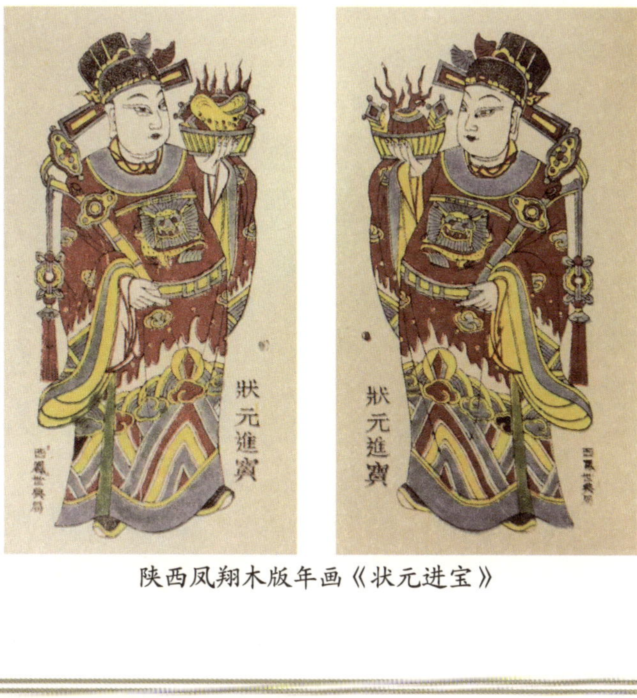

陕西凤翔木版年画《状元进宝》

都是成双成对的，是看护门户、辟邪镇鬼的，而钟馗主要是镇宅捉鬼的，司职类似，当门神是必然。因是单独一人，当门神也只能是贴在单扇门上，如家宅中的第二道门，或内宅的客厅、书房门上。

与钟馗类似的还有大唐名臣魏徵，也是镇守后门，或内宅单扇门的门神。唐代英雄人物中当门神的不少，但主要就是这几个人，其一生最重要的活动都在唐代皇都长安。

陕西神木木版年画《张天师斩妖》

民间还以成庆作门神。成庆是古代的一个勇士，陕西扶风人班固的《汉书》有记载，早在汉朝殿门上就画着他的尊容：穿短布大裤，持长枪。

门神画种类繁多，能借用的英雄人物都可能当门神，例如：武财神关公也被奉为门神，还有与他同为五虎将的张飞、赵云、马超、黄忠，他的儿子关平以及周仓，一牵牵出一大串都成了门神。再有一种门神可称为吉祥门神，或祈福门神，例如天官、禄星、文昌星等。凤翔木版年画的对画《坐帐将军》《拨马二将》《加官晋爵》《灵宝神判》《和合二仙》《状元进宝》《五福临门》，和神木木版年画的《张天师斩妖》都是门神画。

夫妇合力当门神的有穆桂英、杨宗保，专为新婚夫妇守门。单人的穆桂英，或与花木兰配对一般为未出阁的女子守闺门。

动物也能当门神，主要有青龙、白虎，道教寺观贴的老虎和公鸡，凤翔木版年画中就有门画《神虎镇宅》和《神鸡》，神木木版年画中有《大吉有余》，画面是一对大公鸡。另外，神木木版年画《张天师斩妖》图案中还有一只狮子，狮子也被不少地方当门神。

想着这么多的中国门神以及传说都和陕西有关，让人颇感诧异，真有天下门神出陕西的感觉，也从一个侧面证明了陕西这块皇天后土上，中华五千年文明史的源远流长和中国传统民俗文化的根柢深固。

2. 中国第一门神秦琼敬德

中国民间的年画源于古代的门神画。

秦琼、敬德形象被画在年画上当门神，应该是宋元形成习俗，明代广泛流行，到清代影响全国达到鼎盛的。至今仍有人贴，而尤以春节期间在大多数城市、乡镇、农村盛行不衰。秦琼、敬德当门神，如此影响广泛，受人欢迎，被誉为中国第一门神，绝对的名副其实，无人能匹。

秦琼、敬德为何当了门神？源于这样一个传说：据《三教源流搜神大全》载："传唐太宗不豫，寝门外抛砖弄瓦，鬼魅呼叫，三十六宫，七十二院夜不宁静。太宗惧之，以告群臣。秦叔保出班奏曰：'臣平生杀人如剖瓜，积尸如聚蚁，何惧魍魉乎？愿同胡敬德戎装立门以伺。'太宗可其奏，夜里无警。太宗嘉之，谓二人守夜无眠，太宗命画工图二人之形像全装，手执玉斧，腰带鞭练弓箭，怒发一如平时，悬于宫掖之左右，邪祟以息。后世沿袭，遂永为门神。"

陕西汉中木版年画《秦琼 敬德》（陕西省艺术馆藏）

唐太宗为何总被鬼怪惊忧而睡不着觉呢？有三种不同的说法。一说是李世民一生杀伐过多，伤人无数。尤其发动玄武门兵变，杀了太子李建成和齐王李元吉。不管怎么说弑兄诛弟，有伤天和，加之众多鬼魂也来索命，时有恶梦惊扰，以致李世民终日惶恐。

还有一说法是因为泾河龙王的鬼魅所扰。传说唐朝开国初，长安附近的泾河龙王犯了天条，玉帝命魏徵为监斩官。泾河龙王向唐太宗求情请他网开一面，太宗答应了。到了斩龙的那个时辰，便故意宣召魏徵来下棋。没想到魏徵下着下着打了一个盹，在梦中出神还是把泾河龙王斩了。于是，泾河龙王抱怨太宗无信，每临夜就来向太宗呼号讨命，阴魂不散，在宫外抛砖弄瓦。李世民既惭愧又难过，每夜都被泾河龙王的冤魂吵得无法入睡。他只好将这一情况向群臣通报，以求解决办法。大将秦琼奏道：愿同尉迟敬德戎装立前门以待。李世民应允，那一夜果然无事，老龙王不敢来闹。二位将军连站三夜岗，太宗念及他们彻夜辛苦，遂命宫廷画家将秦琼和尉迟敬德的形象描在画布之上，并张贴于宫廷的正门之上。

《西游记》第九回“袁守诚妙算无私曲，老龙王拙计犯天条”，第十回“二将军宫门镇鬼，唐太宗地府还魂”说的就是魏徵梦斩泾河龙王和秦琼、敬德二将军宫门镇鬼的故事。

《西游记》中有一段描写秦琼和敬德守门的威武形象极精彩，特录于下：“头戴金盔光烁烁，身披铠甲龙鳞。护心宝镜幌祥云，狮蛮收紧扣，绣带彩霞新。这一个凤眼朝天星斗怕，那一个环睛映电月光浮。他本是英雄豪杰旧勋臣，只落得千年称户尉，万古作门神。”

海峡对岸的台湾邮政部门发行《西游记》邮票套票中，就有一枚“梦斩泾龙”。《永乐大典》“送字韵梦字类”也记有魏徵《梦斩泾河龙》的故事。

三说是据《李世民外传》所载：相传在贞观十年六月，长孙皇后死后不久，太宗李世民得了一场大病，茶饭不思，一到晚上睡觉时脑子里就会出现幻觉，总感到寝宫外有鬼怪抛砖扔瓦、唳嚎呼叫，非常恐惧，害得李世民整夜不能成眠，秦琼、敬德知道后便每夜手持利器站立门外护驾……

这几个神话传说大同小异，总之都和唐太宗李世民，以及唐长安皇城的太极宫有关。绘有秦琼、敬德二将军真容的画贴到宫门上。以画代人，倒也省事，且邪祟自息。

后来，民间沿袭，也将秦琼他们的形象贴在自家的大门之上，慢慢地，这两员大将便成为千家万户的守门神了。其中执锏者即是秦琼，执鞭者乃是尉迟敬德。秦琼、敬德就这样成了门神，一下站到了现在。

秦琼、敬德被贴在门上当门神，一般左秦琼，右敬德；秦琼黄白脸，留五绺须。敬德黑红脸，蓄连鬓胡；秦琼手执锏锏，敬德手握钢鞭，故民间俗称为“鞭锏门神”，还有“步下”“马上”，“披袍”“贯甲”之别；凤翔木版年画则分为《坐帐将军》《拨马二将》；手执鞭锏之外还有手执金瓜钺斧的，可以说样式繁复。门神两旁有时还配有一副对联“昔日开国将，今作镇宅神”。

贞观十七年（643年），秦琼与敬德等人被图形于唐长安太极宫内凌烟阁，封为凌烟阁二十四功臣之一，敬德排第七，秦琼最末。秦琼、敬德死后葬在陕西省礼泉县昭陵周围，为唐太宗李世民陪葬。看来这两位大将，生生死死都摆脱不了为李世民站班当门神的命运了。

3. 镇宅门神——钟馗

钟馗在中国传统文化中称为“赐福镇宅圣君”，声名显赫，在民间享有极高声望。老百姓借助钟馗镇宅驱鬼，祈福纳祥。

年画上的钟馗，身披一袭大红袍，豹头环眼，铁面虬髯，相貌奇伟。手舞银光闪闪的一柄宝剑，眼前有蝙蝠自东方而来，一是寓意福如东海，二是寓意福在眼前。这幅年画色彩浓烈，象征着钟馗一身正气，降妖伏魔。在春节除夕和五月端午来临之际贴于大门和室内用以保平安，驱鬼邪。

陕西凤翔木版年画《灵宝神判》（陕西省艺术馆藏）

《历代神仙通鉴》记载有：钟馗系陕西终南山人，少时即才华出众，唐武德年间，曾赴京应试，却因相貌丑陋而落选，愤而撞死殿阶。帝闻之，赐以红官袍安葬。

钟馗因愤撞阶而死，到底是谁因其相貌丑剥夺了他的录取资格？还有两个版本。一说是唐玄宗才登基那年，钟馗赴长安应试，一路闯关最终到皇帝殿试。钟馗作《瀛州侍宴》五篇，被主考官誉称奇才，取为第一。可唐明皇殿试时一见钟馗相貌丑陋，遂御笔一挥，把钟馗名字勾掉了。再有一个版本是唐德宗年间殿试时，奸相卢杞以貌取人，向唐德宗进谗言，而导致钟馗落选。

其实卢杞本身就相貌狰狞可怖，“体陋甚，鬼貌蓝色”，却偏偏见不得别人丑陋。他的心更黑，被称为“小人中的极品”。当然后一传说发生在唐德宗年间，就和后边唐玄宗之梦没关系了，可以理解的是中国人爱把坏事都堆到一个坏人身上，表示自己的愤恨。

卢肇的《唐逸史》中记有这样一个故事：天宝年间，唐明皇在临潼骊山讲武后偶患脾病，久治不愈。一夜在梦中见一小鬼偷了杨贵妃的紫香囊和自己的玉笛，他见了大怒，大声呵斥，正要派武士捉拿，这时突见一相貌奇伟的大汉，一伸手便捉住那个小鬼，剜出眼珠后，一口吞了下去。大汉声称“臣是终南进士钟馗，高祖武德年间，因赴长安应武举不第，羞归故里，触殿前阶石而死。幸蒙高祖赐绿袍葬之，遂铭感在心，死后成为鬼王，誓替大唐除尽天下恶鬼妖孽。”唐明皇梦醒，即刻病愈。于是，命吴道子将梦中钟馗捉鬼情景绘成一幅画，悬于宫中以辟邪镇妖。

吴道子画成《钟馗捉鬼图》后，玄宗一见此画有点发愣，问吴道子：“莫非你跟我一起做的同一个梦，画得如此形神毕肖，和我梦中之人一模一样！”唐明皇于是在画上题字：“灵祇应梦，厥疾全瘳，烈士除妖，实须称奖。因图异状，颁显有司，岁暮驱除，可宜遍识，以祛邪魅，益静妖氛。仍告天下，悉令知委。”原来，吴道子果真在梦中见过钟馗，“恍若有睹”，因之画得极像。

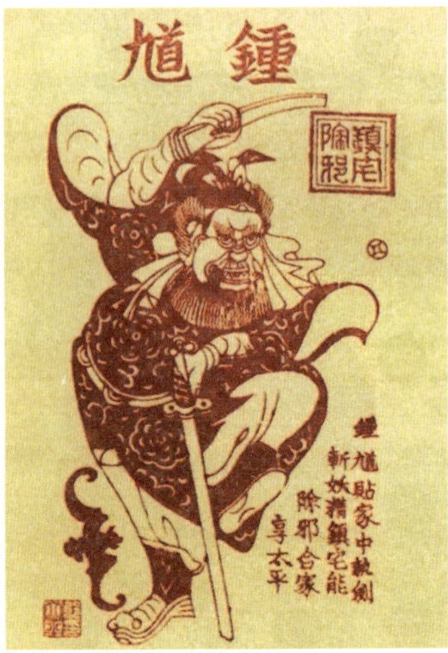

凤翔木版年画《钟馗》（邰瑜作品）

宋代《醉翁谈录》也有记载：“除夜，旧传唐明皇是夕梦鬼物，名曰钟馗，即觉，命工绘画之。至今人家图其形，贴于门壁。”看来是曾创造了“开元盛世”又引发了“安史之乱”的这位唐玄宗“推出”了门神钟馗。

另有一说是钟馗传说源起于周代宫廷岁末驱邪典礼中的法器——终葵，至南北朝时影响到民间，成为老百姓除邪辟恶的一件神器。到唐代才创造出人物形象的钟馗。尔后，道教尊钟馗为神，封为祛恶逐鬼的判官。凤翔木版年画《灵宝神判》画钟馗就以神判命名。这幅年画以朱砂色单色印制，朱砂色鲜红，古人认为能辟邪，养精神，安魂魄，益气明目，蕴含一种神秘的力量。画面上钟馗四周环飞五只蝙蝠，还寓意五福临门。

有丹青国手之誉的唐代大画家吴道子，所绘之画被列为神品，遗憾的是没有留下传世之作。而在2009年5月有报道：在钟馗故乡的终南山下，户县祖庵镇被称为道教全真道祖庭的“大重阳万寿宫”发现了一幅刻在石碑上据传为吴道子的《钟馗神威图》，如考证为真迹，当为中国最早的门神图实物。当然更是钟馗故里的一大盛事。钟馗当门神从历史记载看，比秦琼、敬德要早。而且他不仅是门神，还是被尊为福神的“赐福镇宅圣君”。室内外、门上都可以贴。

关于钟馗为终南山人之说，在各种古书典籍中都有记载。《唐逸史》有：“臣终南山进士钟馗也。”宋代的《事物纪原》有：“钟馗者，系终南山进士。”明万历年教坊编演的杂剧剧目《庆丰年五鬼闹钟馗杂剧》，楔子里交代：“钟馗是终南山人氏。”《清嘉录》卢毓蒿有诗云：“绿袍乌帽吉莫靴，知是终南山里客。眼如点漆发如虬，唇如腥红髯如戟。”清代画家金农在其画作《醉钟馗》上题曰：“不特御邪拨历，而其醉容可掬，想见终南进士嬉傲盛世，庆幸太平也。”另外，民间话本小说烟霞散人的《斩鬼传》：“话说唐朝中南山有一秀才，姓钟名馗，字正南。”云中道人的《平鬼传》：“话说大唐德宗年间，有一名进士，姓钟名馗，字正南，终南人氏。”

陕西凤翔木版年画《钟馗》（凤翔县博物馆藏）

最早记载钟馗的还有《全唐诗》收录的唐明皇时的一位宰相张说的诗《谢赐钟馗及历日表》，其中有感谢皇上赐给自己钟馗像的事。看来，贴钟馗像辟邪镇宅确实是从大唐长安，尤其是从皇宫、上层社会中开始兴盛的。

民间传说中的钟馗，大概是诸神中最丑之人，脸如黑炭，眼如铜铃，但是人们并不因他面目怪异而产生厌恶。其中原因主要是他外貌虽丑，却满腹经纶，才华横溢，为人正直，肝胆相照，正气浩然，刚直不阿。

钟馗是中华传统文化中一个独特的，代表正义驱邪的形象，根植于老百姓心中，一位家喻户晓，为人们崇敬信仰并深感亲近的神威并具的人物。

4. 赵公明与燃灯道人

还有一对是赵公明和燃灯道人。赵公明主要是财神，做门神应该是兼职。

赵公明出身并不好，历史上曾是督鬼之神人的“鬼帅”“瘟神”，可以说浑身充满了鬼气、瘟气和邪气。选他做门神，是否也有以鬼制鬼、以瘟神镇瘟疫之意。当然，后来赵公明演变成了“能驱雷役电，除瘟禳灾，主持公道，求财如意”的全能之神，加上赵公明首先是财神，门神去守家宅、守库房，取意自然还在于招财进门、财宝盈库。财神当门神一举两得，一切就顺理成章了。

陕西汉中木版年画《赵公明 燃灯道人》（陕西省艺术馆藏）

另外，赵公明历史劣迹也不少，主要是助纣为虐，逆历史潮流而动。《封神演义》中有：武王克殷时，赵公明原是居于峨眉山罗浮洞的截道人，受殷商太师闻仲礼请，辅佐殷纣王，艺高术强，周朝阐教的仙人及将领们都不是对手，接连败阵，姜子牙只好请陆压散人施法术，用钉头七箭书将之杀死！

选赵公明和燃灯这一双《封神演义》的敌对人物作门神，可能是看到他们，一个帮闻太师，一个助姜子牙。《封神演义》第四十五回有“燃灯议破十绝阵”，第四十七回有“公明辅佐闻太师”。把他们贴在门上，意思是无论你什么鬼魅，都不敢上门。其中也体现了民间无名造神者胸襟的博大宽阔，不管你何方神灵，能为我用就行。中国传统哲学中讲究辩证、对立统一，使冤家聚首，超脱恩怨情仇，达到最后共同为民守护门户目标的终极一致，特别的耐人寻味，富有创意。

这一对门神，赵公明骑虎，传说虎为专吃恶神的辟邪猛兽；燃灯骑鹿，而仙鹿象征吉祥如意和寓意进禄的瑞兽，此二人也被称为“虎鹿门神”。

年画上的这对门神贴在大门上，左方骑虎扬鞭，手托定海神珠的是赵公明，右方骑梅花鹿，一手托如意，一手高举量天尺的是燃灯道人，两位各显其能；还有的年画图上这对门神正处决斗之中，赵公明举起金蛟剪正欲去斩断燃灯道人的坐骑梅花鹿，场面异常紧张火爆。

赵公明是终南山人，其故里在陕西周至的赵大村，但在陕西关中人家中贴这对门神还是比较少见，可能陕西这个福地的门神较多，也可能陕西人主要还是看重赵公明的财神地位。

5. 镇殿将军方弼方相

陕西凤翔的木版年画有一对门神很与众不同，他们是方弼、方相兄弟，也是《封神演义》中的人物。

方家兄弟为殷商时都城朝歌的镇殿大将军，也就是守宫门的将军，曾吓阻住狐狸精化作的妖女妲己。后又为救纣王要杀的儿子殷郊、殷洪，反出朝歌。《封神演义》第八回“方弼方相反朝歌”说的就是他们的事。书中说这兄弟二人“方弼身长三丈六尺，方相身长三丈四尺”，铁塔一般，力大勇猛，是一对正气浩然的忠烈汉子。他们出场时先声夺人，“只听得殿西首一声喊叫，似空中霹雳。大呼曰：‘天子失政，杀子诛妻，建造炮烙，阻塞忠良，昏庸无道。……今天子不道，三纲已绝，大义有乖，恐不能为天下之主，我等亦耻为之臣。我等不若反出朝歌，另择新君，去此无道之主，保全社稷。’”真正是声震寰宇，惊天地，泣鬼神。武成王黄飞虎赞他们：“可惜文武之中并无一位似方弼二人者。方弼乃一夯汉，尚知不忍国母负屈，太子枉死，自知卑小，不敢谏言，故此背负二位殿下去了，……此事明知有死无生，只是迫于一腔忠义。”

陕西凤翔木版年画《镇殿将军方弼方相》

正如黄飞虎所言，一位守宫门的，地位自然卑微，但位卑未敢忘忧国，方弼、方相为救太子殿下反出朝歌，确实是一腔忠义。而且是最早反出朝歌，与荒淫无道暴君殷纣王决裂之人。

方弼、方相兄弟自古就被西北民间誉为“把门的将军”，也是早期以真人真名而命题所画的最早的门神。民间选他们做门神，可能有三种理由，一选其出身曾为把门的镇殿大将军；二选其曾震慑妖狐妲己；三选他们忠义感人，一身正气。这方弼、方相传说为西岐之人（今陕西岐山），和赵公明都在太白山拔仙台上受姜子牙所封，方弼封为显道神，方相封为开路神。一个显道，一个开路，做门神也都算得上是实至名归。

2006 年被列入中国第一批非物质文化遗产名录的凤翔木版年画中，藏有清代古版大门神《方弼方相》，是被美术界称为“古、大、雅、卓”和“东方智慧的结晶”的凤翔木版年画中的经典代表作。也是中国木版年画最具代表性的作品，其浑厚大气、神气十足的整体布局，古朴遒劲、吴带当风的线条，让人叹为观止。并被中央美院教授、中国木版年画专家薄松年先生选为他主编的《中国门神画》一书的封面和封底。其地位之特殊，堪称中国木版年画中门神的巅峰之作。

其实，早于明代《封神演义》出版前，民间就有方相传说，《三教源流搜神大全》载："开路神君，乃《周礼》之方相氏也。相传轩辕黄帝周游九垓，元妃嫘祖死于道，召次妃好如监护，因置相以防夜，盖其始也。"后方相驱鬼成为通行的宗教仪式。故《周礼》以方相为官名，专掌驱鬼之仪式。据《周礼·夏官·方相氏》载："方相氏掌蒙熊皮，黄金四目，玄衣朱裳，执戈扬盾。"其职司一为帅百隶驱除疫鬼，以索室驱疫；一为大丧之时，为柩先导，为其开路，为开路神。汉代沿此风俗。明代将其神化。《历代神仙通鉴》称为黄帝时之长勇人，执戟防卫，封阡陌将军。死后为显道神。黄帝又召为雷部健儿，善走，疾如雷，号"律令"。道教咒语"急急如律令"即指此。

最后《封神演义》又将其神衍为二神，一为方相，一为其兄方弼，遂成一对门神。

6. 魏徵成门神

魏徵（580 年 ~ 643 年），字玄成。祖籍河北巨鹿（今河北省晋州市）。唐朝政治家。曾任谏议大夫、左光禄大夫，封郑国公，谥文贞，为凌烟阁二十四功臣之一。

魏徵之所以成为后门门神，源自于中国古典文学四大名著之一的神话小说《西游记》。

《西游记》第十回"老龙王拙计犯天条，魏丞相遗书托冥吏"中说：唐丞相魏徵斩了泾河老龙王之后，老龙王的鬼魂自觉委屈，便每夜进入内宫找唐太宗李世民索命。无奈宫门外有秦琼、尉迟恭二将把守，老龙王冤魂自不敢从双锏双鞭下直接闯宫，便转至长安太极宫的后宰门，抛砖扔瓦，惊扰唐太宗。由于秦琼和尉迟恭已守在前门，故丞相魏徵

陕西凤翔木版年画门神《魏徵》

清代陕西木雕《魏徵进谏》（王山水摄）

只好亲自持诛龙宝剑夜守后宰门，时间一长，老龙王的冤魂渐渐地衰落下去，魏徵手中那把诛龙宝剑便不再呈高扬之状而垂立一侧了。

唐代的太极宫北门为玄武门，后宰门是明代的称呼，原名厚载门，因明代第十二个皇帝穆宗名叫朱载垕，“垕”与“厚”同音，犯了圣讳，才改为后宰门的。

魏徵本是一文臣，最早在潞城县二贤庄三清观内当道长，是道教出身，被民间奉为门神后，其像也仗剑怒目，一派英武气概。正如《西游记》书中赞曰的：“熟绢青巾抹额，锦袍玉带垂腰。兜风鹤袖采霜飘，压赛垒荼神貌。脚踏乌靴坐折，手持利刃凶骁。圆睁两眼四边瞧，那个邪神敢到？”

另外，魏徵能接受天界玉皇大帝的金旨，还与阴司掌生死文簿的丰都判官崔珏交情不薄，梦中常相会，身份肯定不低。《西游记》中还称他是“人曹官”。道家有天曹、人曹等官职，天曹指天上仙官，人曹指主管人间事务的人官。从他有负责斩龙王的权力来看，身份至少是通判什么的官。这就和钟馗的“祛恶逐鬼判官”差不多，或更高一些。加之魏徵能手执诛龙剑，一梦斩龙王，出没神机，法力之高，可见一斑。唐太宗选他当门神还是有眼力的。而在中国有些地方，也有把魏徵和徐茂公凑成一对门神的。

魏徵

而真实生活中的魏徵，是一位名垂千古的名相，是他在唐都长安开国辅佐一代贤名君主李世民，共同开创了大唐盛世的“贞观之治”。

魏徵以直谏敢言著称，是中国历史上最负盛名的谏臣。他规谏太宗要兼听广纳，认为“兼听则明，偏信则暗”，魏徵对唐太宗常常是面折廷争，甚至弄得面红耳赤，让唐太宗下不了台。一次罢朝后，太宗曾余怒未息地说：“会须杀此田舍翁。”又说魏徵“每廷辱我”。不难看出，魏徵的犯颜直谏，也够厉害了，以至到了皇帝难以忍受的程度。但唐太宗也不愧为一位开明的贤名之君，对魏徵的犯颜直谏曾感叹说：“人言魏徵举动疏慢，我但觉妩媚，适为此耳。”

实际上太宗李世民是把魏徵视为老师，“敬之重之，同与师傅，不以人臣处之”。太宗曾说：“贞观之后，尽心于我，献纳忠谠，安国利民，犯颜正谏，匡朕之违者，唯魏徵而已。古之名臣，何以加也。”魏徵逝世后唐太宗痛失国之柱石，曾赋诗悼念：“劲条逢霜摧美质，台星失位夭良臣。唯当掩泣云台上，空对余形无复人。”魏徵陪葬陕西礼泉唐太宗昭陵，坟墓选在昭陵半山腰上，这一种殊荣，唯魏徵一人享受，因为，其他开国大臣、元勋死后能陪葬昭陵的皆在山下。

太宗李世民曾感慨地说：“人以铜为镜，可以正衣冠，以古为镜，可以见兴替，以人为镜，可以知得失。魏徵没，朕亡一镜矣！”

从此，“三镜”之喻，遂青史留名，万古传颂。所以，民间选魏徵为门神，应该是更看重他的胆识智慧、一身正气、人格魅力，和他所创下的彪炳史册的不世功勋。

7. 动物门神

（1）虎门神

老虎是中国最早的动物门神。源于四千年前的黄帝时代。老虎为百兽之王，能够“执搏挫锐，噬食鬼魅”“故画虎于门，鬼不敢入”。这种信仰一直流传至今。除夕之时人们常常在门上贴上画有“二神”与虎的画，“二神”即神荼、郁垒，执鬼以饲虎，并挂上桃枝或桃人和苇索，以驱鬼辟邪。

《山海经·海内西经》记载：“昆仑之虚……面有九门，门有开明兽守之。”开明兽，具有相当勇猛的性格，“身大类虎而九首，皆人面。”有趣的是，在这昆仑之上还有个叫陆吾的天神，见《山海经·西次三经》：“西南四百里，曰昆仑之丘，是实唯帝之下都，神陆吾司之。其神，状虎身而九尾，人面而虎爪。”晋代郭璞的《山海经图赞·海内西经·开明》：“开明天兽，禀兹金精；虎身人面，表此桀形；瞪眎昆山，威慑百灵。”这几种记载中无论是“类虎而九首”“状虎身而九尾”“虎身人面”，全与虎有关，以此可见虎为门神的源远流长了。

还有，虎为山君，有虎为山中寺院守山门的传说。在陕西耀州药王山虎还为药王孙思邈守过杏林呢。虎五百年变白，白虎是神物，一般出现在汉墓墓门的画像石上，或与青龙分别作为单独画像刻在墓室的过梁两侧，用以辟邪。起的就是门神作用。古人还认为白虎是一种祥瑞：“德至鸟兽。”白虎又被道教吸收，被神化起来，成为各庙宇的门神，因之才有虎守山门之说。民间神话中有虎为天宫玉皇大帝的殿前卫士一说，称为虎卫。真武大帝御前有五卫，龙卫、虎卫、豹卫、狼卫、鹰卫，虎卫排在老二。明代诗人李东阳有诗《元日早朝》：“九门深掩禁城春，香雾笼街不动尘。玉帐寒更传虎卫，彤楼晓色听鸡人。”

五月端五节时老百姓家家门头悬艾成为习俗，以示艾草辟邪祛秽。艾草还被编制为虎形，称艾虎。《帝京岁时纪胜》：“五月朔，家家悬朱符，插蒲龙艾虎。”清乾隆四年刻本《湖州府志》记，将蚕茧剪作虎形，以艾编为人形，跨于虎上，民间称为“健人老虎”。这是借虎为门神之威，民间的灵

陕西凤翔木版年画《镇宅神虎》

活巧妙运用。

凤翔木版年画中有一对门画《镇宅神虎》，各画大虎率一幼虎，体态威武，造型颇富装饰趣味。这应当是陕西以虎为门神的实物了。

再有，陕西延安地区的《宜川县志》记有：腊八节“晚置木炭、冰块于门之左右，谓黑白虎守门，以警鬼魅。”木炭色黑，称为“黑虎”，冰块色白，称为“白虎”。一左一右布置于门口，就说有此二“虎”把门，鬼魅不敢靠近。冰、炭本不相容，古人却能将两个极端之物结成对子，排到门前站岗。这实在可以说是思维的大手笔。

（2）鸡门神

鸡为门神。古人正月初一有贴画鸡于门之俗，以示吉祥。东晋王嘉《拾遗记·唐尧》：“尧在位七十年，有积支之国，献明鸟，一名双睛言在目，状如鸡，鸣似凤。解落毛羽，用肉翅而飞。能抟逐猛兽虎狼，使妖灾群恶不能为害……其未至之时，国人或刻木，或铸金，为此鸟之状，置于门户之间，则魑魅丑类自然退伏。今人每岁元日，或刻木铸金，或图画为鸡于牖上，盖重精之遗像也。”宗懔《荆梦岁时记》载：“贴画鸡于户上，悬苇索于其上，插桃符其傍，百鬼畏之。”清代周亮工《书影》卷二：“按《岁时记》：‘正月一日，贴画鸡。’今都门剪以插首，中州画以悬堂，中贵人尤好画大鸡于石，元日张之，盖北地类呼‘吉’为‘鸡’，俗云室上大吉也。”

陕西凤翔木版年画《神鸡》（咒符）

根据晋代《玄中记》所载，树冠三千里的大桃树，树下是神荼、郁垒那二神，树上有一只天鸡，“日初出，光照此木，天鸡即鸣，群鸡皆随之鸣”。这也将昼夜黑白纳入门神故事之中。晋代以来，门上画鸡，其民俗意义同于人物门神，也是门神的一种形式。

古人还在门户上做文章，杀鸡祭祀门户。鸡乃司晨之灵，惯于夜间活动的鬼怪畏之。因为鬼怪皆阴邪之类，害怕光明，害怕太阳。古人以为鸡啼黎明，阳精之禽，与初升太阳紧密相连，正如《太平御览》引《春秋说解》：“鸡为积阳，南方之象，火阳精物炎上，故阳出鸡鸣，以类感也。”民间俗语亦有：“鸡鸣将旦，为人起居；门亦昏闭晨开，捍难守固；礼贵报功，故门户用鸡也。”《青史子》书说：“鸡者，东方之牲也，岁终更始，辨秩东作，万物触户而出，故以鸡祀祭也。”古人相信，在这特定的日子和时间里，杀雄鸡悬于大门，杀雌鸡悬于房门，可以“和阴阳，调寒暑，节风雨”，求得来年风调雨顺。杀鸡悬于门户的风俗，因阴阳五行说的掺入，益显得色彩神秘。

从杀鸡祭门到门上画鸡，有一个演变过程，或是同时存在的一种习俗。鸡为门神，象征大吉在陕西也较为时兴。神木木版年画中的门画《大吉有余》则为实例。陕北剪纸中鸡是年俗窗花必不可少的内容，全年都要贴上鸡，认为鸡有看护门户的作用，辟邪驱鬼的功能，虽贴在窗户上，也起的是门户之神的作用。

（3）其他动物当门神

在中国古代最令妖邪胆战心惊并且法力无边的四大神兽就是青龙、白虎、朱雀、玄武四兽了。青龙为东方之神；白虎为西方之神；朱雀为南方之神；玄武为北方之神，龟蛇合体。故有“青龙、白虎、朱雀、玄武，天之四灵，以正四方，王者制宫阙殿阁取法焉”。

四大神兽，也被称为“四神”“四灵”，以正四方。掌管着四个方向的门，例如：唐代皇宫就有朱雀门、玄武门，所以“四灵”自然就被人们奉为门神。它们不但守卫阳间的门，还守阴间的墓门。在大量出土的汉代画像石上，我们可以看到，一般都是由“四神”来守墓，并被刻在墓门和墓壁上。

陕西凤翔木版年画《牛王马王》

与四大神兽同样有镇避作用的

陕西凤翔木版年画《疕马瘟》

动物是太上老君的坐骑——“神牛”，还有神骏良驹的“天马”，有时也被安排镇宅当门神，同时兼顾旺家财。陕西蒲城木版年画有《牛马王》，画面上牛马王为人形，马神居左，头有三目，肩多两臂，披袍带甲，形若猛将。牛神居右，白面，五绺黑须，慈眉善目，穿袍戴冠，有若王侯大臣。这当然主要贴在牲口圈，如牛棚、马厩的门上，以保家畜不生病，不染瘟疫。“牛马王”被称为“圈神”。配的对联有：“牛似南山虎，马如北海龙。”可见牛马如虎龙呀。

关于天马，《史记·大宛列传》有：“初，天子发书《易》，云‘神马当从西北来’。得乌孙马好，名曰‘天马’。及得大宛汗血马，益壮，更名乌孙马曰‘西极’，名大宛马曰‘天马’云。”

《西游记》孙悟空上天宫任“弼马温”，管理的就是天马。凤翔木版年画有一对贴在马厩的门神画《疕马瘟》，画上印有“疕马瘟”（弼马温的谐音）三个字，陕甘一带（包括山西）尊猴为“祖神”，让猴守护马，即尊请猴来当“槽神”。“槽神”也叫“槽马侯”，和“牛马王”的称号“圈神”差不多，不过是换了一种叫法。为中国民间家宅六神之一。再加上画面是一只猴子，取猴与侯谐音，疕马瘟也有“公侯之神”“马上封侯”意思，寓有多重祥瑞内涵，实为难得。看来，让齐天大圣孙猴子来当马厩的门神，还是有点大才小用。

陕西凤翔文化馆有馆藏老版的《镇宅雄鹰》，鹰是猛禽，画中鹰姿态矫健雄强。唐代诗人王维有：“风劲角弓鸣，将军猎渭城。草枯鹰眼疾，雪尽马蹄轻。”刘禹锡有：“轻抛一点入云去，喝杀三声掠地来。”加之北方人历来对鹰有一种崇拜意识，传说北方之神的真武大帝御前五卫，就有鹰卫。再就是元代蒙古人和清代满族的图腾也是鹰，而华夏民族的图腾是龙和凤，龙和凤都是一种臆造组合的动物，是民族融合的产物，例如龙爪就是鹰爪，凤喙凤爪也取自鹰。所以借用鹰之神威镇宅辟邪，当门神，就非常自然了。

再有，螃蟹也当过门神。北宋沈括著的《梦溪笔谈》有："关中无螃蟹。元丰中，余在陕西，闻秦川人家收得一干蟹，土人怖其形状，以为怪物，每人家有病虐者，则借去挂门户上，往往遂差。不但人不识，鬼亦不识也。"

沈括曾出任延州兼鄜延路经略安抚使，他记的这个以螃蟹充门神的故事，应该是真事。沈括还在延川发现了石油，石油这个名字也来自于他的《梦溪笔谈》。另外，我国现存最早的石刻地图之一《禹迹图》，原石现在保存在陕西西安的碑林中，绘制者也被专家认为是北宋的沈括。

8. 读诗说门

古代诗人常借门抒怀言志、袒露心境，尤其是唐代诗人，他们笔下的"门"，写出了人与门息息相关，不可分割的诸般情愫，以及其中蕴涵的丰厚深邃的社会历史意义。

诗仙李白有："朱门拥虎士，列戟何森森。"诗圣杜甫有："朱门酒肉臭，路有冻死骨。"尤其是杜甫的"朱门酒肉臭"，成千古绝唱，写出了朱门即豪门的奢侈腐朽。《壮游》有："朱门务倾夺，赤族迭罹殃。"《奉赠韦左丞丈二十二韵》有："骑驴十三载，旅食京华春。朝叩富儿门，暮随肥马尘，残杯与冷炙，到处潜悲辛。"这几句诗的意思是：骑驴行走了十三年，寄食长安度过不少的新春。早上敲过豪富的门，晚上追随肥马沾满灰尘。吃过别人的残汤剩饭，处处使人暗中感到艰辛。《垂老别》有："投杖出门去，同行为辛酸。"《投简成、华两县诸子》有："长安苦寒谁独悲，杜陵野老骨欲折。南山豆苗早荒秽，青门瓜地新冻裂。"杜甫亲身体验到老百姓的苦难，洞察到社会矛盾的尖锐和不可调和，写下了"荣枯咫尺异，惆怅难再述"的诗句。

从杜甫的"朝叩富儿门""投杖出门去""青门瓜地新冻裂"到"朱门务倾夺""朱门酒肉臭"的"五门"所感所思，其中丰厚的蕴涵，批判的力量，警世的真言，皆让人感慨万分。

诗鬼贾岛在长安城朱雀门外大街上骑驴吟诗，当再三考虑"僧敲月下门"

一句中用“敲”字好还是用“推”字好？却撞了另一位诗人，唐宋八大家韩愈任京兆尹时的仪仗队。韩愈听后，说还是用“敲”字好。从此，不但对“门”的“推敲”典故从此诞生，贾岛也成了“韩门”的学生。

同题写剑门关，李白有“剑壁门高五千尺，石为楼阁九天开”，杜甫有“惟天有设险，剑门天下壮”，皆各有洞天。

杜甫诗中有蓬门：“花径不曾缘客扫，蓬门今始为君开。”李白诗中有寒门：“烛龙栖寒门，光耀犹旦开。”杜甫诗中还有柴门：“柴门杂树向千株”“柴门鸟雀噪”。李白诗中有松门：“松门拂中道”“松门闭青苔”。

关于柴门之诗，王维《早秋山中作》有：“寂寞柴门人不到，空林独与白云期。”许浑有：“村径绕山松叶暗，柴门临水稻花香。”刘长卿《逢雪宿芙蓉山主人》有：“柴门闻犬吠，风雪夜归人。”

杜甫诗中还有衡门：“长安布衣谁比数？反锁衡门守环堵。”衡门，指横木作门，贫者之居，环堵，指只有四堵墙。还有应门，“应门亦有儿”，应门，指照应、看管门户。

边塞诗名篇中提到玉门关的诗也有不少。王之涣《凉州词》：“羌笛何须怨杨柳，春风不度玉门关。”王昌龄《从军行》：“青海长云暗雪山，孤城遥望玉门关。”戴叔伦《塞上曲》：“愿得此身长报国，何须生入玉门关。”李颀《古从军行》：“闻道玉门犹被遮，应将性命逐轻车。”还有李白《关山月》：“长风几万里，吹度玉门关。”李白《从军行》：“从军玉门道，逐虏金微山。”

唐诗人元稹的长篇叙事诗《连昌宫词》从曾经的“虢国门前闹如市”，到“却出宫门泪相续。自从此后还闭门，夜夜狐狸上门屋。”通过一个老人之口叙述连昌宫的兴废，以门串接，形象地反映了历史和社会生活发展变迁的本质。

古代诗人由“门”起兴而成诗的句子委实不少，诸如“门对寒流雪满山”“门前流水尚能西”“江头宫殿锁千门”“花飞半掩门”“开门落叶深”，还有“窗含西岭千秋雪，门泊东吴万里船”，可以说是比比皆是。门与诗，一解秘中境；诗与门，相映成真趣。

9. 有关门的故事

门神之外有必要说一说门，因为有门才有门神。

中国之门，无处不在。有实在的，也有虚拟的。大到国门，中至城门、宫门、殿门，小至院门、户门、家门，以及大门、二门、侧门、偏门、后门。天宫有南天门，五岳有山门，皇宫金銮殿有九重门，还有官衔叫“九门提督”。阊阖，传说中的天门，也指皇宫的正门。李白有“门馀阊阖字”，王维有“九天阊阖开宫殿”；城墙有四门、五门，牌楼有三门、五门等等不一而足。还有侯门深似海之说，这里意味的就不仅仅是三门、五门，几重门了。

西安城墙南门（永宁门闸楼）

唐代有与尚书省、中书省并列的门下省，这可能是以门之名设置的最高的官府了，官府亦叫衙门。俗语说“天下衙门朝南开”，门为什么朝南开？一说房屋朝南自然有利于采光，二说中国文化特别重视南向，《易经·说卦传》中：“圣人南面而听天下，向明而治。”《礼记》中：“天子负南向而立。”三说与我国的古代风水术有关，房屋建筑坐北朝南最为理想。正房建在北端，卦位为“坎”，称“坎宅”。宅门修在东“巽”方，或正南“离”方皆大吉。

明代称总督、巡抚为军门；清代，军门则为提督或总兵加提督衔者的尊称。军营之门叫辕门，《辞源》：“代帝王巡兽田猎，止宿处周以车，作屏障。出入处仰两车使车辕相向以表示门，称辕门。”《周礼·天官·掌舍》：“设车宫辕门。”后指军营营门，……后来地方高级官署，两旁作木栅围护，亦称辕门。

门，既是房屋的外檐装修，又是独立的建筑，广场中、街道口、宫门外的牌坊牌楼，民居的滚脊门楼，山岳寺庙的山门等。陕西高陵号称牌楼一枝花，曾经一个两万人的小县城有十六座牌楼；陕西佳县白云山有头天门、二天门、三天门、四天门。

中国的门，也派生出“禹凿龙门”“鲤鱼跳龙门”的传说，还编排出地狱之门的鬼门，黄河三门峡有人门、神门、鬼门。长江三峡有“夔门天下雄”，诸葛亮摆的八阵图中有生门、死门，八卦阵共有八门：休门、生门、伤门、杜门、景门、死门、惊门、开门。当然门也代表有名望的家族，称之为名门望族。例如：孔门，孔子学生亦称孔门学子，孔子门下最优秀的十位学生被称为“孔门十哲”（子渊、子骞、伯牛、仲弓、子有、子贡、子路、子我、子游、子夏）。《论语·先进》载：“子曰：‘从我于陈蔡者，皆不及门也。德行：颜渊、闵子骞、冉伯牛、仲弓；言语：宰我、子贡；政事：冉有、季路；文学：子游、子夏。’”北宋大儒程颢、程颐，引出“程门立雪”故事；再有成语班门弄斧，指在鲁班门前玩斧子，比喻在行家面前卖弄本领，有点不自量力。关于杨家将的戏剧有《杨门女将》《辕门斩子》《穆桂英大破天门阵》，还有《三国演义》中的《辕门射戟》，都与门有关。再有书香门第、祸福之门、众妙之门、法门、玄门、遁入空门、左道旁门、朱门、善门难开。有豪门，当然还有寒门，将门，农门，以及娼门、赌门。中国的地名也有许多带“门”字的，如广东的虎门、福建的金门、重庆的朝天门；西安的“门”就更多啦，有端履门、西华门、后宰门、东仓门、太阳庙门、五岳庙门、教场门、书院门、南院门、北院门、贡院门、南廓门、东厅门、马坊门、东县门等，仅城墙圈子内少说也有二十个。

临水的城门、水闸叫水门，佛家有禅门，寺院有山门，佛、道、儒及武侠都有门派。黄门，为官职名，称黄门侍郎。汉有黄门令、小黄门、中黄门等，侍奉皇帝及其家族，皆以宦官充任。故后世亦称宦官为黄门。《齐东野语·黄门》：“世有男子虽娶妇而终身无嗣育者，谓之天阉，世俗命之曰黄门。”男的入赘女家，称上门女婿，也称为倒插门。女家没有男性子嗣，招婿上门接续宗祧，补充劳力，并赡养女家老人。

门可以是物质的，也可以是精神的，门是功利的，亦是哲学的。门占尽了出入口的“关口要径”优势，门总是引人注目的。《论语·雍也》中就有一句：“谁能出不由户？”

门，是一个家族或家庭的脸面，人们自然要在这个门上殚精竭虑，多费心思，并百般装饰美化。除过贴门神画，还有悬匾额，陕北民歌有“正月里闹元宵，金匾绣开了”。尤其是节庆、结婚、寿诞、添贵子、中状元、加官进爵等等喜事临门时，需张灯结彩放鞭炮。除夕夜挂红灯、贴春联，还要贴福字，《晋书·礼志》：“岁旦，常设苇茭、桃梗、磔鸡于宫及百寺之门，以禳恶气。”还有不少地方除夕兴“门窗贴红纸葫芦，曰‘收疫鬼’”。人们相信葫芦具有收降妖魔鬼怪的法力。

端午节则要插艾草，挂菖蒲。清富察敦崇《燕京岁时记·菖蒲艾子》：“端午日用菖蒲、艾子插于门旁，以禳不祥，亦古者艾虎蒲剑之遗意。”菖蒲又称蒲剑。端午时近夏至，暑疫渐多，人以蒲剑可斩妖杀魔，因高悬门楣，慑鬼除邪。清顾铁卿《清嘉录》载：“截蒲为剑，割蓬作鞭，副以桃梗蒜头，悬于床户，皆以却鬼。”

陕西民谚有：葱辣鼻子蒜辣心，只有辣子辣得深，辣了前门辣后门。还有：到了陕北不要“串门”，到了临潼莫入“鸿门”，方便之后要关好“前门”，吃辣子时候要考虑“后门”。“串门”，陕北方言里指偷情，也把偷情的男子叫“串门子货”；“鸿门”指鸿门宴。

大门为人看重，另有易被人忽视的后门。而后门比较隐蔽，古往今来走后门，被议为循私行贿，成了行不可告人勾当之门。例如东汉关西夫子杨震的学生给老师送金子，就声称夜晚从后门而入，无人知晓。

第二章 龙文化在陕西

DI ER ZHANG
LONG WEN HUA
ZAI SHAN XI

龙文化在陕西

1. 龙文化之内蕴

窗花《龙》（安塞·王福丽作品）

龙是十二生肖之中唯一人造的“意象造型”，是多种动物和自然天象集大成的多元融合体，龙是中国人创造的神物，龙之形象蕴涵着中国人数千年的智慧和理想的结晶，具有丰富的艺术内涵和独特的美学意义。

中国人自诩为龙的传人。龙，当然成为了中华民族发祥和文化肇端的象征。中华始祖伏羲呈龙瑞，以龙纪官，号曰龙师。是为中华龙的“龙头”。《拾遗记》中有：伏羲“长头修目，龟齿龙唇。”《白虎通》说伏羲“鼻龙状”，《列子·黄帝篇》中有：“庖羲氏……蛇身人面。”中华另一始祖女娲，与伏羲一样，也是龙，《鲁灵光殿赋》有：“伏羲鳞身，女娲蛇躯。”《帝王世纪》也说女娲“蛇身人首”。在长沙马王堆汉墓帛画中，在汉代画像石中，伏羲、女娲都是蛇身人面，蛇身即龙身。

陕西省绥德张家砭汉画像石，图中竖状框为伏羲、女娲人首蛇尾像

全国各地到处都有伏羲、女娲的传说和遗迹。陕西处于“大地原点”的黄土地中心，当然也是女娲传说和遗迹的中心了。传说女娲姓风（凤），出生于秦岭之中的陕西凤县，陕南平利有女娲山，古称中皇山，山有女娲庙，以及女娲“抟土造人”遗址，唐末五代著名道教人物杜光庭的《录异记》中就最早记载了女娲庙在平利。“房州上庸界，有伏羲女娲庙，云是抟土为人之所，古迹在焉。”平利就属于房州上庸界。《路史》云：“女娲始治于中皇山，继兴于骊山之下，中皇山即女娲山，有天台鼎峙，今建女娲庙。”唐宋以来，女娲庙历经修葺扩建，尤其是清乾隆元年重修后，拥有正殿四重、房屋百余间，是当时平利最大的寺院，被誉为“名胜之方”。

《录异记》还记载：“华、陕界黄河中有小洲岛，……云是女娲墓。”可见应在陕西潼关、山西永济界风陵渡一带。《陕西通志》有：“上古风陵，即女娲氏陵，在潼关卫城北黄河中。”陕西关中西安之东的临潼骊山，有供奉女娲、伏羲的“人祖庙”。康熙本的《临潼县志》记载：“人祖庙祀女娲、伏羲像，俗称人祖。”临潼还有“女娲炼石”“抟土造人”的遗迹，乾隆本的《临潼县志》记载：“丽戎国，古女娲氏，继兴于此。”

和临潼相连的蓝田也有女娲的“补天台”。相传伏羲和女娲为兄妹，结为夫妻，明清记载的华胥在陕西蓝田，今蓝田县华胥镇孟岩村有华胥陵，相传是上古时代伏羲和女娲之母华胥氏的陵冢。伏羲、女娲之根在陕西。

陕西为中华文明重要的发源地，而龙是活跃在三秦大地上的黄帝部落的图腾，司马迁的《史记·天官书》载“轩辕，黄龙体”，《论衡·骨相》有“黄帝龙颜”的说法。而黄帝，则是华夏民族公认的“龙祖”之一，是古人将龙崇拜与祖先崇拜结合在一起的“人文始祖”。

民间传说中也有炎帝为“龙子神童”“是谓神农”之说。皇甫谧《帝王世纪》曰："有蟜氏女名女登，为少典正妃。游华山之阳，有神龙首，感女登生于常羊（今陕西省宝鸡市渭滨区神农乡），生炎帝，始教天下种谷，故人号曰神农氏。"《春秋纬·元命苞》曰："少典妃女登游于华阳，有神龙首，感之于常羊，生神农。人面龙颜，好耕，是谓神农，始为天子。"历史典籍记载中的神农氏和炎帝是不同两个人，但亦有很多记载说神农氏亦是炎帝。据此而论，炎帝也是华夏民族的"龙祖"之一。

《国语·晋语》载："昔少典娶于有蟜氏，生黄帝、炎帝。黄帝以姬水（陕西武功漆水河）成，炎帝以姜水（陕西宝鸡清姜河）成。成而异德，故黄帝为姬，炎帝为姜。二帝用师以相济也，异德之故也。"这是中国历史最早记载炎帝、黄帝与陕西相源的史料。后来，炎黄部落争夺领地，黄帝打败了炎帝，两个部落渐渐融合成华夏族，即后来的汉族。

有人认为中国原龙的形象源自于图腾文化，是说古代炎黄统一中原各部落后，以黄帝部落黄龙体图腾为主，糅合了各氏族的图腾形成的一种新的形象组合。也有人认为虽然中国原龙最早源于原始图腾文化，但本质与主流却不能简单归结为原始图腾文化。中国的龙与原始图腾有着重大差异，因而应该是源于图腾，又超越图腾。中国龙不是实物崇拜，而是文化创造，虽可以在自然界中找到某种原型参照物，但本质上并不是自然界中的现有实物。是基于民族文化精神、观念的一种文化创造而形成的文化符号。

韩城市昝村镇普照寺大殿壁画《云龙》

《辞源》说："龙是古代传说中的一种善变化能兴云雨利万物的神异动物，为鳞虫之长。"《辞海》说："龙是古代传说中一种有鳞有须能兴云作雨的神异动物。"东汉许慎《说文解字》言龙："能幽能明，能细能巨，能短能长，春分而登天，秋分而潜渊。"《管子·水地篇》

言龙："龙生于水，被五色而游，故神。欲小则化为蚕蠋，欲大则藏于天下，欲上则凌于云气，欲下则入于深泉，变化无日，上下无时，谓之神。"韩愈《龙说》言龙："龙嘘气成云，云固弗灵于龙也。然龙乘是气，茫洋穷乎玄间，薄日月，伏光景，感震电，神变化，水下大，汩陵谷，云亦灵怪矣哉。"这些都告诉你龙的神奇灵异和善于变化，"神龙见首不见尾"。

壬辰年生肖龙彩色金银币

龙是智慧和威力的象征，《左传·昭公二十九年》所说的"虫莫知于龙"，意思是天下没有比龙的智慧高超的虫了。

宋人罗愿在《尔雅翼》中提到龙有九似说："龙者鳞虫之长。王符言其形有九似：头似牛，角似鹿，目似虾，耳似象，项似蛇，腹似蜃，鳞似鱼，爪似凤，掌似虎，是也。其背有八十一鳞，具九九阳数。其声如戛铜盘。口旁有须髯，颔下有明珠，喉下有逆鳞。头上有博山，又名尺木，龙无尺木不能升天。呵气成云，既能变水，又能变火。"相传民间的画龙口诀，也特别有趣："一画鹿角二虾目，三画狗鼻四牛嘴，五画狮鬃六鱼鳞，七画蛇身八火炎，九画鸡脚画龙罢。"

龙的多元融合，如海纳百川，集珍禽瑞兽灵虫于一身，龙的精神内质所体现的这一特征，和中华民族形成的多元性与混合性奠定的中国传统文化的包容性达到高度的一致，让人们明白，龙为什么能代表中国。

龙的形象是在不断变化中存在的，丰富多样的龙之形象才组成了龙文化的传承久远的主体。有蟠龙、团龙、云龙、飞龙、走龙、卧龙，以及一足独立的夔龙。神话传说中的龙，有鳞的龙叫蛟龙，为水龙；有翼的叫应龙，为天龙。中国古代哲学一种观念是五行，龙分金龙、木龙、水龙、火龙、土龙。五行配五色，红黄青白黑。龙也分五色，既有红似火的龙，也有黄如金的龙，青如蓝的龙，白如雪的龙，还有黑如铁的龙。再有民间工艺中创造各种龙的形象，舞龙灯、剪纸龙、风筝龙、板凳龙等等，无论祥瑞喜庆，平和温顺，富贵华丽，凶神恶煞，威武雄霸，顽皮淘气，还是卡通现代，组成中华龙之图谱，洋洋大观之完整，更显龙世界五彩纷呈之万千气象。

中华龙文化其实也是一种道文化，有道而为龙，无道而为虫，龙蛇会互变，龙也分善恶，这些都启人疑窦，令人思索。

龙象征皇权，最早是从《史记》开始记载的，太史公称颂秦始皇为“祖龙”，把汉高祖刘邦视为“真龙天子”。历代帝王都自命为龙，使用器物也以龙为装饰。龙被中国先民作为祖神敬奉，诞生建都于陕西的西周以龙比喻贵族，故他们使用龙旗。《周礼》规定“五爪天子，四趾诸侯，三趾大夫”。《文选·韦孟<讽刺>诗》曰：“肃肃我祖，国自豕韦，黼衣朱绂，四牡龙旂。”

在终南山下楼观台讲《道德经》的圣哲老子也被世人称为龙，孔子感慨说：“吾所见老子也，其犹龙乎？学识渊深而莫测，志趣高邈而难知；如蛇之随时屈伸，如龙之应时变化。老聃，真吾师也！”

秦岭被称为华夏文明的龙脉，中国版图上最重要的河流就是长江和黄河。因为秦岭不仅仅是中国南北的分界线，更是长江黄河的分水岭，秦岭北麓的水注入黄河，南麓的水则注入长江。因此在秦岭上形成了一股无可匹敌的龙脉之气。不仅仅是中国诸多龙脉中的一股，而且是一股君临天下的王者龙脉。就因为秦岭的华夏龙脉，后来才衍生了世界四大文明古都的长安，成为了中国历史上建都时间最长、建都朝代最多，中国历史上影响最大、最辉煌的周秦汉唐都建都于此的龙脉之地。

《雍录》卷五称：“秦岭‘居天之中，都之南’，称‘中南’。”成书于战国时期的《尚书·禹贡》则称：“秦岭居中，列为中条；……昆仑有三龙，而秦岭为中龙；葱岭有三干，而秦岭为中干。”

“居天之中”以及“中龙”“中条”“中干”，均明确表明了，秦岭最重要的地理文化特征——居中。中国大地的原点在秦岭北麓的陕西泾阳，西安临潼是中国标准时间“北京时间”的发布授时中心。因之，秦岭被誉为中国的父亲山，中国的屋脊之山，中国的国家中央公园而当之无愧。

汉四神瓦当“青龙”

青龙、白虎、朱雀、玄武被称为四神，也称“四灵”，被古人奉为镇守四方，驱邪除魔的神灵。

龙居四神之首，代表东方，而中国为东方大国。所以有歌唱道“古老的东方有一条龙，它的名字就叫中国”。

1979 年在陕西省淳化一座西周墓葬中出土了青铜器“牛首夔龙纹鼎”，因出土于淳化又称“淳化大鼎”。还有 2003 年宝鸡眉县杨家村出土了青铜器“逨鼎”，鼎外口沿饰变体龙纹。陕西咸阳出土的秦代空心砖上有龙纹，身躯弯转像蛇，头和双角似牛，特别精彩。出土于临潼秦始皇陵的建筑遗址中的“夔龙纹半瓦王”，可以称得上是“半瓦王”，确实难得，中国国家博物馆、秦兵马俑博物馆、临潼博物馆均有收藏。

西汉有“四神瓦当”，其中青龙瓦当多出土于西安汉长安城遗址，为汉长安皇城建筑物所用。

1958 年，陕西省宝鸡北首岭遗址出土了距今达七千年的彩陶鱼鸟纹细颈瓶，现是中国国家博物馆馆藏文物。壶身上用墨彩画了一幅水鸟和鱼的图案；简洁洗练的粗线条勾画了一只不大的水鸟，叼住了一条鳞鳍齐备的大鱼的尾巴，大鱼回首挣扎，水鸟紧咬不放，画画气氛异常紧张、生动。尤其是鱼比水鸟还大，加上对鱼器官的强化和夸张，给人以鱼化龙之感觉。有人认为它反映了以鱼图腾和鸟图腾为代表的两个氏族的争斗与战争。还有人认为鸟啄鱼纹大致反映了“鲲化为鹏”的过程。据《庄子·逍遥游》：“北冥有鱼，其名为鲲，鲲之大不知其几千里也，鲲化而为鸟，其名为鹏。”鲲鹏实为龙凤神化的变形，鹏即为凤，鲲为龙。

2. 龙之原型说

安塞农民画《蛇盘兔》（潘常旺作品）

中国人创造了很多世间并没有的动物，例如龙、凤、朱雀、玄武，以及麒麟、天禄、獬豸、辟邪等，都是吸纳其他动物的部分形象元素，从而创造出一个虚拟的新形象。文物中也有，例如西周青铜器的折觥，民间工艺品面花中的大谷卷、混沌等。其中创造出的最复杂、最经典的应该是中国龙。

关于龙的原型，可谓众说纷纭，莫衷一是。归纳起来，有不少于二三十种。下面说说几种重要的龙的模特，如鳄鱼、蛇、蜥蜴、鱼、马、闪电、树神、鸟、鹿等，拼凑起来的角色形象还有“云从龙”“龙源于水牛”“龙由猪演变而来”“龙与犬有联系”“龙形由星象而来”等五种看法。正如中国龙文化研究专家庞进先生所说的，这些角色形象“是龙的主要的、重要的融合对象之一，但只能是‘之一’，而非‘唯一’”。

（1）龙源于蛇说

《史记·外戚世家》褚少孙引：“传曰：蛇化为龙，不变其文。”这里的“文”作“纹理”“花纹”解，那么全句意思就是：蛇变化为龙，连其身上原来用鳞片组成的花纹都未改变。

《抱朴子》：“有自然之龙，有蛇蠋化成之龙。”《述异记》：“虺五百年化为蛟，蛟千年化为龙。”虺是体型小且有毒的蛇。另一类说法是将蛇龙类同、混代。《洪范·五行传》郑玄注：“蛇，龙之类也。”即使是同一个人物，一会被说是“蛇身”，一会又被说是“龙身”。如轩辕黄帝，《山海经·大荒经》说：“人面蛇身。”《山海经·海内东经》说：“龙身而人头。”再就是视龙蛇为一体，或同类予以并称。如《易·系辞》：“龙蛇之蛰，以存身也。”《左传·襄二一年》：“深山大泽，实生龙蛇。”《汉书·扬雄传》：“君子得时则大行，不得时则龙蛇。”

安塞农民画《人首蛇身舞花图》（潘常旺作品）

慎子说：“飞龙乘云，螣蛇游雾；螣蛇，龙类也。”《荀子·劝学》：“螣蛇无足而飞。”另据《本草纲目》，螣蛇又叫鳞蛇，“巨蟒也，长丈余，有四足，有黄鳞黑鳞二色，能食麋鹿，春冬居山，夏秋居水。”

蛇一生要蜕七次皮，甚至多达十几次。称之为“蜕变”，蛇只有经过苦痛的“蜕变”，才会重获新生以升华。古人就想象：龙即蛇蜕变而成，蛇即龙前身，龙蛇同类，皆为神物。

《山海经》一书中的许多神灵都被称为蛇身、蛇首。中华始祖伏羲呈龙瑞，以龙纪官，是为中华龙的“龙头”。在汉画像石中，伏羲、女娲蛇身人面，蛇身即龙身。《山海经·大荒北经》中有：“北海之渚中，有神，人面鸟身，珥两青蛇，践两赤蛇。”闻一多《伏羲考》中则说：“它（龙）是一种图腾，并且是只存在于图腾中而不存在于生物界中的一种虚拟的生物，因为它是由许多不同的图腾糅合成的一种综合体。”还说“龙图腾，不拘它局部的像马也好，像狗也好，或像鱼、像鸟、像鹿都好，它的主干部分和基本形态却是蛇。这表明在当初那众图腾单体林立的时代，内中以蛇图腾最为强大，众图腾的合并与融化，便是这蛇图腾兼并与同化了许多弱小单体的结果。”

对于龙的主体原形的探讨，专家学者们做过许多研究。有鳄鱼说、蜥蜴说、马说等等。但普遍认同龙的基调是蛇。最初系统提出这一见解的是闻一多的名篇《伏羲考》。龙即大蛇，蛇即小龙。龙“在最初本是一种大蛇的名字。”闻一多认为，蛇氏族兼并别的氏族以后，“吸收了许多别的形形色色的图腾氏族，大蛇这才接受了兽类的四脚、马的头、鬣的尾、鹿的角、狗的爪、鱼的鳞和须。”

古代巴国所在之地。“巴”本义指古代传说中的一种大蛇，《说文》：“巴，虫也。或曰食象蛇。象形。”四川省东部和重庆市一部分为古代巴国所在之地。还有陕西南部，大巴山就处在陕西与川渝省界上，大巴山之“巴”也应是指这种蛇。

2012 泰国龙年《龙》邮票（其中的龙像蛇一样）

蛇类家族众多，也有龙源于蟒蛇、草蛇、毒蛇、水蛇或某一种大型蛇之说。陕北绥德、米脂出土的不少东汉画像石上描绘的青龙头的比例很小，像蛇头。

唐孟云卿有诗句“古树藏龙蛇”，李白有诗句“时时只见龙蛇走”，说的是书法运笔如龙蛇。

其实，蛇与龙肯定是有较大区别的，蛇无角和足，而龙有。所以，蛇仅是龙原型的

扬子鳄（鼍）

一种，或者说是最重要的主体模特。“大概古人以蛇为蓝本，依照蛇的形状和特征，再附加某些想象，而塑造出来的。”

（2）龙源于鳄鱼说

鳄，是在三叠纪至白垩纪的中生代由两栖类进化，与恐龙同时代的一种爬行动物。中国现在的鳄鱼有扬子鳄和湾鳄两种。

在古代中国大陆确曾存在过多种鳄鱼。现今仍有一种体型较小性情亦较温顺的鼍鳄，即扬子鳄，古称为“鼍”“土龙”“猪婆龙”等。

《真腊风土记》中有：“鳄，大者如船，有四脚，绝类龙。”《本草纲目》引《藏器》：“鼍，形如龙，声甚畏，长一丈者，能吐气成云致雨。”《物类相感志》引晋孙炎语：“鳄，兽中最大者，龙头、马尾、虎爪。”由这些记述中，我们可以看出古人认为这种巨鳄是一种与鼍——即扬子鳄形状相似但类属并不相同的动物。而且古人也明确地注意到了它与龙的类同关系，这种巨鳄，其实就是上古“所谓神龙”的原型和本体。有意思的是，从商周鼎纹及战国秦汉人所绘制的“龙”图中，依稀可以辨认出鳄鱼的基本特征：披满鳞甲的身躯；长颚大口和位于头顶的翘鼻；锋芒毕现的锥型尖牙；大而圆突起的眼睛；粗壮的长尾；强健的四肢和五指利爪；有横条纹的腹部；相貌狰狞，粗糙皱折的脸；窄而扁长的嘴。

这种“鳄龙”与现代龙的最大区别就是龙头上的角和龙须，这是因为龙的原始形象尚在演化之中，而中国早期的龙是无角的。有角的龙最早见于商代甲骨文和青铜器上。

在中国远古时代，同样也曾存在过一种性情凶残，令人恐怖的巨鳄。也就是现代生物分类学中的“湾鳄”。湾鳄，古称蛟。《说文解字·虫部》对蛟的解释是：“龙属，无角曰蛟。从虫，交声。池鱼满三千六百，蛟来为之长。能率鱼而飞，置笱水中即蛟去。”

《异物志》：“鳄鱼长二丈余，有四足，似鼍。喙长三尺，甚利齿。虎及大鹿渡水，鳄击之皆中断。生子则出在沙上产卵。”晋代张华《博物志》：

"南海有鳄鱼，似鼍。"

湾鳄体型庞大，可吞食虎、豹。又背部有厚甲，"可御兵"（《山海经》）。因此石器时代的人类肯定是避之唯恐不及。这种巨鳄其寿命据说可达百年，甚至数百年。常生活于江河湖泊、湿地、沼泽、水网地带。善于潜伏隐蔽，而突然发难袭击靠近的人、兽。在当时人类所必须面对的各种猛兽中，这种巨鳄毫无疑问是其中最具威胁性的。在这种恐惧中，反而又产生了敬畏和崇拜，视之为神，称这种巨鳄为"隆"（"隆"与"龙"古字通用）。

据《广雅》中说："有翼曰应龙。"翼就是翅膀，其实在古汉语中，翼有多种样式，动物背部的鬣鬃也可以称作"翼"（《经籍纂诂》），传说中龙的所谓翅膀，自然也可能是对湾鳄背部鬣鬃的形象夸张。

湾鳄虽然没有那种鹿形的犄角，但是湾鳄"从吻部到眼前生有两道角状隆起物"。这种湾鳄的重要分类特征之一的"角状隆起物"，是否也被远古人类视为"角"呢？

韩愈《祭鳄鱼文》注中，曾详细描述了这种鳄鱼的形态："鳄鱼之状，龙头虎爪，蟹目鼍鳞。齿大如锯，尾长数丈。芒刺成钩，上有胶粘。潜伏水滨，人畜近则以尾击之而食。"

从以上记载分析，无论说鳄鱼是"土龙""猪婆龙"还是"蛟龙""鳄龙"，都和龙紧密连系。因之不少专家都认为"龙即鳄鱼""龙就是扬子鳄""中国最原始的龙，是湾鳄、扬子鳄""上古时代人所传说中的龙其实就是鳄鱼的最早称呼"。

1987 年出土于河南省濮阳西水坡仰韶文化遗址的蚌壳龙，同样以鳄鱼为原型。它距今已有六千多年的历史，被称为"中华第一龙"。1979 年在陕西淳化史家源村出土的西周早期青铜器淳化大鼎，是目前发现的西周最大铜鼎，鼎身上的主体图案，正是牛头蜴身龙纹。牛的头型，牛的眼睛，牛的鼻孔，牛的双角；牛头的两侧，却分别长出大蜥蜴龙的身躯，有一肢体，分出四趾，浑身长满鳞片，尾巴卷曲向上。尤其是鼎的上口，还分别雕有四条鳄型原龙。这是出土文物中龙似鳄最有力的实物证据。

（3）龙源于蜥蜴说

蜥蜴也应当是龙形象重要构成所选取的最佳模特之一。蜥蜴像龙，民间

蜥蜴纹彩陶盆（陕西高陵杨官寨遗址出土）

故称蜥蜴为石龙子、山龙子。《淮南子》中有："视龙犹蝘蜓。"蝘蜓是体型较小的蜥蜴。《中华古今注》卷下："蝘蜓，一曰守宫，一曰龙子，善于树上捕蝉食之，其细长五色者，名曰蜥蜴；其长大者，名曰蝾螈。"守宫，即壁虎。《本草纲目》："生山石间者曰石龙，即蜥蜴，俗呼猪婆蛇。似蛇有四足，头扁尾长，形细，长七八寸，大者一二尺，有细鳞金碧色。"我国南方香港、广东、海南、广西、云南等地生活有一种"圆鼻巨蜥"，长约一米至两米，为国家一级保护动物，就俗称"五爪金龙"。

生活在树上的一种会变色的蜥蜴叫做"变色龙"，山上的蜥蜴叫"石龙子"，水里的蜥蜴叫"泉龙子"。地上爬的蜥蜴其实是叫"蛇头螭子"，而螭龙恰是没有角的龙。

这就是说，中国古代有段时间是把蜥蜴当成龙的。传说伏羲和女娲都是人首龙身，汉代的画像石上有人首蜥蜴身的"怪物"。距今五千余年的庙底沟文化时期陕西高陵杨官寨遗址出土有"蜥蜴纹彩陶盆"，光洁的外壁有在红褐底色上以黑色颜料绘制的形似蜥蜴的纹饰图案，手法简洁抽象，寓寄着远古人类的奇幻想象，十分罕见。

这种把蜥蜴绘于祭祀礼器上的行为表明，远古人类首先注重的是蜥蜴的神性，而这条蜥蜴的地位应和龙一样，受到人们的崇拜。

刘城淮《略谈龙的始作者和模特儿》一文："蜥蜴类有四肢，皆具钩爪，龙亦然。蛇类却没有，比起蛇类与龙来，蜥蜴类与龙尤其相像。"何新《中国神龙之谜的揭破》一文："其实所谓'龙'就是古人眼中鳄鱼和蜥蜴类动物的大共名。"

（4）龙源于马说

我国古代对于龙的想象性描述最早可追溯到东汉王充的《论衡·龙虚》："世俗画龙之象，马首蛇尾。"《周礼·夏官》："马八尺以上为龙。"《山海经·图赞》："马实龙精，爰出水类。"吴承恩诗文集《送我入门来》："马有三分龙性。"甲骨文中的某些龙字，头部窄长，就比较像马的头。1991年咸阳市渭城湾村出土一件战国龙形玉佩，其龙头酷似马头。陕北绥德、米脂、神木出土的东汉画像石上描绘的龙中就有马体形的马首龙。汉代瓦当中就龙纹马头的半瓦当，龙变马神话故事最脍炙人口的就是《西游记》中的龙王三太子化作的白龙马了，驮着唐三藏西天取经，忍辱负重，还经常挺身而出和魔怪搏斗。

《太平广记》引《隶异记·王宗郎》："有群龙出水上，行入汉江，大者数丈，小者丈余，如五方之色，有如马、驴之形。"《全唐文·上龙马奏》："有马生龙驹……身有鳞而不生毛。"《易经》的乾卦是阳刚的象征，因而又被称为"龙卦"。龙卦所象征的刚猛精进的精神因之被称为"龙马精神"。《尚书注》谓："伏羲氏王天下，龙马出河。"龙马出河是伏羲氏王天下的瑞应。《尚书·中侯》有："龙马衔甲，赤文绿色。"注者谓："龙形象马，甲所以藏图也。"图即河图，世有所谓河图洛书者也。《礼记·礼运》有"河出马图"之语，孔颖达疏谓："龙面形象马，故云马图，是龙马负图而出。"

周穆王为中国历史上著名的风流天子，传说曾驾八骏龙驹周游天下，到了天山之天池，见到了瑶池阿母，并与西王母婉约绸缪，后不得不与西王母告别，王母唱《天上白云谣》相送，情意绵绵。因有龙马骏蹄，万里不为远，千峰难为限。后世艺术家笔下的《八骏图》多与之相关。《述异记》中记载："东海岛龙川，穆天子养八骏处也。岛中有草，名龙刍，马食之，一日千里。古语曰：'一株龙刍化为龙驹。'"则食"龙刍"，凡马亦可化为"龙驹"。周穆王为建都长安丰镐二京西周第五任帝王，穆天子八骏图最为有名。八骏

南北朝画像砖（马龙）图案

唐·赤金走龙（陕西历史博物馆藏）

号称“天马”龙驹，名为：“赤骥，盗骊，白义，逾轮，山子，渠黄，华骝，绿耳。”（见《穆天子传》卷一）这是凡马化龙驹传说发生在陕西的故事之一。

当然，马化龙之传说发生在在陕西的故事甚多，下面试举几例。柳宗元《龙马图赞》：“明皇时，灵昌郡得异马于河，其状龙鳞、虺尾……后帝西幸，马至咸阳西入渭水化为龙，泳游去，不知所终。”

西汉时陕西韩城人司马迁在《史记·平淮书》中有：“天用莫如龙，地用莫如马。”东汉时陕西扶风人班固在《汉书·冯奉世传》中有：汉宣帝时“奉世遂西至大苑。大苑闻其斩莎车王，敬之异于它使。得其名马象龙而还。上甚悦，下议封奉世。”

唐京兆长安人李郢有诗《上裴晋公诗》：“四朝忧国鬓成丝，龙马精神海鹤姿。”李郢还有一首诗《赠羽林将军》：“虬须憔悴羽林郎，曾入甘泉侍武皇。雕没夜云知御苑，马随仙仗识天香。”其中“虬须憔悴”“马识天香”，后人评价极高，称之为“见首而不见尾，将军其犹龙乎？”

关于马与龙的诗，在唐代特别为诗人所青睐。唐太宗有《咏饮马诗》“腾波龙种生”；诗仙李白有《天马歌》：“天马来，出月支。窟背为虎，文龙翼骨。……天马呼，飞龙趋。目明长庚臆双凫，尾如流星首渴乌，口喷红光汗沟珠，曾陪时龙蹑天衢，羁金络月照皇都。”诗中描写天马，又是文龙、飞龙、龙蹑，真正是天马如龙。诗圣杜甫有《丹青引赠曹将军霸》：“斯须九重真龙出，一洗万古凡马空。”

清代　皮影《鳌》（陕西省艺术馆藏）

另外，薛曜《舞马诗》有“星精龙种竞腾骧”；关于“舞马”即能跳舞的马，西安何家村窖藏的出土文物中有“鎏金舞马衔杯银壶”，表现的就是舞马口衔着酒杯给玄宗皇帝祝寿的场景，唐代宰相诗人张说有诗赞之：“将共两骖争舞，来随八骏齐歌。”用的是羲和驾龙车的典故。

杨师道《咏饮马应招诗》有“清晨控龙马”；李峤《咏马诗》有“天马本东来，嘶惊御史骢，苍龙遥逐日，紫燕迥追风”；李贺《马诗》有“龙脊贴连钱，银蹄白踏烟”；韩琮《咏马》有：“曾经伯乐识长鸣，不似龙行不敢行”。这些龙马之美名读来让人眼花缭乱，方知龙马不可分。

（5）龙源于鱼说

鱼化龙的神话传说就是“鲤鱼跳龙门”。龙门在陕西韩城。《三秦记》曰：“龙门之下，每岁季春，有黄鲤鱼自海及诸川争来赴之，一岁中登龙门者不过七十二。初登龙门即有云雨随之，天火自后烧其尾，乃化为龙矣。”

清代石雕《鲤鱼化龙》（泾阳县安吴，王山水摄）

笔者从网上一藏家手中发现一尊五代耀州瓷摩羯灯，产自陕西铜川的耀州窑。摩羯俗称“鱼龙”，这件灯也被称为“鲤鱼跳龙门”。摩羯造像源于印度民间神话，传说摩羯为水中巨兽，后为佛教采用，并随佛教传入中国。其造像也逐渐中国化，与中国传统观念中认可的鱼、龙等吉祥物融合变异后形成了中国鱼龙合体之神兽。

闻一多《伏羲考》中有：龙吸取“鱼的鳞和须”，《尔雅翼》：“龙鳞似鱼。”鱼与龙都生活在水中，龙是作为主水神灵被创造出来的。

鱼龙是鱼与龙的联姻，鱼类与龙性相近的除鲤鱼外，还有鳗鱼、鳝鱼、鲟鱼等。

中国人对鱼的崇拜很久远。西安半坡仰韶文化遗址出土的“人面鱼纹彩陶盆”，就是这种崇拜实物依据。“人面鱼纹盆”以它最具特异神秘的文化内涵、图腾符号的唯一性，成为中国彩陶不可替代的标志物。属“国宝级”文物，是国家博物馆的“镇馆之宝”。

临潼姜寨遗址以及宝鸡、汉中的新石器时期遗址上，也出土了类似的人面鱼纹盆。截至现在陕西地区共出土类似这件人面鱼纹盆的器物共有三十件。这样的彩陶盆属于原始人使用的“神器”。有学者根据《山海经》中某些地方曾有巫师“珥两蛇”的说法为人面鱼纹表现的是巫师“珥两鱼”，寓意为巫师请鱼附体以通天。国内外不少专家也认为：人面鱼身纹样，是传说中龙的形象，是原始龙的雏形。

陵鱼（西安·侯琳作品）

古人将鱼化石也看作鱼龙。《尔雅翼》中说：“陇西有地名鱼龙，出石鱼，掘鱼龙……遇岸颓塞、久而土凝为石，故中有鱼形耶。”

文物专家、陕西省考古研究所所长石兴邦先生在《中华龙的母体和原型是“鱼”》一文中说：“我是主张‘鱼龙说’的，我认为中华龙的母体和原型是‘鱼’，就是仰韶文化的‘鱼’发展演变来的。”

比半坡稍晚的渭南史家遗址中，彩陶图案中有两条怪鱼，张牙露齿，半圆形鼻，构成正面“猪面”。石先生称之为“猪嘴鱼”，认为是古籍中记载的陵鱼。《山海经·海内西经》：“龙鱼陵居，状如鲤。”

石兴邦先生进一步谈到：“具体说是‘陵鱼’，它是中华龙的母体和原型，现在行世的龙，是鱼龙升华后所形成的影史形象，怎么变它也不会离开本象的。”

（6）龙源于大鲵说

大鲵为国家二级保护动物，陕西秦岭巴山以及汉中盆地是大鲵主要原产地，而汉中大鲵是中国地理标志保护产品之一。

西汉司马迁所著之《史记卷六·秦始皇本纪第六》中，有关于“人鱼”的记载，其中提到：“始皇初即位，穿治骊山，及并天下，天下徒送诣七十余万人，穿三泉，下铜而致椁，宫观百官奇器珍怪，徙臧满之。令匠作机弩矢，有所穿近

新石器时代　鲵鱼纹彩陶瓶

者辄射之。以水银为百川江河大海，机相灌输，上具天文，下具地理。以人鱼膏烛，度不灭者久之。”人鱼膏烛，即用大鲵的油点的灯。

有龙文化专家以此推测烛龙的神话，其特点正是烛龙给人间带来光明。显然，这也是因为古人曾经用娃娃鱼（龙）的油点灯而衍生出来的神话。

考古发掘出土文物中有以鲵为原形的龙。例如：甘肃甘谷西坪遗址出土“鲵形原龙纹”彩陶瓶，属仰韶文化庙底沟类型，和甘肃武山县先夏时期遗址出土的“人面鲵鱼纹”彩陶瓶，属早期马家窑文化石岭下类型，就是一种典型的早期龙纹。这两种“鲵龙”都被描绘为像娃娃一样，面对着前方站立，瞪眼张嘴，双手高举，脸现出惊异不解神态，似乎是在表示一种神性的呼唤。

墨彩画《鲵龙》（西安·蔡昌林绘）

中国古代典籍记载的“鲮鱼人貌”“陵鱼人面”“龙鱼陵居”和“人鱼”类似。而很多学者都认为这些鱼指的是鲵。

传说中龙的第五子饕餮，是一种存在于传说和想象中的神秘怪兽。古书《山海经》介绍其特点是：“其状如羊身人面，其目在腋下，虎齿人爪，其音如婴儿。名曰狍鸮，是食人。”狍鸮即指饕餮。这一段介绍尤其“其音如婴儿”则是指叫“娃娃鱼”的大鲵了。

据《山海经·北次三经》记载：“又东北二百里，曰龙侯之山，无草木，多金玉。决决之水出焉，而东流注于河。其中多人鱼，其状如鱼，四足，其音如婴儿，食之无痴疾。”这是《山海经》两次题到“其音如婴儿”。郭璞注：“或曰，人鱼即鲵也，似鲇而四足，声如小儿啼，今亦呼鲇为。”

看来，鲵为龙之原形之一是无疑问的了。

（7）龙源于鹿说

龙的最主要特征之一就是龙角，而龙角源于鹿角。鹿角不光美丽炫目，威风凛凛，引人注目，还是公鹿作为防卫，争夺领地、配偶的武器及权力的标志。从大量的出土文物看，有不少鹿角工具化石，那是远古人类对鹿角简单的利用，也是原始人类手中防卫作战的武器。

而鹿比喻帝位、政权，所谓“逐鹿中原”，司马迁《史记·淮阴侯列传》中有：“秦失其鹿，天下共逐之。”而这些都和鹿之权力的象征物鹿角相联系。所以，给龙头上安上鹿角，应当象征权力和王位，这才使龙有了统领一切、至高无上、唯我独尊的地位。

鹿文化是中国传统文化的重要源头之一，道教强调鹿的神性，并把鹿作为“三骄”之一，这里的“三骄”，一曰龙骄，二曰虎骄，三曰鹿骄。道教的三骄主要是作为其上天入地的乘骑工具。在这里鹿与龙是并列的。

佛教强调的是鹿的善性，释迦牟尼的前身就是鹿。

内蒙古赤峰市敖汉旗赵宝沟文化类型南台地遗址出土有刻画在泥质陶尊上的“鹿形原龙”

陕西华县泉护村遗址发掘过程中就发现有梅花鹿和马鹿化石，泉护村遗址为仰韶文化类型，这说明距今约六千年前，陕西就有鹿在此繁衍生息。

而内蒙古赤峰市敖汉旗赵宝沟文化类型南台地遗址出土有刻画在泥质陶尊上的“鹿形原龙”，距今约六至七千年。在鹿身上饰以龙鳞纹，这种带有龙鳞纹的鹿首龙躯自然被视为“鹿首龙”。《敖汉旗南台地赵宝沟遗址调查》：“鹿龙均奔鹿式，昂首多枝长角，作疾速奔驰状。”陕北绥德、米脂、神木出土的汉画像石上描绘就有双头鹿怪兽形体也具备龙的特征，应是鹿首龙躯的一种。

（8）龙源于猪说

古谚就有“猪乃龙象”。这句话绝非空穴来风。远古时期，猪在畜牧业中占有重要地位，古人除了把猪作为食物以外，还把它奉为“水兽”“雷雨之神”。

《周易》里有见豖“负涂”“遇雨”则吉，暗示猪是雨水之神。唐代段成式的《酉阳杂俎前集》：“贞元年中，宜州忽大雷雨，一物堕地，猪首，手足各两指，执一赤蛇啮之。俄顷云暗而失，时皆图而传之。”可见猪首神可兼为雷公雨师。远古人类在祈天、求雨、防洪等祭祀中，逐渐把猪抽象神化。

《龙（文物）》邮票中的“新石器时代·玉龙”

内蒙古赤峰市敖汉旗赵宝沟文化类型小山遗址中出土的猪龙、飞鹿和神鸟令世人不得不赞叹其巧妙艺术构思。猪首蛇身尊形器是我国目前发现最早的中华龙崇拜的实证之一，最重要的就是猪的形象刻画：猪的身子蜷曲着，呈飘逸腾飞状。

1971年，被考古界誉为红山文化象征的“中华第一龙”碧玉龙在内蒙古赤峰市翁牛特旗境内出土。碧玉龙是以蛇的身躯为主体的多种动物的复合体。这件六千年前的玉猪龙，猪首龙身，肥头大耳，此亦猪亦龙的“玉猪龙”被称为是龙的祖型。

内蒙古赤峰市敖汉旗的兴隆洼文化遗址一个大的灰坑里发现了由许多石块和陶片组成的S形动物，很明显，那是一条距今八千年以前的龙的形象。更让人吃惊的是，在这条龙的头部，竟然摆放着一个野猪的头骨。生活在八千年前的兴隆洼人用野猪的头颅作为龙的头，充分说明了先民们对野猪的崇拜。

玉猪龙（韩城梁带村·红山文化遗址出土）

1983年在辽宁省凌源市和建平县交界处的牛河梁，出土了一件五千年以前红山文化时期的玉猪龙。

赵宝沟猪龙与红山文化猪首蛇身玉龙之间必然有着密切联系。龙、凤身、飞鹿等尊形器，说明了当时社会分化已很明显，这类最早的“艺术神器”比距今六千年的河南濮阳西水坡的龙虎堆塑早一千余年。

龙首的猪，也指安禄山。宋代乐史《杨太真外传》卷下：唐玄宗与安禄山在长安皇宫“尝与夜燕，禄山醉卧，化为一猪而龙首。左右遽告帝。帝曰：‘此猪龙，无能为。’终不杀，卒乱中国。”宋代范成大《题开元天宝遗事》诗之三“忽报猪龙掀宇宙”，说的就是安禄山。

陕西渭南史家遗址中出土的彩陶图案中有两条怪鱼，张牙露齿半圆形鼻构成正面的“猪面”，也被称为“猪嘴鱼龙”。

（9）龙源于牛说

龙之角源于鹿，也源于牛，牛角也显示出它的力量和神性。《诗经·周颂》中曾有赞美牛角的句子：“杀时敦牡，有俅其角，以似以续，续古之人。”诗句的大意是：杀了那头公牛吧，它的角又弯又美，用它来祭祀天地社稷，就可以继承祖先的神力。古人给本来无角的原龙加上各种角，是因为他们认为角有神性，有了角，龙就更有了沟通天地的神性了。在陕西扶风出土的西周青铜器“史墙盘”上有铭文曰：“挤角戠光，义其禋祀。”意思是牛首有角，平齐有光泽，用来祭祀正好。

西周青铜器牛头双耳方座簋局部（陕西省宝鸡市出土）

《列子·黄帝篇》有“庖羲氏……蛇身人面，牛首虎鼻”，《春秋合诚图》说伏羲“龙身牛首”。中华民族始祖伏羲被古人视为龙，而此龙是牛首，应当是牛首原龙。

1979年在陕西淳化史家源村出土的西周早期青铜器淳化大鼎，是目前发现的西周最大铜鼎，鼎身上的主体图案，正是牛头蜴身龙纹。牛的头型，牛的眼睛，牛的鼻孔，牛的双角；这只牛头的两侧，却分别长出大蜥蜴龙的身躯，有一肢体，分出四趾，浑身长满鳞片，尾巴卷曲向上。这应当是名符其实的牛头龙大鼎啦！

陕西咸阳出土的秦代空心砖上有龙纹，身躯弯转像蛇，头和双角就似牛。陕北绥德、米脂、神木出土的汉画像石上描绘龙的形象也有头像牛的。

皇甫谧《帝王世纪》曰：“有蟜氏女名女登，为少典妃。游华阳，有神龙首感女登生炎帝，人身牛首。”这里龙首与牛首的关系有亲缘传承的一致性。

《尔雅翼释龙》："（龙）耳似牛。"《水经注·漯水》："（龙）类青牛。"还有"龙起源于水牛"之说，距今五千多年的安徽含山县凌家滩遗址出土一件环形玉雕龙，头有双角，龙头似牛像虎的怪兽。

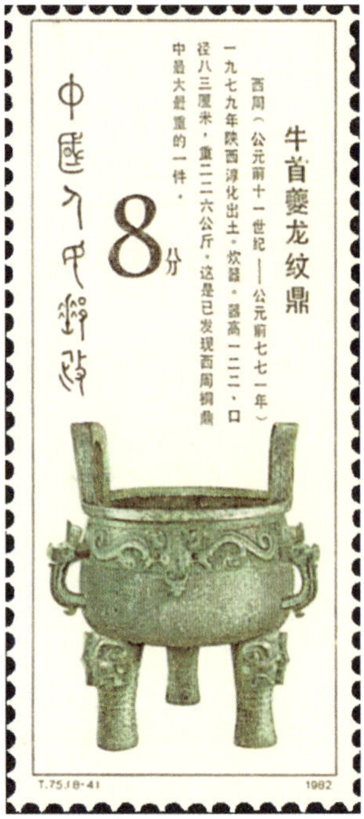

《西周青铜器》邮票中的"牛首夔龙纹鼎"，又称"淳化大鼎"

古人认为牛拥有"五行"中土属性和水属性的神力，是风调雨顺、国泰民安的象征。五行中讲水能生木，所以牛的耕作能促进农作物生长，又讲土能克水，所以古人们在治水之后，常设置铜牛、铁牛以镇水魔。黄河铁牛（开元铁牛，亦称唐代铁牛），位于山西永济，蒲州城西的黄河古道两岸。

水是龙世界，牛能镇水，可见牛有时有超过龙之神力。

（10）龙源于鸟说

炎帝部族的一支，是以凤（鸟）为图腾的。这一点，我们可以通过炎帝之女精卫填海的神话传说而得知。《山海经》："又北二百里，曰发鸠之山，其上多柘木，有鸟焉，其状如乌，文首，白喙，赤足，名曰'精卫'，其鸣自詨。是炎帝之少女，名曰女娃。女娃游于东海，溺而不返，故为精卫，常衔西山之木石，以堙于东海。"

炎黄部落的结盟，也可以说龙凤合体的"凤首龙身"或者说"鸟首蛇身"图腾的诞生。

鸟龙彩陶盆（陕西渭南仰韶文化遗址出土）

陕西渭南仰韶文化（庙底沟期）遗址出土的断代在公元前四千年（距今六千年）的"鸟龙"彩陶盆，就是炎黄两大氏族融合后为"祭天"而制作的一个法器。

这件"鸟龙"彩陶盆，高二十二厘米，口径三十二厘米，图案口沿下，绘右向"鸟首蛇身"腾空飞动的"四翼鸟龙"一条。紧随其后，又绘腾空飞动"三翼鸟龙"。

两条“鸟龙”环绕盆腹上部（口沿下）腹围最大处一周一百厘米，首尾相接，呈飞腾追逐之状。“鸟龙”头前，又各绘与口沿四组图案中圆点大小相若的圆点一个，给人以“鸟龙逐日”的联想。飞腾追逐的两条“鸟龙”下，又绘半厘米宽黑线一周，好像地平线一般。

距今五千多年的安徽含山县凌家滩遗址出土一件玉鹰，玉鹰腹部雕有八角星，两边伸展开猪首形的双翅，其寓意是当时的人们想让百鸟之王的雄鹰飞上天把牲品带给太阳神，反映了凌家滩先民的原始宇宙观和对宗教崇拜的虔诚。

古人希望自己创造的龙具备风雨雷电那样的力量，高山峻岭那样的雄姿，像鱼一样能在水中游弋，像鸟一样可以在天空飞翔。因此许多动物的特点都集中在龙身上，其中有翅膀者称为应龙，另称鸟龙。例如：陕北绥德、米脂、神木出土的汉画像石上描绘龙的形象也有头像鸟的，而且从《陕北汉代画像石》一书中所涉及的几百种龙形象中基本都是带有翅膀的翼龙。陕北汉代画像石基本出土于墓室之中，画像石上的龙一律被刻画为有翅膀的翼龙，这可能和祈祷墓主人能早日骑龙升天有关，虽说龙可以无翼而飞，但在两千年前陕北人的心目中有翅膀的龙还是更神通广大一些。根据以上资料分析，鸟也是中华龙之原形之一。四川出土汉画像砖上的西王母坐在龙虎座上，有的龙就有翅膀。

3.“药王洞”与“龙穿洞”

陕西铜川耀州药王山上有祭祀药王孙思邈的大殿，孙思邈的塑像两边有东海龙王和敬德为他站班，塑像背后，有一古洞叫“太古玄洞”，俗称“药王洞”，这个洞就是龙王为报答药王给他治病，帮助药王能准时返回五台山（后改为药王山）修成正果亲自穿出的一条洞，这个洞也叫“龙穿洞”。

药王山大殿孙思邈与东海龙王塑像

话说一次孙思邈正在出诊途中，忽然遭遇到狂风暴雨，难以行路。药王抬头望天，忙对随行的徒弟说：“快走，病龙行雨，咱们得去为病龙治病。”空中正在行雨的东海龙王听了孙思邈的话，心里一怔，心想这医生观我行雨便知我有病，一定是位神医。遂摇身一变，化为一个白发老头，来到孙思邈面前请求为他医治。

于是，孙思邈就在路旁一块大石头旁扶老头坐下给他诊脉。诊脉后孙思邈言道：“从脉象看，你乃天上龙王，快快显出真形，我方能给你治疗。”这东海龙王无奈现出龙身，言说他咽喉疼痛难忍，食不下咽。此时，只见药王用手掰开龙口，发现龙王喉中生有一恶疮，遂从药箱中取出一支银针，瞅准恶疮，又稳又准地扎去。霎时，龙口大张，脓血直淌。待脓血排尽，药王孙思邈又给伤口上敷了些药膏，说：“休息一晚，明日辰时，定会痊愈。”果然，药王手到病除，第二天精神大振的东海龙王就千恩万谢别了药王，急着升空为黎民行雨去了。

后来，龙王听说药王孙思邈要在耀州五台山（今药王山）修成正果，但药王正在给一重病老百姓诊治，脱不开身，眼看着要误了吉时。为了报答诊病之恩，着急万分的龙王大发神威，钻出了一孔四十多里长的石洞，驮着药王于农历二月初二准时赶到五台山赴位成果，并给药王站班听用。

这四十里石洞前洞在药王山大殿，后洞要到北边黄堡镇一山沟中。耀州流传有民谣说：“前洞烧香，后洞冒烟。”意思是人们每逢二月二拜药王，来药王大殿烧香，烟气竟能从四十里外黄堡后洞冒出。看来这龙王还真把山钻出了个洞呢！

《耀州志》记载的不仅有“龙穿洞”的故事，还有更神奇的“龙王献方”的故事。

药王故里石雕龙

药王大殿前面有一碑亭，其中除过由四块石碑组成的《千金宝要》碑，刻于宋徽宗宣和六年（1124年）。还有另一石碑为《海上方》，这《海上方》还引出一民间故事“龙王献方”。就是说孙思邈为东海龙王治病，老龙王感恩不尽，将宫中珍藏的《海上仙方》赠予孙思邈。还有一版本，说孙思邈曾救过东海龙王的大太子。

说是有一天，药王在太白山下见一群孩童玩耍一条小蛇，小蛇见到药王，眼中流泪求救。药王就拿出身上仅有一点银两，又脱下衣服从这群孩童手中把小蛇交换过来，带回精心疗养，等它康复后放生于渭水。

原来，药王救的那条小蛇，就是东海龙王的大太子出海到渭水游玩时，不幸搁浅在沙滩上变的。于是东海龙王和他的大太子请药王进水晶宫，要报答他救命之恩，一会儿要送药王一对夜明珠，一会儿又让药王在龙宫金库中随便挑选奇珍异宝，一会儿又让药王留在龙宫，享尽人间没有的富贵。但都被药王一一拒绝了。药王道："医者应'先发大慈恻隐之心，誓愿普救含灵之苦'，而珍宝乃身外之物，且寿有短长，不能违天呀！"

一席话，说得义正词严，让东海龙王和他的太子是又敬又服。突然老龙王想起龙宫里珍藏的一套《龙宫奇方》，就决定赠给药王。并说："孙真人巍巍堂堂，不愧人世间千秋万代之苍生大医，本龙王愿以东海《龙宫奇方》，助您拯衰救危、济世救人，以遂医者大慈大悲之心愿。"

药王孙思邈得此海上仙方，自然甚是喜欢，以后药王也就有了著名的《千金要方》《千金翼方》，还有了《孙真人海上方》。

4. 柳毅传书

"柳毅传书"的故事极富浪漫色彩，讲的是：书生柳毅长安赶考，访友到泾阳，在泾河岸，邂逅河滩牧羊的龙女，听龙女哭诉，方知她就是洞庭龙君之女，嫁于泾河龙君之子，受到虐待，被赶出龙宫在此牧羊。书生一时义愤填膺，接受龙女托书，日夜兼程洞庭送信。

"柳毅传书"小本票封面

后龙女叔父钱塘龙君赶赴泾河，杀了泾河龙王之子，救出龙女，一家骨肉团聚。龙女感恩，对柳毅产生爱慕之心，被其叔父钱塘君看出，遂令柳毅与龙女成婚，柳毅认为自己传信乃急人所难，并无一点儿私意，加之不堪钱塘君专横，故严词拒绝而去。后龙女冲破重重阻碍，有情人终成眷属，演绎了一场义重情深的传奇爱情故事。

《柳毅传书》邮票之“龙女托书”

《柳毅传书》缘于唐代传奇小说《柳毅传》，是中国最早的小说作品，据《西安市志》六卷文化艺术志介绍，由李朝威创作于唐代长安（今西安市）。李朝威为唐贞元年间吏部任职的一个小官，喜欢编写神怪故事。他到长安郊区专访退休的京官薛嘏，薛嘏给他讲了其表兄柳毅为龙女传书的传奇故事，李回家后修改撰写成《柳毅传》，被编入唐人陈翰的《异闻集》，成为唐代以来传奇小说领域里最有成就的名篇之一，在中国文学史上占有一席之地。

《柳毅传书》历代均有抄本，北宋《太平广记》亦记载有柳毅传书的故事，元代尚仲贤改编为杂剧《洞庭湖柳毅传书》，后世很多戏曲作品均取材于此。但《柳毅传书》2004 年却作为民间传说登上了有国家名片之誉的邮票，其实严格点儿讲，《柳毅传书》应该属于中国古典文学系列，因为它缘于有著作者和创作之地的《柳毅传》，这就如曹雪芹的《红楼梦》，蒲松龄的《聊斋志异》。

《柳毅传书》的故事中，传书的起点是陕西省泾阳县泾干镇花池渡村，因为在村西的泾河滩上被称为“龙陂”的地方，有龙女牧羊、柳毅传书的遗址景点，而泾阳八景中就有“龙陂丛绿”。终点为湖南洞庭君山，组成了原始状态的传书通信的形式，有着丰富的文化内涵。

《柳毅传书》歌颂了柳毅的见义勇为，龙女对爱情的一往情深，彰显了中华民族尚义重情、诚信厚德的传统美德。另外还有一定的现实意义，那就是提请社会关注妇女问题，保护妇女的合法权益。因为虐待妇女，唐代已盛，当时作者创作此传奇，应有所指。试想，连龙王之女都受虐待，“误嫁匪类，困辱于泾川龙子”，何况一般社会底层的妇女了。重读《柳毅传书》，是否能提请社会来谴责泾河龙王之子，给人们一个警策呢？

5. 韩湘子吹箫会龙女

韩湘子，字清夫，是神话传说故事八仙中的一员，拜关中逸人吕洞宾为师学道。道教音乐《天花引》，相传为韩湘子所作。韩湘子为唐宋八大家之首韩愈的侄孙，又说是侄子，父母早亡，幼随韩愈居长安。韩愈任过唐都长安京兆尹，西安有湘子庙，如今西安南门里西边一条街还叫大湘子庙街呢！

剪纸《韩湘子》（澄城县文化馆藏）

韩湘子也曾隐居在秦岭东南方向的蓝关，在陕西蓝田有湘子洞，纪念他在蓝关点化韩文公（韩愈），韩愈有诗《左迁至蓝关示侄孙湘》其中“云横秦岭家何在，雪拥蓝关马不前”二句最早在诗中提到秦岭。

韩湘子在八仙中是个风流俊俏的书生，他手中的神器名为紫金箫，是用南海紫竹林里的一株神竹所做。有一个美丽的神话，说韩湘子这支神箫是东海龙王的七公主赠送给他的。

说的是有一年，刚出道的韩湘子漫游名山大川，到东海之滨，听说东海有龙女，善于音律，精于歌舞，于是很想一会。因之，韩湘子经常到东海边去吹箫。终于，在三月初三这一日，龙女出海春游。在蓬莱仙岛，她听见海边传来一阵沉郁悠扬、柔美悦耳的箫声，妙音摄魂，竟听得有点发呆。

韩湘子的箫声扰乱了龙女的心，便身不由已地向海边走来，化作一条银鳗来会吹箫郎。韩湘子一曲吹罢，就见海潮退去十里远，这时，他突然发现滩头上有一条搁浅银鳗，正泪光莹莹地凝目望着他，神情痴迷，似乎还沉浸在乐曲之中，韩湘子笑着说：“鳗儿啊鳗儿，你是否也懂得箫中的妙意？若为知音，请把我的情意传到水晶龙宫去吧！”鳗儿听得连连点头。韩湘子惊异，他又吹起了玉箫。想不到，银鳗居然在明媚的月光下翩翩起舞，曼妙的舞姿，

韩湘子成仙之地——蓝关

传神的情态，世所罕见。那银鳗在月色笼罩下，腾跃挪闪，翩若惊鸿，矫若游龙，轻盈旋转……速度越来越快，节奏越来越紧，刹那间银光一闪，只见月影中银鳗已化为一个天仙般美丽的龙女，把个韩湘子惊艳得目眩眼迷。忽然，一个浪头扑来，龙女不见了。这样情景，一连发生了三个晚上。

一天，韩湘子又来到海边吹箫。吹了大半天，龙女就是不出海来。难道玉箫失灵了？韩湘子只好沮丧地离开海边，忽闻背后有人喊他，回头一瞧，是个老渔婆。老渔婆告诉韩湘子，前几夜与他在月下伴箫而舞的乃是东海龙王的七公主。因事泄露，老龙王怪罪龙女私会凡人，已被关入深宫，再不能前来相会了。老渔婆拿出一节竹子说：这是南海普陀神竹一枝，龙女赠予相公制仙箫。望相公制成仙箫，谱写神曲，以拯救龙女脱离苦海！说罢，老渔婆递上神竹一枝，便化成一阵清风不见了。

此后，韩湘子将神竹制成紫金箫，从此断绝了在尘世厮混的念头，进了深山古洞，日夜吹箫谱曲，果然练出了超凡绝俗的本领。

后来，八仙过海，韩湘子神箫收蛇妖，妙曲镇鳌鱼，大显仙家神通；而东海龙女呢，被观音菩萨救出龙宫苦海，也修成正道，作了观音菩萨身旁侍女，与善财童子成了一对金童玉女。

民间有传说，东海岸边至今还常常有人能听到，从缥缈海空中传来深郁悲凄的缕缕箫声，那是韩湘子思念龙女，在云中吹箫呢！

6. 唐代盘龙纹铜镜

出土于西安的“唐·盘龙纹铜镜”，是中国龙文化中最具标志性的珍贵文物。

《龙（文物）》邮票之“唐·盘龙纹铜镜”

“唐·盘龙纹铜镜”上的龙图案，为飞腾之龙，曲颈四顾，张口吐舌，四朵祥云簇拥，寓意飞龙在天，一飞惊世。在中国古代，龙是帝王的象征，所以盘龙纹镜又称“天子镜”。唐代诗人白居易的《新乐府·百炼镜》中有：“背有九五飞天龙，人人呼为天子镜。”

开创了贞观之治的唐太宗李世民说过：“夫以铜为镜，可以正衣冠；以古为镜，可以知兴替；以人为镜，可以明得失。”看来唐之“天子镜”，映照的是盛唐的历史，当然包括盛极致衰的兴替中，安史之乱后，以及中、晚唐的历史了。

盛唐时期“盘龙纹镜”被作为百官朝贺的礼品献给皇帝，叫“贡镜”，皇上赏赐给臣子的铜镜，叫“御镜”。盘龙纹镜也称云龙镜，边缘铸有“千秋”铭，这种千秋镜可能即是云龙镜。史载唐玄宗铸“千秋镜”，在九月初五生日时赏赐群臣，有诗为证：“铸得千秋镜，光生百炼金。分将赐群后，遇象见清心。”《旧唐书·卷八·玄宗纪》记载：开元十八年，“八月丁亥，上御花萼楼，以千秋节百官献贺，赐四品以上金镜。”花萼楼就在长安三大宫的兴庆宫中。《新唐书·张九龄传》也有这么一段：“（玄宗）千秋节，公、王并献宝鉴，九龄上事鉴十章，号《千秋金鉴录》，以伸讽喻。”“千秋节”不难理解，应是玄宗的生日，王公自当庆贺，有宝物献上，但“金鉴”究竟为何物？细一考证，原来竟是铜镜。因之大唐王朝，上行下效，每至八月初五，也就是玄宗当年呱呱坠地之时，人们相互赠送铜镜，一是遥祝吾皇虚怀大德，二是由此及彼，互祝长寿、安康。进而演变成了“千秋金鉴节”，也可俗称“铜镜节”，也就成了唐朝的一个重要节日。

唐诗中也有提及赏赐“龙镜”的，如席豫《奉和敕赐公主镜》：“令节颁龙镜，仙辉下凤台。”《旧唐书卷八十二·高季辅传》还记载有唐玄宗之前的贞观年间唐太宗李世民赏赐“金背镜”的：贞观十八年“太宗赏赐金背镜一面，以表其清鉴焉。”另据考古发现曾是李世民手下战将的东方合墓出土的“秦王镜”铭文上有：“赏得秦王镜，判不惜千金。非关欲照胆，特是自明心。”这种“金背镜”和“秦王镜”自然比“盘龙纹镜”或“千秋镜”

要早，应是唐镜之源吧。

唐诗中吟咏盘龙镜的有，孟浩然的《同张明府清镜叹》："妾有盘龙镜，清光常昼发。"李白的《代美人愁镜二首》："明明金鹊镜，了了玉台前。"以及龙护老人《铸镜歌》："盘龙盘龙，隐于镜中。分野有象，变化无穷。兴云吐雾，行雨生风。上清仙子，来献圣聪。"还有沈从文《唐宋铜镜》中的"舞凤归林近，盘龙渡海深"等。

从已发表的考古资料看，盘龙镜的主纹均为单龙纹，而传世品中亦见有双龙纹的。白居易《感镜》一诗中有："照罢重惆怅，背有双盘龙。"双盘龙即双龙纹，"盘龙纹镜"则是单龙纹。

虽然从秦汉开始，龙与皇帝就有了较多的联系，例如：龙纹的秦砖汉瓦，玉雕玉器，汉宣帝刘询以"黄龙"为年号。但把龙和皇权紧密联系起来，提升到一个非常的高度，应该是从唐代开始的。具体的表现就是唐玄宗的"千秋节"上的既是"御镜"，又是"贡镜"，名为"千秋镜"的"盘龙镜"。

7. 说说壬辰年的生肖龙邮票

2012 年即壬辰年的生肖龙票，一经亮相，就给人一种骇俗的惊艳，当然这种艳，不是艳压群芳、艳光逼人的艳，而是威严雄强，庄重高贵，甚至有点霸气的凶猛。

2012 年龙生肖邮票

壬辰年的生肖龙邮票，设计与往年不同，选用的龙之形象，有着清朝大龙邮票的影子，类似于清朝蟠龙票的造型，也可以说是团龙的造型，或称正座团龙。正座团龙寓意当班值岁，卫护天下太平。其设计灵感也可以说源于皇帝龙袍前胸织绣和清代琉璃九龙壁的造型及色彩。清代是龙之形象全盛发展的顶点，并有着严格的皇家规范。蟠龙龙体盘曲，以龙首居中，头尾呼应，形成团曲之状，正面而坐，给你威严肃穆的逼视，有一种震慑和神圣感。龙之面目表情也狰狞可畏，甚尔可怖，让你产生一种不敢亲近的敬畏。

这当然引起现今一些看惯了温顺、祥瑞、敦厚、慈眉善目等各种美化了的龙形象的人们一片争议。而笔者以为壬辰龙票，是龙之形象的一种本相回归，是龙之根本形象的体现。因为龙是神，是中华民族的图腾，是司水灵物，代表天，也可以说代表着不为人知的大自然，掌管着行云布雨的主水之神。龙是权威、神武和力量的象征，是原始先民对超自然力量的“天威”的向往。龙是通天神兽，汉代的青龙瓦当，就被称为四神之首。在农耕时代，人们祈盼丰收，风调雨顺，在水旱灾害降临之时，必然会祈雨祭拜龙王。那种虔诚，最残忍的竟曾经有把童男童女扔进江河湖海之中，愚昧地要用生命来显示。所以龙也是主宰着人们命运的神。在民间老百姓眼中，龙的形象反映出的功能，主要是辟邪驱魔，纳祥降福。

壬辰年生肖龙邮票的设计者陈绍华认为：龙是神，神是不能随意更改异化的。而壬辰龙票的蟠龙之说，早在西周青铜器上出现过，唐代诗人李白、白居易、孟浩然等都有对蟠龙的描绘，例如李白的“蟠龙之宝镜”，白居易的“背有双蟠龙”。

壬辰龙票，包含有龙的象征意义的多重性，龙首居中显示正气，宽额生出智慧，亮睛表示神采，剑眉象征英武，狮鼻寓意富贵，鹿角长寿，鹰爪锐利，牛耳则有独占魁首之意。这枚壬辰龙票，给人第一感觉有浴火之龙的强烈的视觉冲击。无论是中间蓝色水晶般的龙珠四周缠着火焰，龙之血盆大口，似有火喷出，龙髯、龙尾、龙爪都似有火焰之形，给人极其热烈的红火之感。尤其是四只龙爪，舞动天地，活力四射，雄霸四方，展现出真龙风采。整个票面上以红、黄两色为主，辅以青、蓝、绿色，给人五彩斑斓、华丽富贵之鲜活感。显示其在用色上突出宫廷龙和民间龙诸元素的有机结合，有着强烈的现代装饰味道。从美学角度赏析之，这条龙在看似狰狞的神秘可怖中，无疑包藏着一种原始的拙朴真趣，野性之美。既有传统的深厚渊源，又能推陈出新，显示了中华文化传承久远，艺术魅力之无穷。

中国发行的第一套邮票就是大龙邮票，可以说中国的邮票史是从龙票开始的。有关中国发行的龙邮票，除过十二生肖每一轮都有龙票外，还有出土文物、民间艺术，以及专门为龙文化发行的邮票。陕西题材的龙邮票有2000

《龙（文物）》邮票中的“汉·青龙瓦当”

年发行的《龙（文物）》邮票中的“汉·青龙瓦当”和“唐·盘龙纹铜镜”两枚邮票，其中文物均出自陕西。

《龙（文物）》邮票上的青龙瓦当现藏陕西历史博物馆。2000年庚辰年生肖龙票图案也是青龙瓦当，为西汉早期的另一种组合的青龙瓦当，有卷曲飞腾之势，体现蛇身之主要特征。其瓦当实物藏于西安博物院。而《龙（文物）》邮票上的瓦当，中间有一圆形乳钉，龙的形象被表现为翘首抬足、卷尾上扬的样式，龙昂首阔步，体形硕壮呈S形，主体为兽身，似行走之龙。时代在汉代中期属第二种组合。两个不同组合的青龙瓦当，都被表现得灵动瑰奇，充满了勃勃生气，动感和张力。“唐·盘龙纹铜镜”邮票上选用之龙，为飞腾之龙，曲颈四顾，张口吐舌，龙身周围的四朵祥云，寓意飞龙在天，尾腿缠绕是唐代龙纹的标志性特征。这两枚龙票，一为汉代瓦当，二为唐代铜镜，体现的是汉唐盛世雄风，洋溢着蓬勃向上的精神力量。

2000庚辰年《龙》邮票

2012年壬辰龙票，回归龙之本来面目，体现龙原始精神的辟邪驱魔，而独树一帜。票面无论从设计和色彩上，都新颖而鲜亮，既传统又现代，有一种陌生中的熟悉。一枚刚猛有力、威严自信的五爪金龙邮票，已然赢得了不少喜爱龙的人的喜爱和追捧。

第三章 凤文化在陕西

DI SAN ZHANG FENG WEN HUA ZAI SHAN XI

凤文化在陕西

1. 凤文化之内蕴

清代皮影《火凤凰》（陕西省艺术馆藏）

凤凰是中国古代传说中有“百鸟之王”之誉的神鸟，与龙同被奉为华夏民族的广义图腾。凤凰与龙一样都是中国人创造的多种动物和自然天象集美、集大成的多元融合体，是一种“意象造型”。再者，凤凰与麒麟一样是雌雄统称，雄为凤，雌为凰，总称为凤凰。它是中国人心目中美丽的化身，象征祥瑞。凤凰性格高洁，非晨露不饮，非嫩竹不食，非千年梧桐不栖。《论语摘衰圣》曰：凤有六像，九苞。六像者：一曰头像天，二曰目像日，三曰背像月，四曰翼像风，五曰足像地，六曰尾像纬。九苞者：一曰口包命，二曰心合度，三曰耳听达，四曰舌诎伸，五曰彩色光，六曰冠矩州，七曰距锐钩，八曰音激扬，九曰腹文户。行鸣曰“归嬉”，止鸣曰“提扶”，夜鸣曰“善哉”，晨鸣曰贺世，飞鸣曰郎都。知我唯黄，持竹实来，故子欲居九夷，从凤嬉。(宋均曰：“纬，五纬也；度，尺也；州当作采，朱色也；户，所由出入也，应天下和平者也；黄，黄中通理也。凤遇乱则潜居九夷。”)

凤凰文化是中国独有的文化精华之一，是对世界文化的一种贡献。

《尔雅·释鸟》：“鶠凤其雌皇。”郭璞注：“凤，瑞应鸟。鸡头，蛇颈，燕颔，龟背，五彩色，其高六尺许。”

凤凰被称为“神鸟”“仁鸟”“灵鸟”，确实是被赋予了极其神圣高贵的品质。《说文》上有：“凤，神鸟也。”《瑞应图》有：“凤凰，仁鸟也。”《诗》有：“凤凰灵鸟。”“天老曰：凤之象也，麟前鹿后，蛇头鱼尾，龙文龟背，燕颔鸡喙，五色备举。出于东方君子之国，翱翔四海之外，过昆仑、饮砥柱，濯羽弱水，暮宿风穴，见则天下大安宁。”凤凰“五色”后来就被看成是维系古代社会和谐安定的“德、义、礼、仁、信”五条伦理的象征。如《山海经·南山经》说：“(凤凰)首文曰德，翼文曰义，背文曰礼，膺文曰仁，腹文曰信。”《山海经·海内经》也说：“有鸾鸟自歌，凤鸟自舞。凤鸟首文曰德，翼文曰顺，膺文曰仁，背文曰义，见则天下和。”陕西作家，著名的龙凤文化研究学者庞进先生把凤凰文化精髓概括提炼为“和美”，简洁而充分地给予博大精深的中国凤凰文化以准确定位。

《韩诗外传》记录了一个关于“百鸟朝凤”的传说：黄帝即位，自觉天下太平，想亲眼看看传说中的凤凰。为此，他请教天老。天老回答：凤凰显形，乃是祥瑞的预兆，只有在太平盛世才出现。见到它一掠而过已是很不容易，如果能看到它在百鸟群里飞舞那就是千载难逢的祥瑞了。黄帝听后很不高兴，他说：我即位以来，天下太平，为什么连凤凰的影子都没有看见？天老说：东有蚩尤、西有少昊、南有炎帝、北有颛顼，四方强敌虎视眈眈，何来太平？黄帝听罢便率兵讨伐，于是天下一统。他看见一只带有五彩翎毛的大鸟在天空翱翔，而数不清的奇珍异鸟围着它翩翩起舞。黄帝知道，这只大鸟就是凤凰，也是他想看到

窗花《凤鸟》(安塞·潘常旺作品)

的瑞象——“百鸟朝凤”。

黄帝，虽然以龙为图腾，但对玄女鸟神也是顶礼膜拜。《全上古三代文》辑《黄帝问玄女兵法》：“黄帝与蚩尤九战九不胜。黄帝归于太山，三日三夜，天雾冥。有一妇人，人首鸟形，黄帝稽首再拜，伏不敢起。妇人曰：吾玄女也，子欲何问？黄帝曰：小子欲万战万胜，万隐万匿，首当从何起？遂得战法焉。”

窗花《凤凰》（富县·段金梅作品）

张三丰拜谒黄帝陵后，站在桥山上他将黄帝陵山环水绕的形势比作“凤阙”“仙岛”，留下了《桥山祈仙台》“巍巍凤阙迎仙岛”的美丽诗句。陕西省社会科学院古籍研究所所长何炳武研究员认为：黄帝陵巧居盘龙脉象之中，轩辕庙恰处凤岭翼护之下，左青龙，右白虎，前朱雀，后玄武，四周护拱，瑞祥之气生矣，是黄土高原上一处十分难得的符合传统的“龙凤呈祥”的“风水宝地”。

陕北黄陵县有黄帝陵，为人文初祖轩辕氏活动的重要区域的桥国，据史料记载和民间传说，黄帝的正妃嫘祖曾在紧挨黄陵之南的宜君教民种桑、养蚕、织布、酿酒。而凤凰的来源也和嫘祖有关。传说嫘祖受到黄帝制定的新图腾的启示后，她把剩余下来各部落的图腾，经过精心挑选，也仿照黄帝制定龙的图腾的方法：孔雀头，天鹅身，金鸡翅，金山鸡羽毛，金色雀颜色，组成了一对漂亮华丽的大鸟。造字的仓颉替这两只大鸟取名叫“凤”和“凰”。

炎帝以姜水为其发源地，姜水即今陕西宝鸡清姜河，建有炎帝陵。炎帝时代，也有凤凰的传说。《拾遗记》卷一说：“（炎帝）时有丹雀衔九穗禾，其坠地者，帝乃拾之，以植于田，食者老而不死。”所谓“丹雀”“阳鸟”“鸾鸟”，就是凤凰神鸟的原型。《广雅》云：“鸾鸟，凤皇属也。”

唐代诗人李白《寓言三首·其二》：“摇裔双彩凤，婉娈三青禽。往还瑶台里，鸣舞玉山岑。以欢秦娥意，复得王母心。区区精卫鸟，衔木空哀吟。”

陕西白水县有造字之神的仓颉庙。仓颉是黄帝的史官，受黄帝之命要创造一种更为简便的记事方式，以改变、代替旧的结绳记事。当仓颉在白水洧水河南岸一个高台上造屋住下，寻思造字时，一只凤凰从天上飞来，嘴里衔着一片树皮，正好掉在仓颉面前，仓颉看到上面有一个蹄印，受到启发，认为万物皆有自己特征，兽有蹄印，虫有虫迹，鸟也有鸟迹。若能抓住这些特征，画出图像，以记之，不是比“结绳记事”更明白方便了吗？这就是“凤凰衔书”助仓颉造字成功的神话传说。

陕西岐山是周王室发祥地，距今三千年前“凤鸣岐山”的典故就发生在岐山周公庙古卷阿北部的凤凰山上。有什么“凤鸣岐山，十年不鸣，一鸣惊人。”《诗经·大雅·卷阿》篇描述此处为“有卷者阿，飘风自南”，故后世称这里为古卷阿。“卷阿”今宝鸡方言读“圈窝”，即指山蜿蜒凹进去的部分。

《国语·周语上》上就有周朝兴起之时，有凤凰一类的鸟在陕西岐山上鸣叫的记载。而西周晚期的《诗经·大雅·卷阿》也有诗句曰：“凤凰于飞，翙翙其羽，亦傅于天……凤凰鸣矣，于彼高岗。”也是讲凤鸣岐山之事，因此西周之时将凤鸟视为神奇的吉祥生物，器物之上颇重凤鸟纹。

而这句“凤凰于飞，翙翙其羽”本义是凤和凰相偕而飞，指男女结合新婚之喜，后来也用来比喻夫妻和谐相爱的“于飞之喜”。在陕西也叫“凤凰之喜”，好像较之“于飞之喜”更为普遍。

韩城市新城周原村大禹庙壁画《吹箫乘凤图》

《春秋繁露·同类相动》载，董仲舒说：“美事召美类，恶事召恶类，类之相应而起也。……帝王之将兴也，其美祥亦先见；其将亡也，妖孽亦先见。物故以类相召也。……《尚书》传言：‘周将兴之时，有大赤鸟衔谷之种，而集王屋之上者。武王喜，诸大夫皆喜。周公曰：茂哉！茂哉！天之见此以劝之也。’恐恃之。”这大赤鸟即红凤凰。关于西周“凤

清代石雕《凤穿牡丹·玉堂富贵》（白水县，王山水摄）

凰衔谷种”之祥瑞说，与前已有的炎帝时“丹雀衔九穗禾”说，一脉相承，都与陕西这块中国农耕文明的肇始之地有关。

春秋秦穆公时，定都于雍（今陕西凤翔），在这里还发生了一个非常美丽动人的名叫“萧史弄玉，吹箫引凤”的神话故事。先是弄玉梦见在西岳华山修行的萧史，接着萧史被从华山请入秦宫吹箫，他的箫声一起就从天上引来凤凰合鸣、舞蹈，最后两人骑龙跨凤一起飞升，离开了秦宫，从此这里被称为凤翔。

关于凤翔县得名之说，还有源于“金凤踏雪”的传说。据《凤翔县志》载：唐代安史之乱爆发，叛军马上要逼近雍城。太守广征民夫构筑新城以防不测，但屡筑屡塌。这天夜里突然天降大雪，筑城更加难以完成。正当人们心急如焚之际。清晨之时突然从东边天际飞来一只金色凤凰，金凤先在柳林上空盘旋了一阵，又绕回雍城。它昂首高鸣，直冲云霄，霎时风住雪停，霞光满天。在灿烂的霞光里，金凤踏雪而行，走了一个四方形的圈子，便飞往柳林饱饮了柳林泉水，然后迎着太阳飞去。太守得知此事后亲自查看，便在凤凰所踏之足迹上筑城。不久一座新城便巍然屹立在旧城一侧。后来唐肃宗在雍城继位，他根据金凤踏雪，绕城飞翔之意，下令将雍城改名为“凤翔”。为了纪念此事，人们还将凤凰饮用过的水泉易名为“凤凰泉”。传说产自凤翔的西凤酒最早就是这眼泉的水酿造而得名的。

西汉时期汉武帝长安城建章宫有宫阙，名叫凤阙，高大雄伟。《史记·孝武本纪》：“其东则凤阙，高二十馀丈。”是西汉长安城最高的建筑。阙楼上有一尊高五尺的铜凤凰，它是我国最早测量风向、风速的仪器。早于东汉张衡发明测量风向的相风铜鸟，而且张衡在《西京赋》还写到这一“凤阙”。

另外有凤凰来仪传说：凤凰飞来起舞，仪态优美。古代用以比喻吉祥的征兆和祥瑞的感应。《汉书·王莽传上》：“甘露从天下，醴泉自地出，凤凰来仪，神爵（雀）降集。”而王莽篡汉，建立新朝，世称“新莽”，建都长安（今西安），并更名为常安。王莽新朝的第二个年号就被定名为天凤。

《尚书·益稷》亦有记载：“《萧韶》九成，凤凰来仪。”《王道》也记载：“王正”之时，五帝三王治天下之时，“故天为之下甘露，朱草生，醴泉出，风雨时，嘉禾兴，凤凰麒麟游于郊。”三国时期魏诗人阮籍的《咏怀诗》有：“林中有奇鸟，自言是凤凰。清朝饮醴泉，日夕栖山冈。高鸣彻九州，延颈望八荒。”其中的多处提到“醴泉”，和《礼记·礼运》中述“天降甘露，地出醴泉”，《论衡·是应》中说“泉从地下出，其味甘如醴，故曰醴泉”同义。就指的今陕西礼泉县，不过这个礼字说是从“醴”简化成的。其实“醴”字没简化，而“礼”字是从“禮”字简化来的。

古代周族的始祖，名后稷，其母有邰氏之女姜嫄，嫄为帝喾元妃。姜嫄出野，见巨人足迹，踏之，践之而动如孕。生一子，以为不祥，弃之隘巷，马牛从他旁边过都不踩它；徙置之林中，适会山林多人，迁之；而弃渠中冰上，飞鸟以其翼覆荐之。姜嫄以为神，遂收养长之。初欲弃之，因名曰弃。弃成人后，好耕农，相地之宜，善种谷物稼穑，民皆效法。尧听说，举为农师，天下得其利，有功。舜曰：“弃，黎民始饥，尔后稷播时百谷。”封弃于邰，今陕西杨凌，号曰后稷，别姓姬氏。后世执掌农业的最高官员也被称为后稷。

1981年长安区丰镐遗址出土一件西周青铜器“接簋”，颈部饰凤鸟八只，腹部饰凤鸟四只，两侧有凤鸟形耳，方座四面各饰凤鸟六只。一件青铜器上饰有三十八只凤鸟，真乃稀罕。以此可以看出西周时凤凰图饰文物在陕西之盛行，再加上“凤鸣岐山”的传说，以及凤翔与凤县分布在秦岭南北。可以看出陕西不愧为凤凰之故乡。

墨彩画《凤鸣岐山》（西安·蔡昌林绘）

2003年西安未央区文景路枣园汉墓出土一件西汉早期的“凤鸟鎏金钟”，该钟盖面中央铸一立姿凤鸟形钮，昂首翘尾，口中含珠，双翅拢于背，线条极为流畅，形象栩栩如生。1988年

西汉 凤鸟鎏金钟（西安市文景路枣园汉墓出土）

西安市张家堡出一件“汉代鎏金凤鸟镇”，凤鸟呈伏卧状，回首啄整背部羽毛，双翼微微振起，尾铺地，双足曲卧，冠为如意形。1964年西安市南小巷出土一件“汉代博山熏炉”，炉柱为凤鸟形座，是龟蛇合体的玄武。还有西安市北郊范南村出土的“西汉龟座凤鸟”。西安东郊西汉窦氏墓出土的一组玉佩，两件形制大小相同，整体为一透雕站立凤鸟，昂首曲颈，高云冠，圆眼，尖喙回勾，展翅，尾呈S形，与腿相连。

1956年绥德四十里铺出土，现藏于西安碑林博物馆的东汉画像石上有“双头凤”。1975年绥德路沟出土原石藏绥德博物馆的东汉画像石，上半部中心图案为单足独立朱雀，与凤凰造型基本一致，空中还飞有一凤鸟。特别之精美，有韵味。绥德出土的东汉画像石，多为朱雀图形，配青龙、白虎，朱雀与凤凰造形酷似，已无分别，实为其一大特色。

1970年陕西西安何家村出土的唐代金银器中有“鎏金凤鸟纹六曲银盘”“鎏金翼鹿凤鸟纹银盒”“蔓草龙凤纹银碗”以及“葡萄龙凤纹银碗”。如此之多的凤鸟纹古物，可以看出凤作为祥瑞之兆，在唐代已广泛盛行。

朱雀双凤马勺脸谱（宝鸡·张星作品）

历代帝王都把“凤鸣朝阳”“百鸟朝凤”“龙凤呈祥”“凤凰来仪”“鸾凤和鸣”当成盛世太平的象征，为祥瑞之兆。凤凰显形，千载难逢，天下大安宁。南齐·谢眺《永明乐十首》：“彩凤鸣朝阳，元鹤舞清商；瑞此永明曲，千载为全皇。”

唐高宗上元三年（676年），“陈州言凤凰见于宛丘”，武则天抓住这个“凤瑞”，改元“仪凤”，表达的基本愿望是祈求祥瑞。

陕西西安在汉唐盛世长安之时，曾被称为“花城”和“春城”，也形容为“凤城”。可唐代诗人咏长安“春城草木深”“春城无处不飞花”引出的春城、花都之称，早被确定为广州、昆明等城市的形象符号。只剩下“凤城”之名还没有哪个省会级大城市来争，我们再不敢忘了唐代诗人咏长安的“银汉遥应接凤城”“凤城烟雨歇，万象含佳气”，西安人也再不敢把金子当铜卖了。西安应该尽快确定“凤城”为自己的雅称，并叫响全国，因为唯有西安才是中国最大的名副其实的“凤城”。

而如今西安在汉城遗址附近命名了从凤城一路到凤城十二路的新街名，也修复了大明宫的丹凤门，加之，西安城墙唐代皇城的朱雀门与朱雀大街还有名在，汉长安城建章宫凤阙遗址成为国家重点文物保护单位，还有西安南郊的凤栖原，这些记忆的复活，都给我们在“‘凤城长安’说凤凰”时增加了点底气。

2. 凤之原型说

（1）凤源于鸡说

说到凤凰形象源于鸡，大概有不少人会嗤之以鼻，确实鸡咋能和凤凰比呢？俗话有：脱了毛的凤凰不如鸡。当然这里边有误区，很多人以为鸡就是家中养的那种家禽。

其实，鸡属于一个庞大的种群——雉类。而雉类的雄性常有极端华丽的羽毛，属于最美丽的鸟类之列。雉类包括原鸡属、马鸡属、长尾雉属、孔雀属、孔雀雉属、鹇属、血雉属、勺鸡属、雪鸡属、竹鸡属、石鸡属、雉鸡属、雉鹑属、鹑属、鹧鸪属、锦鸡属、角雉属、虹雉属等。据专家分析：家鸡源于雉类的原鸡属。

二品官服补子锦鸡图案

《禽经》中有：“首有彩毛曰山鸡，腹有彩色曰锦鸡。”《山海经·西山经》：“小华之山，……鸟多赤鷩，可以御火。”

赤鷩即锦鸡。

唐代诗人李白《赠从弟冽》曾记一事：“楚人不识凤，重价求山鸡。”

故事出自《笑林》说：楚人有担山鸡者，路人问曰：“何鸟也？”担者欺之曰：“凤皇也！”路人曰：“我闻凤皇久矣，今真见之，汝卖之乎？”乃酬千金，弗予；请加倍，乃与之。方将献楚王，经宿而鸟死。路人不遑惜其金，唯恨不得以献耳。国人传之，咸以为真凤而贵，宜欲献之。遂闻于楚王。王感其献己也，召而厚赐之，过买凤凰之值十倍矣。这个故事说明古人把山鸡与凤凰混为一谈了。

在商代甲骨文中曾发现有捕获凤的记载：“甲寅卜，呼鸣网，获凤。丙辰，获五。”据中国古文字专家于省吾说，这条甲骨文的意思是：“商王指令臣鸣用网捕鸟，于丙辰这天捕了五只凤。由于系用网捕之，故所获自是生凤。”

由此看来，在商代，中国确曾有过凤鸟。在早期金文《中鼎》铭辞中，还有一则记载：“……归生凤于王。”

中瑞联合发行《珍禽》邮票之“白腹锦鸡”

文中所提到的“生凤”一词，郭沫若亦曾断定正是指活凤凰（《两周金文辞大系图录考释》，“中鼎”）。据此，则无论甲骨文、金文，都有材料确切无误地表明，直到商周之际，凤凰还是一种虽然稀见但却并非不存在的鸟类。

而“捕了五只凤”，如此数量，难道只能是红腹锦鸡或白腹锦鸡中的一种？为什么不能是孔雀呢？因为孔雀为亚热带鸟类，主要分布在云南之南。商周甲骨文、有铭金文的青铜器出土在北方，而北方最像凤凰的鸟类就是红腹锦鸡、褐马鸡和长尾雉了。

《山海经·西山经》：“松果之山。有鸟焉，……其状如山鸡。”松果之山。今陕西省华阴县东南二十七里。《山海经·南山经》进一步说：“有鸟焉，其状如鸡，五采而文，名曰凤凰。”《渊鉴类函》引徐整《正律》中记载：“黄帝时代以凤为鸡。”此说肯定有一定的可信度啦。

实际上，早在商周以及唐宋以后的凤凰图，就是以锦（金）鸡的形象为原型，加以放大和增饰而产生的。

下面就重点介绍一下陕西现仍生存的国家重点保护野生动物也叫金鸡的红腹锦鸡和褐马鸡。

雄性金鸡，羽毛灿丽，尾长，超体长两倍有余，可与孔雀媲美。你如进入秦岭深处有幸近距离见到红腹锦鸡，这一句“与孔雀媲美”诚不欺人。

红腹锦鸡头顶一束丝状冠羽，金黄鲜亮，华丽至极，走起路来，煞是威风；后颈覆盖有金黄色、棕色的扇状羽，如一袭绚丽的金披肩，雍容华贵，令人惊艳；周身羽毛上背铜绿色，泛着莹莹之光，羽缘细细一圈蓝黑围边，背羽和腰羽呈金黄色，无比灿烂耀眼；最内侧伸展出几根飞羽，衬托得体态潇洒、优雅。至腰侧转呈深红色，尾羽大半黑褐桂黄相间成斑状，至端部渐转赭红色。下体自喉部及胸腹皆为深红，丝绸锦缎般光灿，在阳光下五彩斑斓，熠熠生辉，故李时珍的《本草纲目》称之为彩鸡。

商周时代，金鸡的尾羽就被制成扇子。这种锦扇，象征着尊贵，只有王和王后才有资格享用。杜甫有诗赞之：“云移雉尾开宫扇，日绕龙鳞识圣颜。”

褐马鸡亦称角鸡。体长一米左右，属大型鸡类。陕西黄龙山发现有一千五百多只的大种群。褐马鸡头顶有冠状绒黑色短羽，耳后有一缕雪白羽毛从颈部嘴角伸过，宛若耸起的硬翻领，名耳羽，美若贵妃服饰，特别的夺人眼球。褐马鸡头的两颊呈红色的绒状颜面，体羽主要是深褐色，腰和尾羽基部纯白末端转黑，长羽呈双排列，中央尾羽特别长，被称为“马鸡翎”。外层羽毛披散如发并下垂，羽毛光艳华美，阳光下泛出紫蓝色金属般耀眼光泽，甚为漂亮。平时尾羽向上翘起，披散时像马尾，又像一株挺拔飘逸的凤尾竹。

可褐马鸡因“马鸡翎”差点使自己种群灭绝。两千多年前的西汉起，褐马鸡的尾羽就被插在武将的帽盔上，称为“褐冠”，以显示其英武之姿和身份地位的高贵。宋代时开始遭到大肆捕捉，到清代更是变本加厉，那时期官员衣冠上已离不开褐马鸡羽毛的装饰了，制成蓝翎、花翎，显示品级高低，

安塞农民画《十二属相·鸡》（常振芳作品）

成为当官的身份象征，所谓的顶戴花翎。而在西方国家也有以羽毛点缀军装的传统，贵族和上层妇女佩戴羽毛装饰的帽子，更为一时之风尚。中国的褐马鸡羽毛就成为最时髦的掠夺对象，稀缺得让一对褐马鸡在欧洲市场可售银币千元以上。

自然这红腹锦鸡的“冠羽、飞羽、尾羽”“背羽和腰羽”以及褐马鸡的“耳羽”“尾羽”和“马鸡翎”，加上山鸡、环颈雉的形象，在凤凰身上都可以找到，而且是组成凤凰所谓“百鸟衣”最重要特征。凤凰形象也可以说主要是以红腹锦鸡、褐马鸡、山鸡等雉类鸟为主体组合的。

其实人们驯养的家鸡也是凤凰形象的本源之一。唐末、宋初时的重庆市大足石刻“养鸡女”，展现的就是一位农家少妇掀开鸡笼，两只鸡正在争啄一条蚯蚓的养鸡场面。

传说鸡为日中鸟，是太阳的使者或传令者，鸡鸣日出，带来光明，能够驱逐妖魔鬼怪。据考，晋代董勋《答问礼俗》中说：正月初一为鸡日，正旦画鸡于门。魏晋时期，鸡成了门画中辟邪镇妖之物。鸡可能首先被当作是太阳神和火神。不是祭祀品而是祭祀对象的鸡，地位当然要高一些。中国的传统文化以及古代的社会生活中，鸡还是生殖崇拜的符号之一，陕西就把小孩的生殖器称为“小鸡鸡”。而且，除了祭祀之外，鸡在盟诅活动中也必不可少。歃血为盟用的就是鸡血，古代帝王大赦天下有时也采取“金鸡赦”的形式。

陕西出土文物上有家禽鸡的形象，1980 年西安临潼区晏寨乡岳芋村出土一件“秦鎏金铜凤凰”，凤头像鸡的成分大。凤凰昂首张翼，站立作鸣叫状。咸阳平陵乡出土十六国时陶鸡，陕西省历史博物馆征集有西汉的“绿釉雌鸡”，陕西很多出土文物上的凤图案实际更像鸡，应称为“鸡形凤”。例如：陕西岐山王家湾二号西周墓出土一件玉雕“花冠玉凤鸟”，给凤凰以花为冠甚是奇特，花冠就是鸡冠。岐山县贺家村出土一件商代的青铜器“凤柱斝”，两柱顶端各铸一高冠凤鸟，此高冠也是鸡冠。岐山这两件文物，准确应称为“鸡头凤”。而郭璞注《尔雅·释鸟》明确指出：

西周　花冠玉凤鸟（陕西省岐山王家湾二号西周墓出土）

"凤，瑞应鸟，鸡头……"

2004 年《孔雀》邮票

陕西临潼区白家村文化遗址距今约九千到八千年，这里出土的家畜骨骼中有鸡，过去研究动物驯化学者认为鸡最早出现在南亚（缅甸），而白家村文化遗址有鸡的骨骼，说明中国人对鸡的驯养比之早了近三千年。另外，《本草纲目》引《别录》："鸡生朝鲜平泽。"也是不可靠的。《别录》成书于汉末，自然所录受时间限制。

由此看来，鸡比凤凰的历史更久远。鸡演变为凤凰就属于必然了。

（2）凤源于孔雀说

孔雀和鸡属于一个庞大的种群——雉类。孔雀为亚热带鸟类，《续汉书》曰："西南夷滇池出孔雀。"《华阳国志》曰："南郡出孔雀。"

东汉杨孚所著《异物志》中载："孔雀形体既大，细颈隆背，似凤皇。自背及尾，皆作珠文，五彩光耀，长短相次；羽毛末皆作员文，五色相绕，如带千钱，文长二三尺。头戴三毛，长寸，以为冠。足有距。栖游冈陵，迎晨，则鸣相和。"描述更为详细的是《花镜》："孔雀一名越鸟，文禽也……丹口玄目，细颈隆背，头戴三毛，长有寸许，数十群飞，游栖于冈陵之上……雌者尾短无翡翠，雄者五年尾便可长三尺，自背至尾末，有圆纹五色金翠，相绕如钱。"

《孔雀开屏图》（清 · 郎世宁绘）

《春秋·玄命苞》有"火离为孔雀"，也有"火离为凤凰"，里面说的孔雀和凤凰是一回事。

孔雀传到长安最早的记载是周和汉。《周书》曰："成王时，方献孔雀。"方，戎别名。《汉书》曰："尉佗献文帝孔雀二双。”尉佗即赵佗，是南越国第一代王和皇帝。《西京杂记》曰：鲁恭王好斗鸭、雁，养孔雀。鲁恭王是汉景帝与程姬的儿子。另外，汉代上林苑里就养有鹅、孔雀、鸾鸟等鸟。

2004 年《孔雀》邮票

孔雀羽毛美丽悦目，鲜艳至极，自古以来深受人们喜爱。孔雀羽毛装成的扇子称孔雀扇，特别珍贵。还有孔雀羽毛织成的裘，称孔雀裘。这些只有富贵人家才能享用。再有截取整个孔雀尾做成的饰物更是价值不菲，寓意非常之吉祥喜庆。

孔雀为文禽，明清两代文官官服胸前上的补子上就绣有孔雀。明代三品为孔雀，清代二三品均为孔雀。

清代官员还以孔雀花翎为冠饰，有三眼、双眼、单眼之分。清初只赏给受朝廷特别恩宠的贵族大臣，后来赏戴甚滥，但仍然只有五品以上的官员才可以饰用单眼花翎。因而，孔雀花翎也成为官阶、权势的象征之一。后世吉祥图案有在珊瑚瓶中插孔雀花翎的纹图，见于画稿、文具、什器等，称“翎顶辉煌”或“红顶花翎”，取意就在于祝愿官运亨通、加官晋爵。孔雀开屏之尾羽彩纹“有如古钱形状，圆纹五色金翠，相绕如钱”。孔雀羽毛，聚禄财于一身，象征大福贵。

孔雀因开屏而美名远扬，传说孔雀不会随意乱开屏，如能遇上则被视为祥瑞。另外，传统家具有“孔雀屏”，屏上彩绘孔雀，因此得名。元代张昱《醉题》诗云：“清宵酒压杨花梦，细雨灯深孔雀屏。”

此外，孔雀开屏还引出了一件射屏招亲的传奇美丽故事。据《新唐书》记载，唐高祖李渊的妻子窦氏年轻时，才貌不凡，其父母欲得贤婿，便在门屏上画了两只孔雀，让求婚者朝门屏射两箭，看谁能射中孔雀之目，就将女儿许配给他，但不明言要求射哪里，全看天意。随后求婚者云集，但几十个求婚者没有一个射中孔雀之目，轮到李渊射时才两箭各中一目，终于成就了一桩美

墨彩画《朱雀》（西安·蔡昌林绘）

满姻缘，被传为美谈。后来人们常以“雀屏”比喻择婿。

而这件招亲择婿之事就发生在陕西的长安。李渊的妻子窦氏是北周定州总管神武公窦毅与北周武帝宇文邕姐姐之女，是唐太宗李世民的母亲。窦毅居宅位于长安城的宣阳坊南门之西。具体说来，宣阳坊在今天的城南和平门外刁家村、李家村一带。西安城东门外长乐坊还有窦府巷，也传说是“雀屏招亲”的发生地。因了此传说，后世新婚洞房就有“屏中金孔雀，枕上玉鸳鸯”的喜联。

虽然凤凰传说起于北方，南方传说是与凤凰相同的朱雀。湖南洪江高庙遗址出土的距今约七千四百年左右，装饰有凤鸟、兽面和八角星象等神像图案的陶器，白色陶罐的颈部和肩部，用浅灰颜色戳印着两只振翅高飞的“神鸟”，一只正面对人，一只则侧面回首，线条遒劲，栩栩如生。神鸟有冠，长喙，长颈，长尾。两只凤凰的食囊部位还戳印有獠牙、吐舌的兽面纹。

但孔雀尾屏有椭圆形眼状纹饰，或称金钱斑，为孔雀独有特征，西周及春秋战国以后的凤纹玉器、青铜器和汉代画像石上，常出现孔雀形凤纹。陕北绥德四十里铺出土汉画像石两种朱雀，一种头顶孔雀三花冠，一种尾有孔雀眼状纹饰。

所以凤凰形象之本源，孔雀肯定为其一。

（3）凤源于鹰说

关于源自于鹰说，鹰属猛禽，是鸟类的一种类型。一般来说，猛禽类有两大类，第一类是隼形类，如老鹰、秃鹫等，可分为新域鹫、鹭鹰、兀鹰、鹗、隼等五个科。第二类是鸮形类。如“雕鸮”“长耳鸮”“雪鸮”“草鸮”。

西周青铜器逨盉（陕西省眉县出土）

鹰，是肉食性鸟类，掠食时非常凶猛

新石器时代　三足陶鹰尊（陕西华县太平庄出土）

残忍。什么虎啸鹰扬、饥鹰饿虎、鹰视狼步，把鹰和虎狼一样看待。鹰是统治天空的鸟类之霸，其具有的神力和威猛气势一直为古人敬畏。凤凰也是具有神力的，是统治鸟类王国的主宰。所以，鹰的威慑力和凶猛形象一定会成为凤凰形象特征的重要选项。

因之鹰形之凤就应运而生，陕西出土文物中就不乏“鹰形凤”。例如：扶风玄塘村出土“西周玉凤”，凤喙带钩并很夸张。眉县杨家村出土“西周逨盉”，口上为鹰勾嘴凤鸟。这几件都可以称“鹰形凤”。陕北绥德鸣咽泉出土汉画像石上的两只朱雀，一只嘴喙带钩也有点像鹰。

另外，陕西历史博物馆研究员蔡昌林先生曾对陕西富平县唐李重俊墓壁画的一凤一凰做过实地考察，并有精彩描写。他说道：“墓前后甬道卷顶部各绘有一凤一凰东西对应，凤为雄故绘一硕大龙头；鹰眼圆睁，张嘴长啸，雄猛威武。蛇颈弯曲，身躯修长、双翅尽展，长尾飘若旌幡。颈下、身躯鱼鳞状鸟羽光滑齐整，并敷以嫩黄之色，翅羽绿黄相间，长尾橘黄、黄、绿三色变幻，灿似华缎，全身者有金光闪耀，兼有鸟之华丽、龙之气势，不同凡响。凰，鹰嘴鸟头，头顶灵芝冠，头侧长羽后飘，蛇颈系绣球，翅尽展，收足奋飞，长尾阔，随风展。冠、身躯羽毛饰染成金黄色，翅羽疏长、敷色浓绿，尾部为金黄色小绿花，异常华丽。这种用写实手法，将传说中的凤凰形象描绘得如此细微，用色如此丰富的动物壁画，在已发掘的唐墓中，实属罕见。”这一段文字所描写的一凤一凰，凤的“鹰眼圆睁”，凰的“鹰嘴鸟头”，以此确认唐李重俊墓壁画的凤凰都属于“鹰形凤凰”。

鹰形凤特点之中还融入了朱雀，形成以鹰和朱雀为基础，以鸡为原型的凤凰形象。

还有凤源于鹏，大鹏就是凤凰的说法。鹏也是中国人创造的一种生活中并不存在的神鸟。《说文鸟部》说：“鹏，亦故文凤。”《庄子·逍遥游》有：“以鲲化为鹏，鹏即凤。”古文字中凤和鹏实为一个字。传说中凤凰生二子，其中就有大鹏鸟。诗仙李白赞咏大鹏鸟：“大鹏一日同风起，扶摇直上九万里。”

诗圣杜甫有："风翮九霄鹏。"王勃在《江曲孤凫赋》有："灵凤翔兮千仞，大鹏飞兮六月。"

李白在《舞曲歌辞·独漉篇》一诗中说："神鹰梦泽，不顾鸱鸢。为君一击，抟鹏九天。"据《幽明录》记，楚文王得一神鹰，带到云梦泽打猎。此鹰对攻击凶猛的鸱、鸢毫无兴趣，而竟去攻击九天巨鹏并将之击落。李白诗中欲效法搏击九天之鹏的神鹰，一击成功。神鹰搏击大鹏，说明它们渊源都是同类巨鸟。

神魔小说《西游记》中，大鹏被冠于"大鹏金翅雕"之名，鹏与雕合为一体，所以我们见到大鹏鸟之形象就是雕啦。另一部神魔小说《封神演义》中，六十二回"张山李锦伐西岐"，也有大鹏出现，被形容为"嘴如鹰鸷，眼露凶光。蓬莱怪物，得道无疆。飞腾万里，时歇沧浪。名为金翅，绰号禽王"，其本像，乃"大鹏金翅雕"。其形象的"嘴如鹰鸷，名为金翅，绰号禽王"。就是如鹰鸷的金雕啦。而秦岭山中雕类大型猛禽被列入一级保护动物的有白肩雕、金雕、玉带海雕、白尾海雕等，被列入二级保护动物的有短趾雕、雕鸮等。秦岭可以说是雕类的王国。

《西游记》还有："自那混沌分时，天开于子，地辟于丑，人生于寅，天地再交合，万物尽皆生。万物有走兽飞禽，走兽以麒麟为之长，飞禽以凤凰为之长。那凤凰又得交合之气，育生孔雀、大鹏。"书中又说大鹏为凤凰之子。

传奇小说《说岳全传》中，民族英雄岳飞原来是大鹏金翅鸟的人间化身。书中是这样记述：宋徽宗在元旦祭祀上天，祭表是写给"玉皇大帝"的，但在抄写祭表的时候，误将"玉"字上一点写在"大"字上去了，成了"王皇犬帝"。玉帝看了大怒，说："王皇可恕，犬帝难饶！"就派遣赤须龙下界，降生于金国，成为金国老狼主第四个太子金兀术，玉皇大帝要让金兀术搅乱中原，以报"犬帝"之恨。西天释迦牟尼佛恐怕赤须龙下界以后，没有人能够降伏，就派遣专门吃龙的大鹏鸟下界，转世为岳飞，保全宋

唐桥陵鸵鸟石雕

室江山。大鹏鸟又被说成专门吃龙。确实厉害，大鹏为凤凰可以说真够格了。

（4）凤之多源说

《说文》中这样描绘凤凰形象:“凤之象也，鸿前麟后，鹳颡鸳腮，龙文龟背，燕颔鸡啄，五色备举。”而今人眼中之凤凰，已初步形成模式。其基本形态是：锦鸡头，鸳鸯身，鹦鹉嘴，大鹏翅，孔雀尾，仙鹤足。今天所见的凤凰形象乃是历史流传演变，各民族文化观念、审美意识的碰撞融合，经升华积淀发展、集美而成。

凤凰是中国古人创造的神鸟，是在鸟图腾的基础上，融合原始时代多个不同氏族所崇拜的自然物的特征，对鸡、孔雀、鹤、鹰、燕、鹦鹉、鸳鸯、鸵鸟等多种鸟类，以及龙、鱼等，集大成之美而构造的，一种现实与理想结合的飞禽形象。这样，凤之源必然呈多源形态。主要有鸡形凤、孔雀形凤、鹤形凤、鹰形凤，鸳鸯形凤、鸵鸟形凤、鸿雁形凤，以及鱼形凤、龙形凤。

前文对凤源于鸡、孔雀、鹰之说已有较详细介绍。下面就简要说一下燕、玄鸟、鸵鸟等。

关于凤源于燕，《说文》描绘凤凰形象其中有一句“燕颔鸡啄”，颔，下巴颏。这是燕子贡献给凤凰的形象特征之一。

关于燕颔还有成语“燕颔虎颈”，旧时形容王侯的贵相或武将相貌的威武。出处是形容东汉时投笔从戎的大将，陕西扶风人班超的。《后汉书·班超传》有：“超问其状，相者指曰：‘生燕颔虎颈，飞而食肉，此万里侯相也。’”有专家认为“燕色玄，故称玄鸟”，从郭沫若的“玄鸟就是凤凰”来看，凤凰也可以是源于燕啦！

关于玄鸟，其形象更可能是乌鸦，《说文》：“黑而有赤色者为玄。”乌鸦则通体乌黑，乌鸦即乌，也称金乌。《后汉书·五行志》中记载有“日色赤，中有黑气如飞鹊。”乌鸦之黑，必有日色赤之反光，乌鸦还被称为大嘴乌，大嘴亦是红嘴，又名红嘴乌，唐代崔明允写有《红嘴乌赋》：“伊空桐之灵鸟兮，丹嘴黑质；拂羽青霄兮，流形白日。与鸳鹭而为伍，岂凡鸟之能匹？故其声则合雅，动必依仁。”“丹嘴黑质”这才符合玄色之说。

关于玄字，《释名》言：“天，又谓之玄。”《千字文》中有：“天地玄黄。”因之，龙凤文化专家庞进据此说玄鸟为天鸟。玄鸟、天鸟自然是黑色的凤凰了。

元稹《放言》诗说："饭来开口似神鸦。"《艺文类聚》卷九十二罗列的前代资料，古人把乌鸦看作是"吉乌""祥禽""孝鸟""慈乌"。其中"乌鸦反哺"给乌鸦捞足了名声。

乌鸦为太阳中的鸟，也称金乌。金乌是"日精"，亦是阳精、阳乌，这和凤凰亦被称为"阳精"是一致的。于是，乌鸦头顶的帽子就更如皇冠一般耀眼了。汉代王充《论衡·说日》就有："日中有三足乌，月中有兔、蟾蜍。"唐代杜甫诗中也有："金榜双回三足乌。"再有李敬方《天台闲望》诗说："阳乌晴展翅，阴魄夜飞轮。"韩琮《春愁篇》诗说："金乌长飞玉兔走。"这都是用乌鸦来代替太阳的例证。

古人干脆认为乌鸦就是火的化身。太阳是世间最大的火，乌鸦因而就与太阳产生了联系，成为载着太阳飞行的神鸟。《山海经·大荒东经》就有记载："汤谷上有扶木，一日方至，一日方出，皆载于乌。"扶木即扶桑树，大意是，树上栖息的太阳，至和出都负载在乌鸦身上。汉代画像石《羿射九日》图中刻画的栖息于扶桑神树上的也是三足金乌，于是凡鸟变神鸦了。在庙底沟仰韶文化遗址出土的彩陶上，人们发现了"黑鸟驮日图"。这可能和先民们早期对于太阳黑子的观察有关，囿于当时人们的认识水平，便产生了这种神秘的崇拜情结，将"日"和"鸟"联系在了一起。

乌鸦与太阳的联系，使之地位逐渐升高，被神化。据说："有虞至孝，三足集其庭；曾参锄瓜，三足萃其冠。"乌鸦明明是两只爪子，何以要说成三只？说成三足乌，这可能由于二是阴数，三才是阳数。

还有，1974年至1975年在陕西宝鸡茹家庄出土西周青铜器《鸟尊》就是一只三足鸟，钩喙利爪，身饰鳞毛羽翅纹。有专家认为，此鸟尊的造型与古代传说日中有三足乌有关。

从以上资料分析，说凤凰源于玄鸟，源于燕，或源于乌鸦都有道理。

再有凤凰源于鸵鸟之说，这在汉代画像石上可以找到相似画面，即鸵鸟形凤纹，或称朱雀纹。

也有学者认为，从甲骨文、金文记载考证，商周之际，凤凰虽少见，但并非不存在。这种鸟类便是大鸵鸟。它体态巨大，与古人对凤凰的描述相吻合。鸵鸟脖颈细而柔长（蛇颈），背部隆起（龟背），喙如鸡，颔似燕，尾毛分叉如鱼，羽毛有花纹（龙文），呈红、褐、青、白、灰、黑诸色（"五色备举"），

2008 年《中国鸟》邮票

并以植物为食，穴居，善叫，足脚甚高（鹤脚），步态倨傲而善舞等等。可见凤凰崇拜起源于上古石器时代的鸵鸟，即太阳神图腾。由于后来大鸵鸟灭绝与凤凰的非图腾化，关于凤凰的传说才愈演愈复杂。

确实，考古中发现距今两万四千年至两万五千年鸵鸟蛋壳化石，证明中国曾有鸵鸟生活过。还有从距今六千年岩画中有后来灭绝的鸵鸟形象，都给人们留下了悬疑。凤之本源是否和鸵鸟有关？笔者的态度是姑且信之。

陕西米脂县官庄出土一组四石的汉代画像石中下格都有一凤鸟站立于博山炉上，而前两图凤鸟喙较短，一图凤鸟头后有飞羽似褐马鸡、戴胜鸟类，二图凤鸟却似乌鹊类，三四图凤鸟的喙特别细长而尖，则似水禽中的鹭鸶、琵鹭类。还有 1970 年陕西西安何家村出土的唐代金银器中有“鎏金飞廉纹六曲银盘”，其展翅凤鸟却是马首独角，这“马首独角”之怪兽，亦称飞廉。

所以，凤之形象在一处遗址出土的文物图饰上，都在变化，可以证明凤凰形象的多源与多变。

凤凰的动物学原型，凤凰形象之本源，众说纷纭，争论不小，但归根结底一句话：凤凰是多元融和混杂体。所以只要有点道理，都一切皆有可能。

3. 龙凤呈祥

剪纸《龙凤图》（延川·郭如林作品）

龙和凤凰都起源于距今七八千年的新石器时代早期，而且差不多是同步的，可以说龙凤同源。

陕西宝鸡北首岭遗址距今已七千多年，比西安半坡遗址早了四百年。北首岭出土有一件陶壶，壶身上用墨彩画了一幅水鸟和鱼的图案，这是我们至今发现最早的一件绘有“鸟龙”的彩陶器。水鸟图形应是早期原始凤形，而大鱼鳞鳍齐备，分明就是鱼化之龙。

此类“鸟龙”也就是龙凤合体、龙凤呈祥的一种初始阶段。到了商代（约前1600～前1100年），龙凤同穴、合体的情形多了起来，已不会让人少见多怪。河南安阳殷墟妇好墓就出土有黄褐色的“玉凤”，又出土有墨绿色的“玉龙”，都特别的精致。而收藏于山东省泰安市博物馆的属于商代的青黄色的“龙凤冠人形玉佩”，则让我们看到了“龙凤同体”的图案：龙凤冠戴在一个身穿束腰衣裙的人物头上，冠上的龙头下曲，居右；冠上的凤头翘扬，居左；龙身凤体合二为一。这样的造型，你中有我，我中有你，自然属“龙凤合一”了。

西周　龙凤人物玉饰（陕西省西安市长安区张家坡出土）

陕西宝鸡石鼓山西周墓地出土了一件青铜器为“双耳青铜簋”，该青铜簋表面有夔凤纹，龙身鸟嘴的造型，非常罕见，是一件重器。这件“龙身鸟嘴”青铜簋上的“夔凤纹”也可称龙凤合体的“鸟龙纹”或“龙凤纹”。

西周龙凤合雕象生玉饰（陕西省扶风县黄堆村出土）

陕西扶风黄堆村出土一件西周玉器“龙凤合雕象生玉饰”。龙在上，凤在下，连体合雕，形成和谐而完美的艺术风格，堪称龙凤呈祥、上下合体之标准样版文物。类似还有陕西扶风强家1号墓出土西周玉器“人龙凤鸟兽合雕玉佩”。再有西安长安区张家坡157号墓出土的西周“龙凤人物纹玉饰”，透雕人兽复合纹，共三龙一凤二人，一大人粗眉深目，云形耳，梳螺形髻，长发后披，头后又有类似相背的小人，二人身躯中部均蟠曲一龙。大人腿前屈，足为凤鸟头形，臀后处蟠曲一卷尾龙。从造形中体现喜庆、吉祥、和睦、呈瑞含义。非常之精美。

这三件合雕龙凤纹玉器，是西周玉器中构思奇特，结构复杂，内涵丰富，神秘色彩浓郁，能令人产生无限遐想的玉雕精品，并极为珍罕，也不见于陕西之外的其他地区。事实证明，陕西出土的西周合雕玉器不仅数量多，种类庞杂，内涵丰富，工艺考究，而且极富艺术特色。以此可以看出周人对龙凤合雕的喜爱和推崇，西周时期龙凤图饰文物滥觞于陕西，普及程度也非常之高。

绥德县汉画像石（现存绥德县博物馆）

陕北出土的东汉画像石数量众多，《陕北汉代画像石》一书就收录有六百余幅。陕北汉画像石多出土于墓葬，其中墓门、门扇、门额、竖框上多安排有朱雀图形，有时还配上空中飞翔的凤鸟，主图朱雀上下各一。陕北汉画像石上的朱雀，与凤凰造形一致。配上青龙，也可视为龙凤合图。当然也与白虎、玄武合图，主要被作为“四神”图搭配的。陕北汉画像石上一般常见的都是凤在上，龙在下。

1974年咸阳市渭城窑店村秦都咸阳城遗址出土一件战国的《龙凤纹合体玉佩》，玉佩为镂空透雕，呈“S”状，前端为龙头，后端为凤头，凤头有冠，藏于龙腹，圆眼钩喙，肩部雕刻三层羽翼。

湖南长沙陈家大山楚墓的“龙凤人物帛画”，则是

《龙凤》20 盎司金币

龙凤合图。画面上的龙与凤凰一起飞腾跃升，相互对应。龙凤之下，站一位双手合掌，祈求升天的裙服女子。显然，龙和凤在这里共同承担着导引人们脱离尘世，飞越升天的任务。湖北省江陵马山一号楚墓曾出土一批丝织品，上面的刺绣纹样都是绚丽秀美的龙和凤。有“蟠龙飞凤纹”“舞凤逐龙纹”“舞凤飞龙纹”“龙凤合体纹”等等。这些龙和凤，或相对而舞，或交缠扭结，或合体连身，表现了龙与凤在历史上形成的同源一脉的紧密关系。

1970 年出土于陕西西安何家村窖藏的“蔓草龙凤纹银碗”，属于唐代金银器中的早期作品。银碗口径约十二厘米，底径七厘米。碗外腹部刻有六段葡萄忍冬卷草纹，每段中心刻鹦鹉或奔狮；碗底外侧刻一条曲身飞舞的蟠龙，其龙尾亦与右后腿相缠绕；内侧刻一只展翅扬尾的走凤。这实际上也属于龙凤合璧的艺术主题，只是作者将龙凤分别刻于银碗内外的同一部位，从而巧妙地突破了传统形式的樊篱，令人拍案叫绝。碗底外刻龙，碗内刻凤，如果以内为主，那就应该是凤居主位。

三国时诸葛亮被喻为“卧龙”，但诸葛亮也自比于凤，他有诗《凤翔轩》曰：“凤翱翔于千仞兮，非梧不栖；士伏处于一方兮，非主不依。乐躬耕于陇亩兮，吾爱吾庐；聊寄傲于琴书兮，以待天时。”以此推之，诸葛孔明也是一身兼具龙凤，成为世间少有的第一等英才。诚如他的老对手司马懿感叹的：“真乃天下奇才也！”

凤凰有凤为阳、凰为阴之说，但与龙对应，阴阳则发生了一个转化，即由整体上转为阴。凤凰这个转化，应该是从秦汉开始的。随着皇帝称龙、比龙，作为对应，帝后妃嫔们就开始称凤、比凤了。秦始皇时就让妃嫔戴凤钗、穿凤头鞋。

从此往后，如果龙和凤在一个画面里，基本上是龙居中、居上，凤居偏、居下，龙比凤的造型似乎更宏大、更威风、更凶猛。当然也有例外，武则天在唐高宗李治患病不理朝政的情况下，她以皇后身份临朝听政，其时陈州报告有“凤鸟见于宛丘”祥瑞之兆，武则天马上改年号为“仪凤”。到唐高宗死后，武则天“临朝称制”，就下令将中书省改称“凤阁”，门下省改称“鸾台”。唐代诗人李颀《听董大弹胡笳声兼寄语弄房给事》中有：“长安城连东掖垣，凤凰池对青琐门。”

这“凤凰池”就指中书省，“青琐门”就指门下省的阙门。

《资治通鉴·唐纪》记载：武则天改唐为周时“侍御史汲人傅游艺帅关中百姓九百余人诣阙上表，请改国号曰周，赐皇帝姓武氏。太后不许；擢游艺为给事中。于是百官及帝室宗戚、远近百姓、四夷酋长、沙门、道士合六万余人，俱上表如游艺所请，皇帝亦上表自请赐姓武氏。戊寅，群臣上言：有凤凰自明堂飞入上阳宫，还集左台梧桐之上，久之，飞东南去；及赤雀数万集朝堂”。“凤凰自明堂飞入”，意思就是以凤凰喻武则天，请她登大统而掌朝堂。

剪纸《龙凤呈祥》（秦都·丰金凤作品）

第二就是清末慈禧太后掌权时。在龙与凤所处位置上，慈禧就极力突出凤。她在德和园看戏时的座位，就称“金漆珐琅百鸟朝凤宝座”。清东陵的定东陵是慈禧和慈安的陵寝。隆恩殿正中的丹陛石雕图案就是“凤在上，龙在下”。周围有六十九块汉白玉栏板，每块栏板上都雕有“凤引龙”图案：一只高高在上的大凤，凌空展翅，穿云俯首；一条出水小龙，曲身扬首，仰望大凤。七十四根望柱头打破历史上一龙一凤的格式，均为“一凤压两龙”，暗示慈禧的两度垂帘听政。慈禧将凤抬高到龙之上，为中国龙凤文化的历史发展变化增添了特别的一笔。

而现代的不同民族的龙凤习俗，其寓意多是以阴阳和谐，婚恋美满，求吉祈福为主。最为传统、吉祥的图案就是龙凤各居一半的“龙凤呈祥”。在陕西的剪纸、年画和刺绣上最为常见。陕西省艺术馆藏的紫阳剪纸“鱼龙变化”花样中，描绘鱼之上方的龙却是龙头凤身凤尾，是一个特例。

4. 萧史弄玉

春秋时代，定都于雍（今陕西凤翔南）的秦穆公，被称为春秋五霸之一。

他有个天生丽质、美貌若仙的女儿，名为弄玉。特别喜欢吹笙，可以说是无师自通，吹出来的音乐就像凤凰鸣叫那么美妙动听。穆公最爱弄玉，给她筑楼建馆，楼曰“凤楼”。楼前又搭高台，叫作“凤台”。等到弄玉长到十五岁的那一年，穆公想给她找一个佳婿。弄玉知道后就对穆公说：“女儿曾发誓，能做我丈夫的必须善吹笙、箫，要能与我和鸣而奏。不然就绝不考虑。”穆公让人遍访九州，可是没有遇上一个如意的。

有一天晚上，弄玉一个人在凤楼上悄然伫立，皓月当空，星斗闪烁，玉宇澄静，疏影横斜。弄玉不由一时兴之所至，按捺不住，吩咐侍女焚香取笙。弄玉依窗对月，缓缓吹奏起笙来。一缕清音缱绻，轻柔幽婉，如梦如幻，回荡在辽阔的夜色里，飘入天际返虚入浑的澄明中。忽然，天边曦光乍泄，微风浮动，似有应和之声，缥缥缈缈，忽远忽近，清韵弥漫。弄玉一时惊异，放下手中乐器，凝神静听，可那应和之乐亦无声无息，只留下袅袅余音，荡漾在弄玉的无限惆怅中。此时凤楼朦胧，凤台空寂，只有月光灿灿，恣肆出一地的凉意。

剪纸《弄玉乘鸾》（佳县 · 韩改芳作品）

弄玉若有所失，独自一人发呆到夜深。月色似乎更痴迷了，弄玉轻轻把玉笙放置床头，恍惚间沉入梦之世界。她梦见东南方，天门豁亮敞开，朵朵五彩祥云涌出吉祥，一位白衣潇洒，风神超迈，羽冠鹤氅，玉貌丹唇的俊朗男子，就出现在眼前。一声“我来了”如玉振清澈，语音刚落，这白衣男子已信手从腰间抽出一只赤玉箫来，送上唇间，倚栏而吹。随着箫声沉吟低转，情意绵绵，一对彩凤从天而落，时而翩翩起舞，时而引颈高鸣。此时的弄玉，芳心暗动，情难自禁，拿起玉笙加入进去。霎时间只见香风怡人，满天染霞。凤鸣箫吟，笙箫合韵。真正是“羽衣霓裳景殊异，乐如天籁人缠绵”啊！

弄玉不觉间就已如痴如醉地沉浸于这箫声之中，细语喃喃问白衣男子：“这是什么曲子啊！莫非瑶池仙乐，人间几时能得闻？”

那白衣男子答道：“这是华山神曲，你我今夜笙箫成恋，就是此曲牵的红线呀！”语毕，径直上前拉住弄玉的手。弄玉猛的一下惊醒，原来竟是南柯一梦。

这个美丽神话故事后来发展就是，秦穆公派人把在华山修炼的萧史请到雍城，与弄玉见面。其间好事多磨，颇费了一些周折，但有情人终成眷属。最后萧史携弄玉，一个乘龙，一个跨凤，穿越祥云飞升而去。在华山他们俩笙箫合鸣，鸾凤高翔，过上了仙侣般的幸福生活。

成语中的“乘龙快婿”说的就是萧史。而人间还传有唐代诗人京兆万年人杜牧的“玉人何处教吹箫”优美诗句。而故事发生地之今陕西凤翔，今城东五里尚有地名曰“萧史宫”。西岳华山也有以弄玉名字命名的山峰“玉女峰”，以及纪念他们的“玉女祠”“引凤亭”等。你可以从中感悟萧史弄玉吹箫引凤的美妙神奇。

剪纸《弄玉跨凤》（秦都·冯雪作品）

萧史弄玉的神话传说历史有两千多年。汉代刘向的《列仙传·卷上·萧史》载：“萧史善吹箫，作凤鸣。秦穆公以女弄玉妻之，作凤楼，教弄玉吹箫，感凤来集，弄玉乘凤、萧史乘龙，夫妇同仙去。”晋代皇甫谧《帝王世纪》：“秦穆公女名弄玉，善吹箫，与萧史共登秦楼吹箫作凤凰音，感凤凰从天而降，后升天矣。”唐代诗人杜甫《崔驸马山亭宴集》一诗中写有：“萧史幽栖地，林间踏凤毛。洑流何处入，乱石闭门高。”唐代诗人鲍溶《弄玉词二首》中写有：“素女结念飞天行，白玉参差凤凰声，天仙借女双翅猛。五灯绕身生，入烟去无影。三清弄玉秦公女，嫁得天上人。琼箫碧月唤朱雀，携手上谒玉晨君。夫妻同寿，万万青春。”唐玄宗《同玉真公主过大哥山池》诗：“凤楼遥可见，仿佛玉箫声。”明代冯梦龙的《东周列国志》上有：“弄玉吹箫双跨凤。”清代李渔《笠翁对韵》中有：“跨凤登台，潇洒仙姬秦弄玉；斩蛇当道，英雄天子汉刘邦。”

传说吹箫引凤的故事发生地除凤翔、华山外，周至县仙游寺有“玉女洞”，宝鸡县磻溪镇凤鸣村有“凤凰台”，丘处机修道的“磻溪宫”，宫里巍峨耸立一转角楼，北面端檐下刻着“凤楼遗迹抱潆流曲”，即为“凤女楼”。以上几处也都是故事发生地。看来，萧史弄玉的神话传说故事的影响面也很广泛。

另外，据现存文献推断说：凤鸣如箫笙。而萧史弄玉就是一个吹箫，一个弄笙，确实，这段神话传得太神奇了。

5. 汉长安城建章宫的相风铜凤凰

汉画像砖“凤阙”

据《三辅黄图》记载，汉武帝太初元年（公元前 104 年）所建的建章宫阙上，装有铜凤凰，下有转枢，风来时，铜凤凰的头向着风好像要飞的样子。这铜凤凰也有学名，叫“相风铜乌”。

《三辅黄图》是后汉或魏晋人所著的。书中还在“卷之五·台榭”中记载：“汉灵台，在长安西北八里，汉始曰清台。本为候者观阳阴天文之变，后更名曰灵台。”《述征记》曰：“长安宫南有灵台，高十五仞，上有浑仪，张衡所制，又有相风铜乌，遇风乃动。”

我们后人就是因为这一句话，而认为相风铜乌也是张衡所创造的。但没有注意这段文字“张衡所制”后边一个“又”字，这明显告诉我们，相风铜乌是另外有人所制。因为同一册书上所记载的已有西汉建章宫的相风“铜凤凰”了。虽然乌与凤凰是两回事，其实这里的“乌”指的是三足乌鸦。根据《观象玩占》书里所说：“凡俟风必于高平远畅之地。立 5 丈竿，于竿者作盘，上作三足乌，两足连上外立，一足系下内转，风来则转，回首向之，乌口衔花，花施则占之。”

《西京杂记》载“汉朝舆驾祠甘泉汾阴备千乘万骑”，仪仗队里有“相风乌车”一项，时在汉武帝元光年间（公元前 134 年）。依此我们可以推知：第一，“相风乌”这种仪器，不仅可以安置在灵台上，也可以装置在移动的车辆上面。第二，“相风铜乌”的发明在张衡之前，张衡制造的候风仪虽然有所改进，但已不是新发明了；《后汉书·张衡传》载：“阳嘉元年，复造

《气象》邮票的“古气象仪”（相风铜乌）

候风、地动仪。”一个“复造”则决定了不是“创制”。

所以肯定地说：西汉的“相风铜凤凰”和“相风铜乌”，是我国最早的观测风向的仪器。只是创制者为无名氏罢了。相风铜乌肯定是在西汉武帝时由无名氏在长安所创制，或者更早。

汉武帝时修建的建章宫，北门称“凤阙”，上置一丈多高的鎏金铜凤凰，以观测风向风速。东门有双凤阙遗址，因其上装有两只高丈余的鎏金铜凤凰而得名。毁于西汉末年战火。现仅残存阙形夯土台。古人又把凤鸟视为风神。郭沫若《卜辞通纂》卷二说：“古人盖以凤为风神。”据此可知，风是凤鸟，原型即是凤。由此看来以铜凤凰来相风更合乎古制。《毛诗陆疏广要》载：“龙乘云，凤乘风，……众鸟偃服也。”“凤”字的甲骨文和“风”字相同，即代表风的无所不在及灵性力量的意思。

关于风，甲骨文中已有了四个方位的风向，将东风称为“劦风”，南风为“凯风”，西风为“彝风”，北风为“寒风”。其中北风“寒风”的名字使用至今。

西安市汉城湖遗址凤阙

封建社会初期，已由四个方位发展到八个方位，所谓“八面来风”。八风各有其名，即“不周风”（西北风）、“广莫风”（北风）、“条风”（东北风）、“明庶风”（东风）、“清明风”（东南风）、“景风”（南风）、“凉风”（西南风）、“阊阖风”（西风）”。

说到风，就不能不提唐代贞观年间，在长安任太史令，和唐太宗一个姓，杰出的天文学家、数学家，陕西岐山人氏李淳风。他是世界上第一个给风定级的科学家。李淳风在世界最早的气象学专著《乙巳占》中，把风分为八级。一级动叶，二级鸣条，三级摇枝，四级坠叶，五级折小枝，六级折大枝，七级折木飞沙石，八级拔大树及根。如果外加“无风”（静风）和“和风”就成了十个级。他主要以树在风中的变化来判断等级，形象而具体，把复杂简单化。并且在《乙巳占占风远近法》中提到：“凡风动，初迟后疾，其来远；初急后缓，其发近。……鸣条以上风皆百里之风。”以此来推测风之强弱及影响范围，确实有非同一般的洞察力。

从相风铜乌到鎏金铜凤凰，还有被叫作“俔”“谍”“綄”的候风，最后到神密的李淳风，让你对这汉唐盛世之长安，有了一种更深层的认识。这里的水确实是太深了！深得让你，走近这如今成为残垣废墟的遗址，也得屏住呼吸，似乎有“凤凰”从天外传声提醒你，对这座十三朝的古都，要时常抱有一种敬畏之心。记住，不得喧嚣，更不得放肆！

6.“凤城”长安

（1）唐诗中的春城、花城

唐诗中形容长安，有一句特精彩：韩翃《寒食》中的“春城无处不飞花”。春城以及“飞花”引出的“花城”，这两种雅喻都精彩绝顶，但随着长安变成西京、西安，故都，甚至废都，“春城”“花城”只能属于历史了。如今，“春城”“花城”之称，早已归了别省名下，成了广州、昆明等城市的形象符号。还有司马迁这个乡党在《史记》上颁发给关中的“天府之国”称号，也只能让位给四川省的成都市。

窗花《熏炉》（渭城 · 刘素珍作品）

想着“春城无处不飞花”，杜甫的“春城草木深”，白居易的“帝城春欲暮”，刘驾的“易觉春城暮”，刘禹锡的“春风引路入京城”，想着关于花的长安，“春风得意马蹄疾，一日看尽长安花”“唯有牡丹真国色，花开时节动京城”“花开花落二十日，一城之人皆若狂”“杜鹃花时夭艳然，所恨帝城人不识”。

刘禹锡像

卢照邻《长安古意》诗中的："百尺游丝争绕树，一群娇鸟共啼花。游蜂戏蝶千门侧，碧树银台万种色。"如此多描写"花之古都"长安的诗句，勾勒出了一幅繁花似锦、婀娜多姿的"花城"长安。

（2）唐诗中的"凤城"

但十三朝古都的长安文脉太深厚了，好东西、好名称还真有，这就是汉唐传下来的"凤城"之名。当然还是从唐诗引出的。

诗圣杜甫《夜》有："步蟾依杖看牛斗，银汉遥应接凤城。"刘禹锡《曲江春望》有："凤城烟尘歇，万象含佳气。"李商隐《为有》有："为有云屏无限娇，凤城寒尽怕春宵。"张籍《车遥遥》有："君家大宅凤城隅。"章八元《题慈恩寺塔》有："落日凤城佳气合，满城春树雨蒙蒙。"刘禹锡还有："当日人传满凤城。"骆宾王《帝京篇》有："丹凤朱城白日暮。"章碣《城东即事》有："闲寻香陌凤城东。"沈佺期诗《奉和立春游苑迎春》有："歌吹衔恩归路晚，栖乌半下凤城来。"以及《独不见》一诗中的"丹凤城南秋夜长。"花蕊夫人《宫词》："五云楼阁凤城间，花木长新日月闲。"

杜甫《复愁》诗中还有："由来貔虎士，不满凤凰城。"凤凰城当然是"凤城"长安啦！

唐代诗人如此喜欢推崇"百鸟之王"，集美丽为一身的凤凰，诗中如此多的咏赞"凤城"，给长安好像专门量身定制，让后人在惊异的同时不能不接受。

懿德太子墓壁画《阙楼图》

（3）汉代凤阙与凤凰崇拜

西汉时期汉武帝在汉长安城建章宫东宫门外有双阙，高二十五丈，因上各置有高丈余的鎏金铜凤凰，故名"凤阙"，或称"双凤阙"。《三辅黄图》卷二建章宫有："左凤阙，高二十五丈。"《史记·孝武本纪》："其东则凤阙，高二十馀丈。”

而建章宫北宫门外也有凤阙，也称“双圆阙”，高二十丈，或说二十五丈，因上亦各置鎏金铜凤凰，故又称凤阙。《史记·孝武本纪》司马贞《索隐》引《三辅故事》：“北有圆阙，高二十丈，上有铜凤凰，故曰凤阙。”张衡《西京赋》：“圆阙竦以造天，若双碣之相望，凤骞翥于甍标，咸溯风甫欲翔。”

建章宫南宫门（为正门，称阊阖门）内之东则有别凤阙，又称折凤阙、凤凰阙。取其阙楼上置铜凤凰随风转折之义。《三辅黄图》：“门内北起折凤阙，高五十丈。”《三辅旧事》：“则称其高二十五丈，此阙楼上有铜凤凰下有转枢装置，铜凤凰迎风转动，用于辨别风向，故称别凤阙。”传世的“折凤阙当”文字瓦当，为其遗物。班固《西都赋》：“内则别风之嶕峣。”

汉长安城建章宫东北二门外皆有双凤阙，加上正门南宫门内之东亦有折凤阙又名凤阙。建章宫三门五凤阙，真正显示出汉朝人以凤为尊的虔诚。陕西弘农华阴人，“初唐四杰”之一的杨炯有诗：“烽火照西京，心中自不平。牙璋辞凤阙，铁骑绕龙城。”唐代诗人卢照邻《长安古意》诗中：“双阙连甍垂凤翼，汉帝金茎云外直。”到了唐代这“凤阙”和垂凤翼的双阙还在，似乎成了唐长安城标志。

碗花《对鸟》（旬邑·文崇霄作品）

另外，汉未央宫正南门有朱鸟门，本明瑞门王莽时改称，《汉书·王莽传》：天凤三年，“十月戊辰，王路朱鸟门鸣，昼夜不绝”。还有朱鸟殿，又名朱雀殿。张衡《西京赋》叙未央宫有“麒麟、朱鸟、龙兴、含草”，李善注“汉宫阙名有麒麟殿、朱鸟殿”。《水经注·渭水》称“朱鸟殿”为“朱雀殿”。未央宫内还有凤凰殿，汉上林苑也有凤凰殿。《长安志》中记载汉上林苑中有凤凰殿。注引《汉书·郊祀志》：“宣帝神爵四年，凤凰集上林，乃作凤凰殿，以答嘉瑞。”同样长安城南凤栖原，也同时得名。《咸宁县志·地理志》：“汉神爵四年凤凰集杜陵，故名。”《陕西风景名胜史话》载，汉宣帝神爵四年（公元前 58 年），有凤十一只集于杜陵原少陵原，宣帝翌年遂改年号为“五凤”，此原便称“凤栖原”。

说到以凤为年号，汉代有元凤、五凤，加上王莽新朝的天凤，这在历朝历代为最。唐代仅武则天听政时有仪凤年号，再有三国时东吴以神凤、五凤、凤凰为年号，但东吴属分裂之小国，不能和统一的大汉朝比。

看来建章宫的双凤阙、凤阙，不仅是汉长安的标志性建筑，还影响到唐宋以后。汉代以降，多少诗人、文坛大家，都以“凤城”颂扬赞誉长安，留下了多少以凤为尊，享誉华夏的名篇佳作。

（4）西周的“凤纹时代”

凤纹作为青铜器的装饰，在周代极为盛行。由于周公制周礼，周代推行以德治国，宣扬社会的正统秩序，“礼”实际上是统治者维护社会秩序的一种制度。作为“见则天下大安宁”的凤凰，正是表现这种社会观念的象征，所以周代昭、穆时期凤纹大量流行，以致有学者将这一时期称为“凤纹时代”。

周人大量使用凤鸟纹是因为鸟对周人先祖的护佑。《诗·大雅·生民》讲姜嫄诞下后稷后，“诞寘之平林，会伐平林，诞寘之寒冰，鸟覆翼之，鸟乃去矣，后稷呱矣”。可见，鸟对周人的关心、保护。而鸟之如此，在周人看来，无疑是代表着神灵，是神灵的使者，神鸟即凤鸟。故凤鸟在周人脑海里是沟通人和神的媒介，自然而然地成为媒介动物。是故，在西周至西周中期，作为沟通人神的主要媒介动物，凤鸟必然具有神性，也必然为周为所崇拜。

商代晚期　凤柱斝（陕西省宝鸡市岐山县贺家村出土）

1973 年陕西岐山贺家村出土了一件商代晚期的凤柱斝，双柱上装饰有立体的凤鸟，鸟作站立状横向排列，鸟冠高耸，冠后部又有下垂的翎羽与凤鸟的尾部相接；2003 年西安未央区文景路枣园汉墓出土一件西汉早期的“凤鸟鎏金钟”，该钟盖面中央铸一立姿凤鸟形钮，昂首翘尾，口中含珠，双翅拢于背，线条极为流畅，形象栩栩如生；陕西宝鸡石鼓山西周墓地出土了一件青铜器为“双耳青铜簋”，该青铜簋表面有夔凤纹，龙身鸟嘴的造型，非常罕见；陕西扶风白家村出土的“西周凤纹丰尊”，其口沿下饰仰叶状对凤纹，颈部垂冠口分尾雏凤纹，腹部有相对硕大凤鸟，圆睛钩喙，冠从头顶绕过，垂至足前，尾曲卷分三根，是西周中期典型凤鸟纹饰；还有陕西省历史博物馆馆藏的“盂簋”“梁其壶”“师丞钟”“它盉”等，其中西周晚期青铜器“它盉”，凤头口盖，双翅后掠，像游在水面的禽鸟，还有西安博物院藏的“西周凤鸟纹青铜爵”“西周鸟纹青铜盉”和“双凤簋”。这件“双凤簋”，器物上一边一个凤鸟为耳，圆睛钩喙，十分精美。

还有塑方鼎、仲子觥、旂觥、甲簋、效卣、丰卣、静簋等，都有西周时代典型的凤鸟纹饰。

西周最为流行的大凤纹，都呈现对称回顾形排列，有长而华丽的冠或分冠，喙大部分作蜷曲形。长尾鸟纹也是西周中期鸟纹中使用较多的一类，鸟尾的长度常为鸟体的二到三倍，而且它延长的部分多与鸟体分离。鸟纹包括凤纹、鸱枭纹、鸾纹及成群排列的雁纹等，多长尾高冠，华丽而精美，最终成为我国古代青铜器和玉器艺术中的重要纹饰之一。

而这个“凤纹时代”可以说就诞生于古长安的西周天子所居都城的丰京、镐京和他的宗庙所在地扶风、岐山。周穆王陵在西安市长安区郭杜街办恭张村村南。

（5）唐代长安城的凤凰故事

唐皇城三大内的大明宫正南门为丹凤门，入丹凤门可见主殿含元殿，殿两侧有翔鸾阁和栖凤阁，皆以曲尺形廊庑与主殿相连。李华的《含元殿赋》：“左翔鸾而右栖凤，翘两阙而为翼，环阿阁以周墀，象龙行之曲直。”

王维诗有：“云里帝城双凤阙。”说的就是大明宫丹凤门内含元殿前两侧的翔鸾阁和栖凤阁。唐皇城三大内的太极宫内有翔凤殿、翔凤门，太极宫东门原名通训门，天宝年改称凤凰门。就连发生过“玄武门兵变”的太极宫北门玄武门城楼，也被诗人称为凤楼，崔元翰《奉和登玄武楼观射即事书怀赐孟涉应

西安大明宫遗址丹凤门

西安朱雀门

制》有："城高凤楼耸。"

骆宾王《帝京篇》还有："三条九陌丽城隈，万户千门平旦开。复道斜通鳷鹊观，交衢直指凤凰台。""铜羽应风回，金茎承露起。"应该说的是汉长安城建章宫"凤凰阙""相风铜凤凰"和"承露盘"，"金茎承露起"引自东汉班固《西都赋》："抗仙掌以承露，擢双立之金茎。"

唐代长安每逢大朝会都常会演一种乐舞戏，名《凤书伎》，南北朝时已有此舞戏。南北朝诗人江淹有诗《齐凤皇衔书伎辞》："皇齐启运从瑶玑，灵凤衔书集紫微。和乐既洽神所依，超商卷夏耀英辉。"由艺人扮演凤凰，口中衔书，舞蹈进献。舞毕，由侍中取书，中书舍人受书，上殿跪奏，然后宣读书上贺词并歌之。

唐长安城的朱雀门是皇城正门，穿门而射出的朱雀大街为唐长安城南北中轴线，也被称为长安城的天街。朱雀门宽约四十余米，从承天门和明德门规模形制来看，朱雀门应该与之一致，也开有五个门洞。作为皇城的正南门，朱雀门上的城楼，肯定是巍峨壮观、重轩镂槛，雕楹玉碣、青琐丹墀、高大宏伟、富丽堂皇。

朱雀其实就是凤凰。《尚书·尧典》："日中星鸟"，孙星衍疏："经言星鸟者，鸟谓朱雀，南方之宿。郑康成之意，南方七宿，总为鸟星。"唐李周翰注《文选·鲁灵光殿赋》："朱雀、朱鸟，南方神也。"《礼记·曲礼上》："行，前朱雀而后玄武，左青龙而右白虎。"古今常可四方崇拜南朱雀北玄武，东青龙而西白虎，可见朱鸟朱雀同一。《后汉书·张衡传》："前祝融使举麾兮，继朱鸟以承旗。"李贤注："朱鸟，凤也。"

可见，在唐人观念中，凤凰是与龙并重的。门是一个王朝，一座城市的脸面、灵魂，朱雀门北与宫城承天门，南与外郭城正南门明德门相直，寓意不仅有门与路通，还有与德通、与天通、与神通之意在内，从以朱雀为门来看，在唐人建城的立意中，朱雀就高于龙了。

（6）凤凰文化与新西安时代精神的统一

在一般人的心目中凤凰是一种祥瑞高洁的神鸟，凤凰的“非晨露不饮，非嫩竹不食，非千年梧桐不栖”说明了凤凰栖落的一定是一处山清水秀、美丽宜人的地方，凤凰这种对生活环境的挑剔，也让我们看到了它具有和稀世珍禽“东方宝石”朱鹮一样环境标志鸟的身份。而朱鹮也是凤凰形象融合的对象之一。朱鹮本是一种世界性鸟类，但因污染，环境破坏，最后只有西安之南的秦岭还生活有几只，才免于灭绝。凤凰与朱鹮，西安与秦岭，构成一种最适宜于人类与动物居住的最佳选择。凤凰与西安结缘，会形成一种环境、绿色与现代化都市的最佳生态符号。而西安正在重振汉唐雄风，恢复八水绕长安，建设山水之城。以凤为标志，恰逢其时。一座真正意义上的生态之城，才配得起“凤城”最起码的名号。

凤凰有五德，传说为瑞鸟，凤凰的“五色俱备”也是维系古代社会和谐安定的“德、义、礼、仁、信”五条伦理的象征。如《山海经·南山经》说：“（凤凰）首文曰德，翼文曰义，背文曰礼，膺文曰仁，腹文曰信。”《山海经·海内经》也说：“有鸾鸟自歌，凤鸟自舞。凤鸟首文曰德，翼文曰顺，膺文曰仁，背文曰义，见则天下和。”

《史记·五帝本纪》说：“于是禹乃兴九招之乐，致异物，凤皇来翔。天下明德皆自虞帝始。”《韩诗外传》言凤凰：“戴德、负仁、抱忠、挟义，小音金，大音鼓。延颈、奋翼、五彩备举，鸣动八风，气应时雨。食有质，饮有仪。往即文始，来即嘉成。唯凤为能通天祉、应地灵，律五音、览九德。”凤凰之五德，承继中华文化之优良传统，又与当今社会以德治国，精神文明建设理念相通。

凤凰文化的精髓是“和美”，我们这些年来经历了和谐社会，美丽中国，实现民族复兴的中国梦这些精神文明的建设阶段。这是凤凰文化与新西安时代精神上的高度统一。再如《山海经》所述的，“凤凰现而天下安宁”的祥瑞之说，也与历史上长安的长治久安相一致。

西安市文联的王民权先生说：“所谓‘凤城’，说的也就是帝都或京城，就是古代文学作品中对帝都或京城的别称。”自然，作为周秦汉唐帝都、京都的长安，被形容或别称为“凤城”也就顺理成章了。

第四章 秦岭南北说瑞兽

DI SI ZHANG
QIN LING NAN BEI
SHUO RUI SHOU

秦岭南北说瑞兽

1. 灵异神兽麒麟

在中国的古代传说中，麒麟是一种灵异之神兽，相传仁德之世才会现于世间，据记载，伏羲、舜、孔子等圣人出行都伴有麒麟出现。

“麒麟”头似龙，顶有双角，身躯似鹿，满身披满鳞甲片，尾毛卷须，神态奇异，望之令人敬而畏，充满一种神秘感。它是人为创造的一种意象组合动物，或称文化动物，是中国古代图腾的一种瑞兽代表。

窗花《麒麟》（定边县文化馆藏）

《礼记·礼运》记载：“麟凤龟龙，谓之四灵。”可见麒麟地位之高。《明会典》记载，洪武二十四年（1391 年）规定，公、侯、驸马、伯以麒麟作为补服图案，故称一品麒麟。因而皇帝着龙袍，一品大员才能在官袍上绣上麒麟。

关中民俗博物院砖雕麒麟

把麒麟比之辅佐帝王的一品大员，其实源自西汉。汉武帝于长安未央宫之中建有麒麟阁，汉建帝为表彰功臣，将历代对汉有功的功臣画像存放于麒麟阁。麒麟阁先后供奉了十一位功臣，史称“麒麟阁十一功臣”。到唐代建有类似的“凌烟阁”，建在长安城内（太极宫）三清殿的旁边。唐太宗李世民令阎立本绘有二十四位功臣的画像，挂在阁内，汉之“麒麟阁”与唐之“凌烟阁”，都闻名于世。杜甫《前出塞九首》诗中有：“功名图麒麟，战骨当速朽。”说的就是“麒麟阁”。

杜甫在《寄韩谏议注》一诗中有：“玉京群帝集北斗，或骑麒麟翳凤凰。”和《丽人行》：“绣罗衣裳照暮春，蹙金孔雀银麒麟。”两首诗中都提到麒麟，反映的都是长安城中的事。

西汉时对麒麟的崇拜，到汉武帝为最盛。《汉书·武帝纪》载：“元狩元年，冬十月，御驾至雍……获白麟，作《白麟之歌》。”

御驾至“雍”，即今陕西宝鸡凤翔一带。所作《白麟之歌》，歌词有：“爰五止，显黄德，图匈虐，熏鬻殛……簖归云，抚怀心。”（《汉书·礼乐志·朝陇首》）大意是，瑞兽白麟的四蹄长有五趾，显现出以土德；得天下的我朝兴旺，要翦灭大漠里的顽敌，让凶虐的匈奴灭亡……单于若踏上流云东归顺，怀柔以致远恰是朕的心愿。为此，汉武帝还将原来的年号元朔改为元狩。同时，陕西麟游县古属雍州，隋代记载因获白麟而有县名，这大概是汉武帝在此地获白麟而流传下来的吧。

清代一品武官官服补子——麒麟

《汉书·武帝纪》载：太始元年三月武帝下诏说：“……朕祭天时见到天帝，

西方登上陇首山，猎获白麟以赠祀宗庙，屋洼水出现天马，泰山显出黄金，宜改归的钱币名称。今改黄金为麟足马蹄形以便适应祥瑞。”汉书还记有“用此黄金，‘麟足马蹄金’赏赐诸侯王”。

西汉麟足马蹄金

西安市鱼化寨北石桥这一带，汉武帝时圈在上林苑范围内。1974 年 4 月至 1975 年 6 月，在这里发现西汉马蹄金四枚和麟趾金两枚。另外，陕西历史博物馆馆藏有西安市阎家巷出土的“西汉麟趾金”一枚。这些金子的价值，在当时是很高的，称“一金抵万钱”。沈括在《梦溪笔谈》一书中对这类麟趾金作了如下生动形象的描述：“发土多得金麟趾、蹄。麟趾中空，四傍皆有文，刻极工巧。马蹄作团饼，四边无模范迹，似于平物上滴成，如今干柿，土人谓之‘柿子金’。”

獬豸（陕西蒲城桥陵）

再者有“千宫之宫”之称唐代政治中心的长安大明宫还建有麟德殿，是宫内规模最大的别殿，建于唐高宗麟德年间。麟德被唐朝第三代皇帝选为年号来用，这应该是为了向世间宣扬自己要实行德政吧！当然，麒麟主太平，能带来丰年、福禄、长寿与美好等等。

“麒麟”也代表地位尊贵，麒麟的地位仅次于龙，乃走兽类动物之王。神话传说里，它是神仙的坐骑。神仙等级有别，待遇自然也不同。据说，位高者乘鸾，再次乘麒麟，次乘龙。《汉武内传》记西王母降于庭中，群仙数千，“或驾龙虎，或乘白麟，或乘白鹤，或乘轩车，或乘天马”。《河图》构筑的则是一个以黄帝为中心的方位神系统：“东方苍帝神名灵威仰，精为青龙。南方赤帝神名为赤熛怒，精为朱鸟。

麒麟金币

《梅兰竹菊·麒麟送子纹夹袄》（渭南临渭区蔺店镇孙淑娥藏）

中央黄帝神名含枢纽，其精为麟。西方白帝神名白招矩，精为白虎。北方黑帝神名叶光纪，精为玄武”（《太平御览》卷第八八一）。

麒麟威武有力，不践生灵，是仁慈和吉祥的象征。相传麒麟最喜欢帮助好人，对崇尚孝道，积德行善的人特别关爱照顾，故有“仁兽”之称，“其性倡仁，挟天意主大同”。另外，麒麟也代表聪慧，有时还被比喻成才能杰出的人，加之人们还把它作为人类繁衍、生育后代的吉祥瑞兽来崇拜，生下儿子称“麟儿”，有期望成才的寓意。诗圣杜甫《杜工部草堂诗笺·徐卿二子歌》中有：“君不见徐卿二子生奇绝，感应吉梦相追随，孔子释氏亲抱送，并是天上麒麟儿。”故尔民间有“麒麟送子”之说。笔者家传就有一件银制的“麒麟送子”挂件，至少有百年历史，我和爷爷、父亲，包括我的女儿，儿时都在脖子上挂过这个物件。

麒麟主体特征似鹿，因而两个字偏旁从鹿，即从鹿演化而来。陕西也是鹿之原生地，陕西华县泉护村遗址发掘过程中就发现有梅花鹿和马鹿化石，华县泉护村遗址为仰韶文化类型，这说明距今约六千年前，陕西就有鹿在此繁衍生息。内蒙古赤峰市一座属于赵宝沟文化小山遗址出土的一件陶尊上，刻绘有动物纹饰，被称为鹿首灵物，考古学家以“麒麟”称之。这个遗址在时间上和华县泉护村遗址相差不远。这可能是最原始状态的“麒麟”，属于人类创造的以鹿为主体，融合了犀、牛、马、羊、鱼等为一体的神化了的灵物。另外，在陕西洋县张村出土了一件商后期的青铜器“夔纹牺尊”，是一件酒器。粗看此尊外形，似牛非牛，应当属于组合性被人神化幻想而臆造出来的动物。著名龙文化专家庞进认为“这件酒器，通体为牛形，而牛是麒麟的融合对象之一，故与麒麟不无接近、相似之处”。再有，陕西神木县纳林高兔出土了一件战国时期的“鹿形金怪兽”，造型特异，举世无二，因以鹿为主体，笔者以为也可以算作鹿向麒麟演变之一种类型吧！

陕西洋县张村出土的青铜器“夔纹牺尊”和内蒙赤峰小山遗址出土陶尊

元代　青铜镀金麒麟形香炉

上的鹿首灵物，都属于麒麟演化过程中原始孑遗阶段，麒麟形象之完善定形，肯定要经过一个逐渐变化的、后人借鉴前人的、甚或是漫长的过程。

而收集了西周至春秋的大约六百多年的诗歌三百零五篇（首）的中国第一部诗歌总集《诗经》，和陕西有着割不断的千丝万缕的联系。因为，周兴于陕西周原，那里有周人的宗庙，西周建都于长安，有丰、镐两京。而《诗经·周南》中就有《麟之趾》一首反映麒麟的诗，其中有："麟之趾，振振公子，于嗟麟兮！麟之定，振振公姓，于嗟麟兮！麟之角，振振公族，于嗟麟兮！"意思是周文王的子孙都能像麒麟的脚步那样，该行则行，该止则止，以善德行世，从不做有犯周礼的事情。再从朱熹《诗集传》"文王后妃德修于身，而子孙宗族皆化于善，故诗人以'麟之趾'兴公之子"的解说看，"公之子"指周文王"子孙"的成分更大一些。

以麒麟为代表的瑞兽，是原始人群体的亲属、祖先、保护神的一种图腾崇拜，是人类历史上最早的一种文化现象。它们从远古时代一直沿存至今。而在这个过程演化链中，从华县泉护村遗址的"鹿化石"、洋县张村的"夔纹牺尊"、《诗经·周南》中的《麟之趾》，到神木的"鹿形金怪兽"，陕西无疑是其中最重要的一环。

2. 珍稀而美丽的金钱豹

金钱豹是中国特有的动物。金钱豹，又名豹子、文豹、花豹、铜钱花、银豹子，体态似虎，身长一米以上，体重五十千克左右。头圆、耳小。全身棕黄毛皮鲜艳，遍布黑褐色金钱花斑，故名。

还有一种黑化型个体，通体暗黑褐，细观仍见圆形斑，常被称为"玄豹""墨豹”。现代大型猫科动物有狮、虎、豹等，豹子虽然仅排老三，体积没有狮子、老虎大，但它的本领和凶猛程度却一点儿也不差。狮子不善水更不会爬树，老虎也以不会爬树而著称，仅仅能游点儿泳。而豹子既会游泳又善爬树，且身手敏捷，凶猛无比，被它盯上的猎物，很少有能逃脱掉的。金钱豹栖息环境多种多样，从低山、丘陵至高山森林、灌丛均有分布，都是隐蔽性强的固定巢穴。

清代三品武官官服补子——豹子

豹子凶猛敏捷，狩捕技术之高超，还引起古代军事家的欣赏，并被写入兵书。古代兵书《六韬》中就有“豹韬”八篇，因此后来人们称用兵之术为“豹韬”。可能就因为这些原因，本来地位低于老虎的豹子，地位逐渐得到提升。具体反映在：明代武宫补服上，武官一品用麒麟补服，二品用狮子，三四品用虎豹，五品用熊罴，六七品用彪，八品用犀牛，九品用海马，可见明代虎豹的地位一样。到了清代，豹子地位上升到虎之上，清代武宫补服上，一品麒麟，二品狮子，三品为豹子，四品才是老虎。

中国加拿大联合发行《金钱豹与美洲狮》邮票中的“金钱豹”

金钱豹分为三个亚种，即华北豹、华南豹和东北豹（银钱豹）。金钱豹产地极为广泛，而我们陕西秦岭南北均是其生活繁衍之地。不过秦岭之北为华北豹，之南为华南豹，分属两个不同亚种。

《山海经》中就多次称长安之南的终南山多虎豹。唐代诗人李白《经乱后将避地剡中留赠崔宣城》诗中就有：“我垂北溟翼，且学南山豹。”白居易《渭村退居，寄礼部崔侍郎、翰林钱舍人诗一百韵》诗中有：“笼禽放高翥，雾豹得深藏。”他的另一首《和渭北刘大夫借便秋遮虏寄朝中亲友》诗中亦

秦　豹纹瓦当拓片

有："豹虎关西卒，金汤渭北城。"宋代诗人梅尧臣《文豹篇赠黄介夫》诗中有："壮哉南山豹，不畏白额虎。"南齐诗人谢朓《之宣城新林浦向版桥》诗中还有："虽无玄豹姿，终隐南山雾。"

秦　豹纹瓦当拓片

以上诗中还提到"豹隐"，典出《列女传》卷二《贤明传·陶荅子妻》。南山有一种黑色的豹，可以在连续七天的雾雨天气里不吃东西为了长出花纹，躲避天敌。后人们以"豹隐"比喻隐居蛰伏。

豹子因为拥有纹饰绚丽的多彩毛皮，同时也给自己带来杀身之祸。自古以来人们猎杀野豹，多是为了豹皮。俗语说："豹死留皮，人死留名。"豹皮宜制作皮衣，其中金钱豹之皮最为珍贵，因有金钱形花斑纹，寓意拥有金钱和吉祥。金钱豹之皮纹如艾叶的称为艾叶豹；颜色不赤而无纹的，称为土豹。

战国　豹纹瓦当

诞生于周代春秋年间的《诗经·大雅·韩奕》中就有献豹皮的记载。"王锡韩侯，其追其貊，奄受北国，因以其伯。实墉实壑，实亩实籍，献其貔皮，赤豹黄罴。"此事就是发生在建都于长安的周代，所献之豹为赤色，特别珍贵。《易经》革卦"上六"爻辞就有："君子豹变，小人革面，征凶，居贞吉。"豹变，指变革，这给豹子赋予了文化意义。1956 年在西安北郊徐家湾阎新村秦遗址出土一件秦代"豹纹瓦当"，直径约十五厘米。内为浮雕金钱豹，豹头环顾，尾巴上翘，豹形剽悍，奔跑之中回首怒吼，方口大张，舌外伸，怒目圆睁，豹之凶猛神态，跃然其间，尤其是豹身金钱花纹精美绝伦，被誉为秦代动物形瓦当中的极品。再有，1960 年乾县永泰公主墓出土一件"唐三彩胡人骑马斗豹俑"，一只小猎豹扑上马屁股，马背上一络腮胡，戴幞头帽的胡人俑，正左手抓豹，右拳高举欲打豹。其击豹场面较少见，造形极为生动。

据了解，曾经在我国有较广分布的金钱豹，由于生态环境变化，栖息环境不断遭受人为破坏，加上大肆疯狂捕猎等原因，致其种群退化，其野生种群，自然生存数量急剧减少，野外仅存数百只，数量似乎已低于老虎。

所以，二十世纪七十年代末，金钱豹还被我国列为国家三级保护动物，1981

唐三彩胡人骑马斗豹俑（陕西省乾县永泰公主墓出土）

年升为国家二级保护动物，仅两年光景，1983年又紧急升为国家一级重点保护动物，不过五六年就连升三级，处境堪危，有十万火急之势。曾经普遍存在的旺盛，已被罩上一顶“国宝”稀缺帽子，濒危，甚尔面临灭绝困境的悲凄，让人怎么也想不通，只能痛恨人类自己不能善待和我们共同生活在地球上的动物啦！

2014年1月17日黄陵县上畛子森林派出所民警发现有人猎杀雌性金钱豹，两天之后，该县腰坪派出所又破获一起盗猎案，民警发现一只被猎杀的雄性金钱豹。两天两起猎杀一对雌雄金钱豹案，立即震惊全国，更使全国野生动物保护人士感到痛心疾首。

早就传说陕北子午岭山系支脉的黄陵县境内，有国家一级保护动物金钱豹活动，但这种神秘灵异，敏捷机警的大型猫科动物近几十年来，几乎无人发现它的踪迹。但突然以这种悲剧的场面亮相于大众视线之内，还真叫人难以接受。戏词中有：虎豹豺狼呈凶残，人啊！人！你咋比虎豹还凶残呢？！金钱豹悲惨的遭遇，应是中国民众2014新年之初最最悲愤的事了。

最近十多年来，金钱豹的踪迹多次被发现，除过上面悲剧式的几个例子外，秦岭之北还发现多次，重要的计有：2003年陕西凤翔县城关镇大柳树、处礼、石家营三个村子发现金钱豹。另外，2003年7月10日《华商报》还报道，陕西乾县发现金钱豹，近千人张网捣墓搜豹子，最终豹子已逃逸，众村民空手而归。

2006年2月27日一只野豹子现身陕西陇县黄家崖村，29日清晨，该金钱豹又突然在陇县县城北坡路附近出现，后来金钱豹闯进一民宅，下午一点，被陕西省野生动物抢救中心人员麻醉后装入笼子运回西安。

2012年在富县西部子午岭国家级自然保护区，当地一直有金钱豹出没的传说，但一直无人拍摄到影像资料。3月19日傍晚、27日凌晨，林区视频监控分别拍摄到一大一小两只野生金钱豹。据以上情况分析，秦岭关中之西北部是名为“华北豹”的金钱豹相对出没频繁的区域。

而秦岭之南近几年也频繁发现金钱豹的踪迹，2012 年 3 月秦岭中段南坡的陕西省观音山自然保护区的远红外线自动照相机，首次拍到国家一级濒危保护动物金钱豹的实体照片。这是继长青自然保护区之后拍摄到的又一张金钱豹实体照片，专家称为“华南豹”。

2012 年 10 月 13 日《西安晚报》又报道：野生金钱豹又现佛坪秦岭大熊猫地盘，系佛坪国家级自然保护区西河保护站红外线照相机拍摄到的。另外，2008 年在汉中洋县的华阳也曾经拍到过金钱豹的照片。还有在 2006 年 7 月，陕西长青国家级自然保护区四名工作人员同时发现一只像黑豹的动物。据现场分析，黑豹身长约一米，毛色黑亮，尾长约七八十厘米，体格强悍，行动敏捷。之后几天，在黑豹出现过的河岸，他们又连续发现两具新鲜的羚羊残骸，推测可能是黑豹所为。黑豹也称墨豹，是金钱豹一种黑化型个体。

总之，秦岭南北无愧为金钱豹历史上的主要栖息地，在现今金钱豹陷入极度濒危之困境时，仍不时有它们活动的消息传出，虽然其中有悲剧性的，但无疑已有了点复苏迹象。

而我们陕西面对这样一种保护金钱豹状况的厄境，一定要像重视保护大熊猫、朱鹮一样下点儿真功夫。首先抓好法制宣传，教育老百姓提高保护金钱豹等国家重点野生保护动物的意识和自觉性，以及遇到金钱豹骚扰伤害时的应对措施，要让金钱豹伤害家畜的补偿办法等政策在金钱豹可能活动的区域做到家喻户晓。而对于盗猎者一定要严惩，一些自然保护区、国家森林公园要增加巡山、清山活动，尤其严防下毒饵和安置铁夹等这些对野生动物伤害最大的威胁隐患，遇到违法者一定依法严打法办让他们不敢再来，起到震慑作用。这样坚持下去，2014 年年初猎杀金钱豹的悲剧事件，就一定不会再接二连三地发生了。

救救美丽的金钱豹！我们应该为保护金钱豹鼓与呼，为它们创造一个适宜生存和繁衍后代的美好家园。因为人类不能没有伙伴，更不能独霸地球！

3. 怀念秦岭虎

（1）老虎文化

虎是珍贵稀有的大型哺乳动物，威风凛凛的雄姿，华丽富贵的毛皮，不可一世的王者之尊，使人对虎产生了敬畏，也萌生了情愫。

老虎源自亚州，曾在中国这块大陆上纵横驰骋，族群茂盛，显赫一时。可如今，却难觅影踪，成了世界十大濒危动物。所以，对于中国人来说，这地球上最值得怀念的动物，应该属老虎了，这都因了它额头上顶着三横一竖极其鲜艳的斑纹，组成了中国汉字中的“王”字。

清代四品武官官服补子——老虎

在中华民族悠久的历史传统中，虎很早就成为中国的图腾之一。虎是作为一种崇高的权力和尊严的象征而存在的。

西周　玉虎（陕西省宝鸡市茹家庄一号墓出土）

虎和龙有相同的地位，《周易·乾卦文》说：“云从龙，风从虎。”龙的神奇尊贵，虎的威武勇猛，交相辉映。于是就有了“龙腾虎跃”“龙吟虎啸”“虎踞龙盘”“龙虎榜”等等的成语和典故，但龙是虚幻的，并不存在，是一种神话意象的组合，而虎则是活在你身边的实实在在的个体。

世界上，虎仅有一种，只产在亚州，因栖息环境和温度差异，它们在体型和毛色上也均有不同。这又分为十个亚种，以前我国是主要产虎国，十个亚种，我国独占六个，数量也较多，但现在仅有东北虎、华南虎和孟加拉虎了。不仅野生的东北虎濒于灭绝，生活在西藏、云南西部的孟加拉虎更是罕见了，华南虎的数量也在锐减。

其中生活在秦岭的秦岭虎，应属华南虎的一个亚种，在二十世纪六十年代，佛坪县曾猎杀一只秦岭虎，号称秦岭最后的一只虎，但 1981 年又有人在镇坪鸡心岭，1994 年在佛坪县高海拔两千四百米的秦岭冷杉林中发现老虎。据《马通志》云“虎出南山”，这南山就指秦岭。据资料记载，早在两百万年前秦岭虎就广泛分布于秦岭南北。在陕西蓝田公王岭发现蓝田猿人的同时，也发现有剑齿虎的化石，这是一个很古老的地方种属了，为第三纪的残留种。在蓝田的陈家窝和涝池河还发现秦岭现代虎的化石。

战国银虎（1957 年出土于陕西省神木大保当镇纳林高兔村）

中国虎文化源远流长，在我国出土的文物中就有数不清有关虎的内容，河南濮阳西水坡一带发掘出土一对蚌塑龙虎，距今大约六千年，堪称“中华第一虎”；1957 年出土于安徽阜南县的商代青铜器“龙虎尊”，其主图“虎口衔人”，为国宝重器；1974 年宝鸡市茹家庄出土一件“西周玉虎”，虎为青玉，阴线雕出目、耳、齿。虎作奔驰捕猎状，巨头大口，造型生动传神，为西周玉雕精品；1957 年陕西神木县纳林高兔村出土了一件战国银虎，这件银虎，高七厘米，长十一厘米，现藏于陕西历史博物馆。出土时银虎为一对，形制相似。四肢前后交驻行走状，头颅突出躯干之外，宽而圆的头部，小耳紧紧贴于脑际，体饰凸棱纹以象征虎身上的斑纹，怒目圆睁，缓步而行，逡巡八方，甚为精美。遐尔闻名的茂陵汉代骠骑将军霍去病墓前的伏虎石，依照巨石之原型，简单几笔就雕凿得出神入化、磅礴大器，成为汉代石刻艺术之巅峰。西安市灞桥区狄寨原出土的“西汉鎏金卧虎镇”；咸阳汉墓出土的“双虎空心砖”；1997 年西安市临潼区发现一件“汉代鎏金铜行虎”，是一只有翅膀的翼虎。虎躯伸展开如

墨彩画《白虎》（西安·蔡昌林绘）

西汉 鎏金铜行虎（陕西省西安市临潼区出土）

龙蛇，也给人一种虎形龙的感觉。高约四厘米，长约二十厘米，作潜伏行走状，虎之双眼用红色玛瑙镶嵌而成，精美绝伦，造型极富夸张，异常生动。1987年陕西延川县永坪镇源流湾村出土的一件“汉代双虎铜构件”，前边一虎，虎口咬住一条龙形蜥蜴之尾，好像正展开一场激烈的龙虎斗，场面极为紧张。

汉代出土的画像石、瓦当都有虎的各种姿态，尤其是四神瓦当中的白虎瓦当，最为著名，更是珍贵无比。

在风景名胜之地，有名的如苏州的虎丘塔，西湖的虎跑泉、韶山的虎歇坪等。虎文化渗透在人们的各种生活中。如把骁勇善战的将领称之为“虎将”。《三国演义》一书里就有五虎上将之称：“关、张、赵、马、黄”老幼皆知。常胜之旅的军队，在军旗、符号、盾牌上也有将虎作为标志，来显示荣誉和军威。

古代调兵的兵符则做成虎形并刻有老虎的纹饰，称为“虎符”。战国时就有“盗虎符”的故事传说，《史记》中并有记载。当然虎的形象和称谓也多次出现在历代的戏剧中，如元杂剧《虎头牌》，京剧《虎牢关》《胭脂虎》，昆曲《虎囊弹》，不胜枚举。到了近代连美国人在中国的援华抗日飞行队也称为飞虎队，和日本合拍的反映二战珍珠港事件的电影也叫《虎！虎！虎！》。

剪纸《老虎》（西安·李西秦作品）

中国传统的十二生肖文化中有虎年，每隔十二年春节时要欢庆一次。在民间则把虎作为吉祥物，婴儿出生，要戴虎头帽，穿虎头鞋，过满月、周岁要挂虎头银牌金锁，盖房的屋脊、屋檐、门首铜环以及印纽、乐器柄首、家具框角都要用虎来做装饰。在民间艺术上有关虎的形象，无论在剪纸、年画、泥塑、石雕、礼馍、布玩具，都是各尽其态，千变万化，应有尽有了。陕西凤翔泥塑中虎挂脸的大变形艺术，令中央美院的画家教授们叹为观止。虎气勃勃显王者之风，虎脸周边装饰有牛、兔、羊、蛇等动物，以十二生肖为主，鼻头上却伸出一枝红辣子，更是出人意料的一招，百兽之王的虎性顷刻变得温柔了，竟有了熊猫的憨态与拙笨。这当然是符合中国人对虎崇拜的演变。远古时，虎生性凶猛，对人类威胁大，不但吃野兽家畜，还吃人。于是人们就恐惧于虎的不可思议的神力，对虎的神化产生的崇拜，主要是祈盼虎不要伤人，为害家畜，而后人类幻想借虎之威力、镇宅除邪。于是，才有了汉唐时镇墓巨虎的石雕。到现在，生活中的虎快要绝迹了，人们只能从动物园看到老虎，于是对虎的崇拜已演变为对力的赞颂，对美的欣赏了。

西汉　虎纹空心砖（陕西省咸阳市汉墓出土）

其实老虎的濒危是和人类的活动密切相关的，所谓人以食为天，虎更是以食为天，鸟为食亡，虎更是为食而亡，虎的本性中有凶狠残暴的一面，即兽性。虎伤人，人亦杀虎，而人则是更为霸道，更为凶残的动物了，结果自然是人胜，虎却逐渐走向越来越少的灭绝之路。中国历史上就有很多人虎搏斗的故事传说，最典型的就是《水浒》中的“武松打虎”，还有李逵连杀七虎。陕西雍城考古队曾在春秋秦的国都雍城南郊，今陕西凤翔县东社村采集到春秋战国秦的“人刺虎”纹瓦当一枚。瓦当上人执长矛，刺于虎之腹部。虎张口回首，钩爪，挣扎。从出土文物上记载了这一人虎搏斗的历史事实。

窗花《武松打虎》（延长 · 赵汉杰作品）

战国　刺虎瓦当

有“谈虎色变”这一词，还有“养虎为患”，以及不少含有贬义的有关虎的语汇，例如“为虎作伥”“狐假虎威”，人们把老虎称为“恶虎”，就证明了人虎不相容的历史。

老虎属猛兽，按说弱肉强食，适者生存，但在人迹罕至的地方，老虎还是遇到了生存危机。老虎实际上本身也有弱点，例如老虎绝不群居，所谓一山不容二虎，“二虎相争”也影响限制了它们的繁殖，老虎外表凶恶，其实内心脆弱、敏感多疑。

现在，人们终于明白了，这个世界是万类共存，和谐的世界，老虎是人类的朋友，人们爱护老虎，保护老虎，甚至把老虎放归山林，企图恢复老虎的野性，希望这种威武雄壮的大型动物能继续繁衍生存下去。

怀念老虎，则是怀念一种虎虎生威的精神，中国人创造的虎文化，是中华文明不可或缺的重要组成部分，但如果没有活生生的真老虎相对应，那么这种文化就没了底气，这该是多么遗憾，多么尴尬的事呀！

（2）“虎守杏林”与“虎箍”

耀州药王故里的五台山也叫药王山，山上有被药王救治的贫苦乡亲栽下的一大片杏林。

关于“杏林”典故，源于东汉末年名医董奉庐山行医的故事。董奉，字君异，当时与张仲景、华陀，被誉为“建安三神医”。据《神仙传》载：“君异居山间，为人治病，不取钱物，重病治愈者，栽杏五株，轻者一株。如此数年，得杏十余万株而成林。后人把医家们称为杏林中人。”药王山杏林，应是后人仿效而成。因为药王孙思邈为贫苦庄稼人治病，也不收费。

铜川耀州药王故里药王祠壁画《药王虎口拔骨刺》

独特的是，每当药王山杏花开放，一直到杏儿熟时，都有一只白额巨虎来守护这片杏林。“虎守杏林”这一神话传说传遍了天下。

白额巨虎为啥来守杏林呢？原来是生活在太白山密林之中的这只吊睛白额巨虎，一次吞食猎物时，不小心喉咙中卡了一块骨头，还溃了脓，疼痛难忍，食不下咽。它找到了正在太白山采药的药王，跪下前腿哀鸣求治。心怀慈悲的药王想要替老虎取出这块骨头，但又担心老虎因疼痛而突然合嘴，可能会咬断他的胳膊甚至还可能搭上他的性命。沉思了一会，药王灵机一动，他取下随身药箱上的一个大铜环，掰开虎嘴，把铜环嵌在老虎的口中，将老虎的大口使劲撑开，手从铜环中央穿过，从老虎口中，拔出了卡在虎喉咙中的骨头，涂上了草药膏，老虎的痛苦终于解除了。这吊睛白额巨虎为感恩药王，从此以后就自愿跟着药王，还充当他的坐骑，驮着他驰骋于秦岭太白山、长安和耀州五台山之间。后来这只吊睛白额巨虎在药王孙思邈的点化下，修得功德圆满，成了太白山的白虎山神。

耀州药王故里石虎

而为老虎治病的铜环，后来被人们就改造成一个手摇铃，成为采药的标志，所有上山入林的采药者都会带上它，传说，摇一下，老虎就不会伤害他，并能得到老虎的保护。后又逐渐演变为后世医者行医时手握的医铃，有些药铺和医生的诊所门首也挂着它，成为医者的标志，这铜环也叫“虎箍”，意指孙思邈为虎拔取骨头时戴的铜环。可以说“虎守杏林”与“虎箍”的神话传说，丰富了“杏林”典故。

这一神话传说亦真亦幻，但当你登上耀州的药王山，看到了这片杏林，绿意婆娑、风景别致，待到每年农历二月杏花开得繁茂似锦，灿若云霞，你可能会真正感受到，莫不是老百姓借这片杏花，年年颂药王嘛！这座“杏林”不也正是医者的“德林”吗？

而各地建的药王庙中，除过替药王站班听用的唐朝开国功臣尉迟敬德和东海龙王，不少都塑有一只白额巨虎，卧在孙思邈身前，守护着这位受人爱戴的苍生大医。

这真正是：虎箍拔刺一时险，虎守杏林万万年。

（3）神秘的虎符

秦杜虎符（1973年在西安北沈家桥村出土）

虎符是兵甲之符，是古代朝廷用于传达命令、调动军队的一种特殊凭证。春秋战国秦汉时通常作虎形，故称“虎符”。

之所以选用虎形，除过虎为百兽之王外，主要应该是在“四神”中，虎与龙相随，虎代表西方，属金，色白，亦称白虎。而白虎也是战神、杀伐之神。白虎具有辟邪、禳灾、祈丰及惩恶扬善等多种神力的原因吧。

“虎符”分为左右两半，右半符留在京师，左半符颁发给屯驻在外的军队。需调兵时，由朝廷使者持右半符前往，军队长官将右半符与左半符验合后，军队即按使者传达的命令行动。

两半虎符的形状、铭文都是相同的，背面有榫卯，一一对应，就如同一把钥匙开一把锁一样，只有同为一组的虎符才能合在一起，这就是“符合”二字的来历。

目前发现的秦虎符共三件：秦新虎符，秦杜虎符，秦阳陵虎符。“秦新虎符”铭文有“右在王”，可能是秦惠文君称王，与秦始皇统一六国的时候使用。现为法国巴黎陈氏所收藏。

1973年在西安北沈家桥村发现的“秦杜虎符”，为战国时期至秦朝的文物，长九厘米，高约四厘米，厚约一厘米。现收藏于陕西历史博物馆。尾端卷曲，虎作疾奔状，象征军威和进军神速。正面突起如浮雕，背面有槽。虎身错金铭文九行四十字：“兵甲之符。右才（在）君，左在杜。凡兴士被甲，用兵五十人以上，必会君符，乃敢行之。燔燧之事，虽母（毋）会符，行殹（也）。”

“秦杜虎符”铸于秦惠文君称王前，秦国只有惠文君一人称君，所以，杜虎符是在惠文君在位时制作的。掌握在杜地（战国时秦国杜县，故址在今西安市南郊）的军事长官手中。

“秦杜虎符”铭文是所有出土虎符中铭文最长的一件，且保存完好，特别是四十个错金字，在虎身镂刻阴文，再将金丝嵌入阴文之内，最后镂平打磨光亮，虽历经两千多年，仍熠熠闪光。字体绝大部分是小篆，规整挺秀。

反映了中国古代错金工艺的高超水平。

而“秦杜虎符”的发现很有趣，是二十世纪七十年代初，西安市南郊北沈家桥村少年杨东峰在村西帮助大人平整土地时发现的，拿回家后杨东峰放在了家中的窗台上。当废铜卖太轻，值不了几个钱，于是成了几个孩子手中的玩物。后来先是杨东峰拿到西安市文物商店，可人家不收，又拿到碑林博物馆，传说杨东峰仅仅要求一套当年社会流行的红卫兵穿的军服，可是博物馆没有军服，但因杨东峰献宝有功，得到了七元人民币的奖励。

秦阳陵虎符是秦始皇统一全国后，颁发给阳陵（今陕西省西安市高陵区）驻守将领的铜制兵符。其一半在皇帝手中，一半在太尉手中，手持两个虎符才可调动军队。沿此虎符脊 线，左右符各有错金文字两行，曰：甲兵之符，右在皇帝，左在阳陵。

秦阳陵虎符（现藏于中国国家博物馆）

“秦阳陵虎符”的发现也很有趣。它是原中国科学院院长郭沫若抗战期间在重庆偶然发现的。郭沫若在空闲之时，喜欢逛地摊。有一天，他发现了一件造型古朴的铜老虎，认为它可能是件文物，便随手拿起来观看，不想这铜老虎突然分成两半，对文物素有研究的郭老马上意识到这可能是兵符，随即买了下来。拿回去之后仔细考证，果然是一件古代虎符。谁也没有想到，一件极其罕见、极其珍贵的文物，就这样戏剧性地被发现了。

这三个虎符的铭文大致相同，有一点微小的不同：秦新虎符铭文称“左在王”，秦杜虎符称“右在君”，而秦阳陵虎符称“右在皇帝”，这说明这三个虎符出于秦的三个不同年代。秦国的国君先是称王，这说明秦新虎符是秦初制作。秦国只有惠文君一人称君，所以杜虎符是惠文君在位时制作的。秦始皇开始称皇帝，故阳陵虎符是秦始皇时期制作的。

1953年周至文化馆还征集到一件“东郡虎符”。铭文有“右在皇帝”，是秦始皇统治时的用品，但也有专家质疑其真伪。

1979年陕西凤翔出土一件金虎符，这件虎符没有铭文，且体型较小，高仅两厘米，长仅约五厘米，重三十五克，为金制。虎符也为卧虎状，但造型夸张：虎巨目大耳，张口露齿，四腿曲卧，长尾上卷，通身纹饰为凸雕和阴刻，背面还有扣槽。可惜仅存半符。此件虎符应该是春秋战国时期的用品，而秦国首都最早在雍（今陕西凤翔东），有可能它也是秦国所制。也有专家认为似为仿虎符之作。此件虎符现藏于西安市文物保护考古所。

1972年西安市还收集到一件南北朝虎符，为半面虎形，虎作伏卧状，昂首挺胸，张口吼叫，背脊方凸，壮尾侧卷，通体布满条状斑纹。

虎符隋代改麟符，唐高宗避先祖李虎名讳，改鱼符、龟符，已不仅是军事调兵用途的兵符，还成为身份的象征。

虎符在古代战争中曾发挥了重要的作用，也发生了很多与其相关的故事。围绕兵符，历史上还有战国时信陵君“窃符救赵”的著名故事，《史记》中有记载。另外《三国演义》第五十一回中有，赤壁之战中，诸葛亮趁周瑜与曹仁激战，南郡空虚，命勇将赵子龙夺城成功，俘获守将陈矫，取得虎符，然后以此虎符诈调荆州守军出救南郡，趁势又由张翼德袭取了荆州，接着又差人带兵符，诈称曹仁求救，诱使守襄阳的夏侯惇引兵出，却教关云长乘机袭取了襄阳。诸葛亮仅凭一件小小的虎符，便将曹兵调开，兵不血刃就夺取了三处城池，而耗费许多钱粮、兵马，还受了箭伤的东吴都督周瑜却一无所获，气得金疮迸裂。由此也可见当时虎符作用之大。

以上所介绍的这几件极其珍贵又有点神秘的虎符，不管它是铜的，鎏金的，还是纯金的，让人惊异的是竟然全都和陕西有关，让我们感到了博大精深的陕西历史文化的厚重和无处不在。确实，要想了解五千年的中国，必须先得了解陕西。

（4）从“皇后之玺”说“螭虎”

陕西历史博物馆藏有一件汉高祖刘邦的皇后吕雉用过的“皇后之玺”。专家认为这方玉玺的发现创造了两项全国之最：一是我国最早发现的皇后印玺；二是玉玺的主人是年代最早的皇后，并先后掌握大权达十六年，形同皇帝，

西汉 “皇后之玺”玉印（现藏于陕西历史博物馆）

是中国历史上三大女性统治者(吕后、武则天、慈禧太后)的第一个。加上帝后直接使用的遗物发现很少，这方“皇后之玺”玉印是汉代皇后玉玺的唯一实物。因而，“皇后之玺”被列为国宝级文物，还被列入第三批禁止出境展览文物目录。

这方“皇后之玺”由和田羊脂白玉雕成，出土于1968年9月，在陕西咸阳市韩家湾乡狼家沟边被一个小学生在放学途中偶然发现的。其发现地点距汉高祖与吕后合葬墓长陵仅一千多米。据《汉官旧仪》上记载：“皇后玉玺，文与帝同。皇后之玺，金螭虎纽。”其形制、式样、印文内容及字数均与《汉官旧仪》所载相符，为什么遗落到狼家沟一堆土中，遭泥沙覆盖而致湮没两千余年，应该是一件历史之谜。

而“皇后之玺”纽上的螭虎，形象凶猛，体态矫健，四肢有力，双目圆睁，眼球圆而凸出，隆鼻方唇，张口露齿，双耳后耸，尾部藏于云纹之中，背部阴刻出一条较粗的随体摆动的曲线，六颗上齿也以阴线雕琢，特别引人注目。让笔者有了对这印纽上的“螭虎”一探究竟的兴趣。

墨彩画《螭虎》(西安·蔡昌林绘)

“螭虎”从字面上看，应是“螭”与“虎”两种动物，东汉卫宏的《汉官旧仪》有：“秦以用金玉朱印，龙虎纽。”蔡邕《独断》：“天子玺以玉，螭虎纽。”看来，古人对“螭虎”的解释也是“螭”与“虎”的组合。

按《说文》解释：“螭，若龙而黄，北方谓之地蝼，从虫，离声，或无角为螭。”《汉书·司马相如传》："于是蛟龙赤螭。"颜师古注："文颖曰：'龙子为螭。'张楫曰：'赤螭，雌龙也。'如淳曰：'螭，山神也。'"螭就是龙九子中的二子的螭吻。螭虎，形如虎，为螭与虎的复合体。陕西历史博物馆研究员蔡昌林先生，根据历史记载和北方民间艺术对虎的认识，创作了一幅"虎伏羲"的美术作品，其画面上的"虎伏羲"，分明是一条"虎首龙身"的"螭虎"。蔡先生认为："伏羲作为中国古代神话中的形象有几个版本，在汉画像砖中，是人首蛇身，以虎代表伏羲则更早，北方民间艺术中，虎的形象是作为生命保护神出现的，不管是人类始祖神还是生命保护神，其功能是一致的。"

而代表皇权的玉玺，其纽为螭虎者，螭为阴，虎为阳，螭代表地，虎代表天，螭虎神兽意指天地合，阴阳平。螭就是龙，螭虎只是在螭龙基础上演绎出来的一种神兽，为螭与虎的复合体，亦龙亦虎。

螭虎是战国之后玉器中常见的神兽，战国晚期玉器上就有螭虎纹饰。汉以后，螭虎使用的更为广泛。1983年西安市草滩乡张千户村出土一件汉代"子母螭龙纹璏"，为青玉质，正面高浮雕一对子母螭龙，侧首相望作奔戏状。而这大螭龙的头，呈圆形，酷似虎头。还有西安红旗机械厂工地出土一件西汉的"螭纹珌"，扶风县齐家村出土的西周"玉龙佩"，龙头硕壮，都呈圆形，似虎，也应称"螭虎龙"。史书记载：初，汉高祖入关，得秦始皇蓝田玉玺，螭虎纽。文曰："受天之命，皇帝寿昌。"高祖佩之，后代名曰传国玉玺。汉人崇尚螭虎。陕西扶风人班固《封燕然山铭》有"鹰扬之校，螭虎之士"的句子。由此可知，螭虎在中华民族的古老文化中代表神武、力量、权势、王者风范。

耀州瓷《白虎》（铜川·黄凤昇摄）

另外，值得一记的是，1968年发现了这方"皇后之玺"后，引起了当时权倾朝野。炙手可热的江青的特别关注，1974年时下令送到北京。江青见之如获至宝，可能她特别倾慕吕后，或以吕后自比，于是迟迟不还，直到粉碎"四人帮"之后，江青的"女皇梦"破灭了，这方"皇后之玺"才得以完璧归赵，返还陕西省博物馆收藏。

4. 秦岭大熊猫

说到中国珍禽瑞兽的现代版，无疑第一瑞兽的席位应归大熊猫。大熊猫不仅是中国的国宝，而且是世界上最为珍贵的动物，1961 年熊猫形象就被选为世界自然基金会标志，也是 2008 年北京奥运会吉祥物。

1985 年《熊猫》邮票

中国的大熊猫，以其憨态可掬的圆润，敦厚可爱的拙笨，赢得了人世间多少喜悦的眼球，可以说是温柔不可抵挡。中国的大熊猫，是数万年前的孑遗物种，产于四川凉山、四川与甘肃交界的岷山和陕西秦岭三处山区，是中国特有物种。

大熊猫属食肉目，大熊猫科，分为四川指名亚种和秦岭亚种。在人们的印象中，以四川卧龙为中心的大熊猫早已是天下闻名，无人不知。而陕西秦岭以佛坪为中心的大熊猫却以它的独特性，如今已然是异军突起。两地的大熊猫，早在一万多年前相互隔离，形成不同的亚种。四川大熊猫头长近似熊，脸呈三角形，而秦岭大熊猫头圆更像猫，接近卡通玩具模样，圆头圆脑招人喜爱，让人一看就有想抱一抱的亲近感。因此秦岭大熊猫又被人们称为最为靓丽的大熊猫，“国宝中的美人”。

秦岭大熊猫（西安·胡成弟摄）

秦岭大熊猫在遗传基因方面更接近原始的祖先。《美国哺乳动物学》杂志载文称“秦岭大熊猫是古老新亚种”。近年在陕西蓝田和洋县倪家沟金水河口发现的大熊猫小种（祖先种）和巴氏亚种的化石，可追溯到中更新世纪初，距今已有七十万年左右，表明了秦岭南麓腹地才是大熊猫最早的故乡。据载汉文帝母亲的薄姬陵就陪葬有大熊猫。汉武帝时，司马相如曾上谏要皇帝禁猎，在他的记载中，汉武帝的上林苑中就养了大熊猫，成为人们的最爱。看来秦岭的大熊猫在西汉时就进入了长安的皇宫。

四川的大熊猫为黑白分明两种颜色，而秦岭大熊猫则是黑中显深棕色，白中带有棕灰色，近几年来还多次发现棕色、棕白色，甚至是白色的大熊猫。其中 1985 年在佛坪大古坪村发现棕色大熊猫“丹丹”，曾饲养在西安动物园，并产下一子。1999 年老死后制成标本，现存于秦岭人与自然宣教中心。

在全国野生的一千五百多只大熊猫中，秦岭大熊猫种群有二百七十三只，仅占总数的百分之十七，是一个更为稀有的群体，因而更濒危，基因更珍贵。

我国于 1963 年八月发行第一套《熊猫》邮票时，秦岭大熊猫还处于不为人知的景况之中，虽然生物界有专家提出秦岭有大熊猫存在的可能，但就是难觅踪迹。1960 年开始的中科院和陕西省科委主持实施的“秦岭综合考察”项目，时任动物考察组领队的北京师范大学郑光美教授在三官庙一个供销社意外发现了一张刚收购不久的大熊猫皮，随后又在光头山发现许多大熊猫粪便。经过几年的坎坷，直到 1964 年以郑光美教授为首的研究人员才正式发表文章称“秦岭是大熊猫的又一栖息地”。至此，秦岭大熊猫才掀开了它神秘的面纱，千呼万唤始出来，正式公开亮相。这比 1869 年发现的四川大熊猫迟了九十多年。

秦岭以它独特的自然环境，成为中国动植物最大的基因库。“天下大阻”的秦岭成为支撑中国版图最中心的脊梁，成为我国南北气候的分界线和黄河、

秦岭大熊猫（西安·胡成弟摄）

长江两大水系的分水岭，它的巍峨高耸阻挡了北方的寒流，适宜的山地寒温带气候，造就了良好的森林——竹林生态系统，从而保留为大熊猫最后的栖息地。

秦岭大熊猫栖息区内平均每一百平方公里就有八只大熊猫，密度为全国之最。而在中心地区，佛坪国家级自然保护区三官庙、西河一带，原始森林近三百年未遭受大的破坏，森林覆盖率达百分之九十五以上，环境闭塞，且不通公路，人为干扰小。在这里约每一平方公里就有一只大熊猫，密度相当高，人们遇见大熊猫的几率非常大。秦岭的野生大熊猫相对来说随和温顺，和人更为亲近一些。在冬季，它会从高海拔地区向人们居住地靠拢。在秦岭山地不断有传说，大熊猫进了农家作客，还闯进农民家与猪争食，自己进灶房吃锅里的饭，还惊异地在村民家看起了电视什么的。农民拿腊肉给它吃，它还自己找到村民家贮藏的一桶蜂蜜美美地吃了一顿，吃饱喝足了还不想走，这家村民只有牵走了牛，铺上草让大熊猫住在了牛棚里，第二天大熊猫还在村里乱转悠，“敲敲东家的门，拍拍西家的窗户”。晚上还和一伙村民围坐一圈烤火，任人抚摸、逗弄都不发火。在周至县的佛坪老县城经常会见到熊猫吊儿郎当地进城了。2009 年 3 月一只大熊猫又进入了老县城，人们围观时它爬上了城墙，从三米多高处跳下去，没

1963 年《熊猫》邮票

啥事的一颠一颠又走了。大熊猫绝对的聪明，有病的时候它知道向村庄、向人群靠拢，寻求帮助。

熊猫（西安·惠京鹏摄）

提起秦岭大熊猫，我们当然不能忘了发现研究和保护它们的人。第一个就是最先发现并发表文章的北师大教授郑光美；再有就是确定秦岭大熊猫为秦岭亚种的浙江大学方盛国教授；还有一个就是北大生物系教授潘文石，他深入秦岭坚持野外考察十二年，成为研究保护秦岭大熊猫的一位传奇人物。

1985 年潘文石教授为一只名叫“娇娇”的雌性大熊猫戴上无线电监测项圈，到 1997 年，潘教授跟踪了“娇娇”十二年。这个“娇娇”不愧是英雄的母亲，到她十四岁的时候，先后生了五只小熊猫。这从一个侧面打破了野生大熊猫繁殖能力低下，一定会被淘汰灭绝等比较偏激的说法。由于竞争和选择机制，野生大熊猫的生殖能力远远强过圈养的大熊猫，只要我们保护好秦岭这块生机盎然、充满希望的大熊猫最佳栖息地，那么大熊猫完全有能力繁衍生息下去。与它们同时代的恐龙、剑齿虎、剑齿象之类的都变成化石了，而大熊猫却以它的柔韧和退让，甚至是“守弱”，以食肉改为吃竹子以调整适应恶劣的生活环境，因而顽强地在秦岭中生活了几万年，这也符合达尔文“物竞天择，适者生存”的法则。

佛坪保护区的科研人员雍严格一行，就发现并完整拍摄了五六只大熊猫为争夺交配权打斗的珍贵场面，并发现了带着双胞胎的大熊猫家庭。还有佛坪保护区野外巡护监测人员向定乾、张永宽等人在 2003 年 4 月初首次发现大熊猫在树上交配的罕见场面。这些野生大熊猫的趣闻逸事，都给了人们一种强烈的希望，秦岭大熊猫一定能生存繁衍下去。

1993 版熊猫金币

当然了，保护改善大熊猫的生存环境是一个逐渐的过程。如今秦岭山中大熊猫栖息地所在的陕西省长青林业局早已转产，停止了对秦岭林木的野蛮采伐，可历史欠账还是贻害无穷。你可以想象，他们一年要采伐十二万平方米的规模，一下就干了五十多年，多少座山变成了光秃秃的荒山，对秦岭的生态那该是多么大的破坏！大熊猫的生存环境变成了严酷的“岛状生境”，使之种群隔离，被分割为支离破碎的独立区域，这就需要我们动员全社会的力量大规模地植树造林，开辟绿色走廊，专门培育适宜大熊猫食用的竹林系统，坚持上几十年，利用好秦岭植被的自我恢复能力，那么，孤岛一定会连成一片绿海。而秦岭才会名副其实地成为“大熊猫继续生存最后希望”的风水宝地。

让人记忆深刻的是我国1985年发行大熊猫小型张邮票，命名为“拯危继绝”，真有点振聋发聩。因为，拯救濒危的珍稀动物大熊猫，也是拯救地球，更是拯救人类自己。

5. 秦岭金丝猴

金丝猴，顾名思义就因了它一身金色如丝的长长毛发而得名，这金丝披散开来如一袭华贵的“金披风”，细密柔软，尤其是在阳光照耀下金光闪闪，五彩斑斓。

金丝猴长相奇特，厚唇、短尾、圆嘴、朝天鼻，脸泛一层淡蓝色荧光，一双机灵闪烁的蓝宝石一般的眼睛，显得娇艳动人，特别的惹人喜爱。

金丝猴依树而居，主要活动在高大乔木树冠的顶层，四肢灵活，身手敏捷，在树丛之间闪转腾挪、攀援如飞，借助树枝的反弹力，荡起而跃，一跃十几米，有“飞猴”之誉。其悬枝回荡的瞬间，和身子一般长的尾巴，轻轻摆动，

《金丝猴》邮票

金丝猴（西安·林安令摄）

掌握平衡。动作之轻盈优美，如金色精灵在绿影婆娑的树林中隐现。《西游记》中的孙悟空，形象就和金丝猴极为相似，不是被称作“美猴王”嘛！

金丝猴，属哺乳纲、灵长目、猴科，仰鼻猴属。为我国特有的闻名于世界的珍贵稀有野生动物，被列入濒危的国家一级保护动物名录。仅分布于贵州梵净山，四川岷山、邛崃山，陕西秦岭，甘肃南部的摩天岭以及湖北的大小神农架的原始密林之中。共有三个种：黔金丝猴、滇金丝猴和川金丝猴。

金丝猴古时称“狨”，在《山海经》和《尔雅》中都有记载。秦岭金丝猴属川金丝猴。早在唐开元年间陕西三原县尉陈藏器在《本草拾遗》中就说：“狨生山南（今秦岭）山谷中，似猴而大，毛长、黄赤色。人将其皮作鞍褥。”

秦岭金丝猴主要分布在陕西境内秦岭山脊的南北两侧的周至、太白、宁陕、佛坪、洋县等地，总数约有五千只。秦岭是我国金丝猴分布的经纬度的最北限。若评说起金丝猴的“金丝”，其色彩之绚丽，光泽鲜亮如丝之柔滑，应以秦岭金丝猴最为正宗。

金丝猴是群栖性动物，常常几十只、几百只的群居在一起，在一群中常有七八只相对集中独立成小群生活，每群中有一名最壮实的大公猴为猴王，发号施令，统帅保卫着猴群。猴王享有“一夫多妻”的特权，经常是“妻妾成群”。

金丝猴群中有“望山猴”，亦称“哨猴”，担任警戒。遇到惊扰和危险，“哨猴”即发出“躍躍”的尖叫声，此时猴王一声呼啸，群猴就紧张而有秩序地互相照顾，迅速逃遁，片刻不见踪迹。金丝猴群组织严密，纪律性强，若受到攻击，有猴受伤，则争相救护，若被击毙，则有“抢尸”现象，毫不顾及自己。

金丝猴（西安·惠京鹏摄）

秦岭山中老百姓还称金丝猴是

秦岭金丝猴（西安·胡成弟摄）

“灵性兽”“孝兽”“仁兽”。明代大医药学家李时珍在《本草纲目》中记述：“果然，仁兽也。出西南诸山中。居树上，状如猿，白面黑颊，多髯而毛彩斑斓，尾长于身，其末有歧，雨则以歧塞鼻孔也。喜群行，老者前，少者后，食相让，居相爱，生相聚，死相赴。柳子所谓仁让孝慈者，是也。”柳子即柳宗元，字子厚，祖籍河东解州（今山西省永济县），生于长安（今陕西西安），逝世后归葬于长安。

金丝猴母猴对幼仔关心备至，慈爱异常，若受惊逃跑，一定携带小猴，遇猎人追捕，母猴眼看走投无路时，会急速推开幼仔护其逃生，自己束手待擒。《太平广记》有这样一则记载：当母猴中箭，它马上放下怀中幼仔。小猴依恋其母，走不远又返回母猴怀中。母猴忍痛推下幼儿让它快逃命，小仔哀痛啼哭不舍，结果母仔双双遭难，真正是悲情感天动地。金丝猴母猴护仔，一因天性，二也是因为金丝猴生育率低，得仔不易，一般春季发情交配怀孕六七个月，只能生产一仔。宋代还有记载：“人捕其一，则举群啼而相赴，虽杀之不去也，南人名仙猴。”

金丝猴特别的尊老爱幼，有“孝兽”之誉，对长者敬重有加，长幼有序。有食必先让老猴先食，采摘到野果之类美味，先依次传递给蹲在树顶的老猴先食，余下方才分食，让人唏嘘敬佩。

秦岭的金丝猴，能顽强地在原始森林中世代繁衍生息，适应高寒山区冬天的严酷恶劣的环境，抵御天敌，这都因为它们群集生活，性情异常机警，灵活敏捷。它们受到最大的危害和生存危机，主要是人类的活动，过去的乱捕滥杀，致使金丝猴处于濒临灭绝状态。还有人类对秦岭的野蛮开发，对森林的滥采滥伐，致使原来连绵的林区，变成原始林、人工林、灌木丛、竹林、裸露地，以及林区运输公路等斑块状态，隔断了野生动物，尤其是靠树木转移的金丝猴的种群交流，成为它们难以逾越的障碍。

好在如今秦岭山中各种国家级、省级的自然保护区都逐步意识到这一点，有的保护区已开始实施人工造林规划，连接这些被切割的断点，建立绿色走廊，恢复秦岭的生态环境。这样，秦岭肯定会以其生机勃勃的景象，成为所有野生动物栖息繁殖的庇护之所、幸福乐园，成为金色的精灵、仙姿飘逸、美丽迷人的国宝金丝猴的洞天福地。

6. 秦岭金色羚牛

《扭角羚》邮票

在秦岭野生动物的四大国宝中，羚牛的名气相对于熊猫、朱鹮、金丝猴要小一些，但在同类中却属出类拔萃的佼佼者。

秦岭羚牛，毛色淡棕而黄，阳光下金光灿灿，比之西藏、云南羚牛的深褐色，四川羚牛的红棕色，那可是异乎寻常的靓丽，不愧有“金色羚牛”的称誉。

羚牛属牛科羊亚科，是羊不是牛，是一种超大型的野羊，躯体壮硕，一只成年羚牛足有三百多公斤。羚牛外貌像牛，故产地老百姓又俗称它为野牛，成年的羚牛，角向后扭曲，也被称做“扭角羚”。

羚牛是一种古老的动物，《汉书》称羚牛为“猫牛”。羚牛有四个亚种，其中秦岭亚种和四川亚种是我国特有种，是一种难得的大型稀有珍贵动物。人们发现，原来这被称作扭角羚的野羊，比牛还要“牛气冲天”，还要威风雄健，还要性情凶悍。别看它体躯臃肿，行进时步履蹒跚，显得又粗又笨，但到了关键时刻，却又非常敏捷，特别善于攀爬悬崖，且能腾跃两米多高的树丛。遇到树木拦道，它会用前腿和胸膛去撞击，可以轻松地推弯，或折断直径很粗的树干。在遭遇敌害时，强壮的“头牛”，会率领群牛冲向前去，异常凶猛，势不可挡。在争夺配偶的格斗中，那种血腥场面，更让人惊心动魄。它们怒目圆睁，喘着粗气，低头挺角，咆哮着向对手冲击，身后尘土飞扬，声势震天动地，经常是不到一方头角落地，鲜血直流，绝不罢休。

所以有人就把羚牛和《封神演义》中黄飞虎的坐骑“五色神牛”相联系，考据羚牛的毛色，分白、黄、棕、褐、红，五彩斑斓，神异非常。再联系到

秦岭羚牛（西安·胡成弟摄）

姜子牙的坐骑为“四不像”，不过就是温顺的麋鹿，但被称作“四不像”，无形中增添了它的神秘感。而羚牛，长相比麋鹿更为奇特。有人仔细研究，称羚牛为“六不像”，即庞大隆起的背脊像棕熊，两条倾斜的后腿像非洲的斑鬣狗，四肢短粗像家牛，绷紧的脸像驼鹿，宽而扁的尾像山羊，两只角长得像角马，这所谓的“六不像”，实际上似像非像，为六个动物的特征组合体。以羚牛比之于黄飞虎的“五色神牛”，为其制造点神化背景，看来颇有创意，并非离谱之事。

羚牛风采特异，它一身金灿灿的毛色，颌下和颈下垂着胡须状的长毛，尤显美丽，其吻鼻部裸露，尖角粗大弯向两侧，有一明显的鼻中缝分开，前额隆起，四肢强健，前肢特别发达，肩高大于臀高，更显其威风凛凛的非凡雄姿。

其实，羚牛生性中还有憨厚的一面，对人不设防，很容易被猎杀和诱捕，加之长期以来生态环境的恶化，生存空间被隔断，目前羚牛仍处于濒临灭绝的边缘，因而被列入国家一级野生动物保护名录，国际自然保护联盟把它列为世界濒危保护动物，载入特别保护的“红皮书”。

羚牛是一种高山动物，典型的高寒种类。栖息于海拔两千至四千五百米的高山悬崖地带，穿行于森林草甸之中，驰骋于峭壁绝崖之间，拥有一身厚密的皮毛，使它能够抵御高海拔山区冬天的苦寒，顽强地生存到今天。

秦岭羚牛，主要分布在秦岭中段，主活动区是周至和佛坪，一般活动区有太白、宁陕、洋县、柞水，以及宁强、凤县、略阳、留坝、城固、镇安、户县、眉县、长安、蓝田等，总计十七个县。羚牛喜群居，常十多只一起活动；小群体一般有二三十只，群体庞大的可达百余只。牛群中有“哨牛”，职责是警戒放哨，还有“头牛”，由强壮雄牛担当，也称“牛司令”。迁涉时，上山垂直成一条线，由“头牛”率领，成年雄牛在前，雌牛在后，牛犊夹在中间，

秦岭羚牛（西安·胡成弟摄）

一头接一头，序列严谨；而下山时，则散成扇形，有列阵而行的感觉。

秦岭这些年，由于退耕还林，植被得到较好恢复，加之羚牛的天敌老虎早在二十世纪六十年代就绝迹了，豹子和豺的数量也太少，对羚牛构不成威胁，使其数量大增，达六千头之多，已出现局部单位面积载畜超标（这反过来又危害到植被）、和大熊猫等其他野生珍稀动物争食的现象。

而性情粗暴的羚牛，尤其是那些争配偶中失败的“独牛”，经常闯入低海拔的居民区。从 1999 年至今，已出现伤人事件百余起，死伤者数百人。让老百姓对羚牛爱恨交织，继尔谈牛色变。但老百姓都明白羚牛是“国家保护的一级动物嘛，打不得，打了要犯法的”。

秦岭，这块风水宝地，野生动物的乐园，使得传说中黄飞虎所骑的“五色神牛”的后代们，成了精怪、瘟神，让人哭笑不得。虽说从整体上看还不至于被降级，失去国家一级保护动物和秦岭国宝的地位，但处境已然是十分尴尬了。

7. 石狮文化

（1）从石狮子说起

中国雕塑中最为广泛的品种要数石狮的艺术雕像。在近两千年的历史长河里，石狮作为神兽、灵兽、吉祥瑞兽，在上至皇宫，下至官衙、寺庙以及民间豪宅，甚至陵寝墓地，其门首道口，都有镇守。且不说石狮雕塑因南北文化各异而产生的艺术造型的多姿多样，单就其文化现象而言，石狮已成为中华文化中精神崇拜的不可缺少的一个重要组成部分。

狮子与虎豹类同，属猫科动物。其原生地是非洲、西亚和南美一带，是巴比伦古老文明的精神图腾。中国原本无狮，虎是兽中之王。真狮何时传入中国，一直没有定论。一说张骞出使西域时引进。即便如此，汉武帝时，汉朝与匈奴战事频仍，张骞第一次出使西域，被匈奴扣留十年。张骞是在匈奴的夹缝中得以逃脱才完成他的出使使命的，故张骞第一次引进狮子的可能性很小。张骞第二次出使西域局势已有转机，此时的汉朝控制了整个西域，为张骞引进狮子创造了条件；另一种说法即东汉章帝时从月氏国引进。倘若如此，狮子的引进便要推迟二百多年。但无论如何，狮子是张骞连通西域、开辟丝绸之路的成果。不少史籍专著均有记载，例如：《尔雅·释兽》：“狻猊似残猫，食虎豹。”郭璞注：狻猊，“即狮子也，出西域。”李时珍《本草纲目》中有：“狮子出西域各国，为百兽长。”《后汉书·西域传》：“安息国遣使献狮子符拔，形似麟，而惟无角也。”时间是在汉章帝章和元年（87年）。

清代二品武官官服补子——狮子

留坝张良庙石狮

汉以前，中国文化概念里并无狮子说法，十二生肖就是一个例证。

真狮的引进，在当时的社会，是一件轰动朝野上下的大事，民间奔走相告、口碑相传，但除皇亲国戚，一般人是不可能看到的，正是画匠描绘摹写，及后来石匠的精雕细凿，使狮子的形象在民间广为流传。到东汉末，已有以石头为载体的狮子造像出现。从此狮子作为灵兽、神兽、瑞兽一体的理想化神圣形象，被中

留坝张良庙石狮

窗花《狮子》（横山·曹宏霞作品）

国文化认同，石狮雕像风行于九州华夏，进入中国神祇文化的主流。

狮子雕像迅速传播的另一原因是东汉时佛教的传入。狮子在佛教中地位特殊，据佛教经典《传灯录》记载：“释迦佛生时，一手指天，一手指地，作狮子吼云：‘天上天下，惟我独尊’。”《维摩经·佛国品》中说：“演法无畏，犹狮子吼。”比喻佛祖讲经，如雷震天地。《大智度论》有：“佛为人中狮子，佛所坐处，若床若地，皆名狮子座。”进入魏晋南北朝时，狮子自然就成为护法灵兽。各大寺庙宣扬佛法，举办法会，在佛祖诞生之日，都是由“辟邪狮子导引其前”。而文殊菩萨的坐骑也是狮子，唐代释了惠《文殊为龙女说法赞》一诗中就有：“作狮子吼，震龙王宫。”于是，狮子也成为佛家的开路神兽。

狮子曾被西域艺人引入汉唐宫廷中作杂技、伎乐、动物表演。白居易《西凉伎》中有：“西凉伎，假面胡人假狮子。刻木为头丝作尾，金镀眼睛银贴齿。”“泣向狮子涕双垂，凉州陷没知不知？狮子回头向西望，哀吼一声观者悲。”唐代元稹《和李校书新题乐府十二首·西凉伎》中也有：“前头百戏竞撩乱，丸剑跳踯霜雪浮。狮子摇光毛彩竖，胡腾醉舞筋骨柔。大宛来献赤汗马，赞普亦奉翠茸裘。”反映的就是狮子表演的场景。

狮子形象在中国化进程中有着极为深邃的文化内蕴。在真狮尚未引进中国时，民间祭祀、镇邪、祈福纳祥的文化需求中创造的各类神兽，已与狮子的形象有了某种暗合。如商周青铜器上的饕餮纹饰，其面像狮的形状，咧嘴鼓目，诡谲狰狞，有威

陕西省西安市临潼博物馆石狮子

安塞农民画《喜狮子》（张芝兰绘）

猛森严慑人之气。再如楚地漆器中的翼师蜚廉，其腾跃的姿态，头与腰身、尾巴初具矫健迅猛神韵。而后出现的独角天禄、无角带翼的辟邪，更是和狮子的艺术形象难以区分，它们都是被用来为帝王侯爵死后镇守陵墓，伏魔降妖的。因而，真狮的引进，自然地、甚至迅速地被中国文化接纳融合，使狮子仅次于龙、麒麟，成为中国文化中的第三大神兽。

狮子形象首先是威猛而神异，尤其是雄狮从头至脖子生长着一圈密且长的鬣毛，加上它的阔脸大头，和曲线优美而雄壮的躯体，使这种威猛中又有一种潇洒的气势、风度和雄性美。中国男人讲究美髯，狮子因它的毛发而成为动物中最俊逸漂亮的美兽。

此时狮子形象大量借助石雕、石刻出现，如绥德延家岔出土的东汉画像石上浮雕的狮子形象；唐代乾陵、顺陵等帝王陵前的巨型的镇墓石狮子等，成为中华民族文化具有高雅格调的最具典型的体现。陕西历史博物馆藏有西晋“青瓷狮形烛台”。西安碑林博物馆藏“北周蹲狮”，高二百五十三厘米，汉白玉石质。石狮呈蹲势，胸前凸起，张口卷舌，双睛突出，头背均披卷毛，颈周鬃毛飘逸，前两肢直挺，后双肢弯曲蹲于座上。该狮造型别具一格，颇具雄浑气势。

陕西省蒲城县桥陵石狮

值得一说的国宝级文物，1974 年出土于陕西西安南郊八里村的“隋·鎏金铜佛像”，现藏于西安博物院，为该院“镇馆三宝”之一。方形平台前两足旁各有一只护法狮蹲踞，二狮前足直立，后臀着地，昂首翘尾，露齿张嘴作吼叫状，造型生动逼真。这也是佛教题材文物的珍品，中国邮政于 2013 年 6 月 16 日发行的《金铜佛造像》邮票，全套六枚，另有面值六元的小型张一枚。小型张主图就是这件“隋·鎏金铜佛像”，可见其地位之显赫。

石狮子在中国从最初的宗教领域逐渐扩大成了帝王官家的守护神，不但镇陵墓，还要镇官署、镇祠堂、镇园囿。民间也借石狮子镇钱庄、镇商号、镇村寨、镇宅院，守护一方土地。宋元明清以降，石狮子形象的内涵更为丰富，此时的石狮子造型既威严又可爱，装饰感强，姿态千变万化，不光是除魔祛邪，护佑一方生灵，而且成了祥瑞喜庆之灵兽，朝着民俗方向，演变成了老百姓普遍认同、崇拜、喜欢的民间文化精神中不可或缺的神圣象征物。

中国民间有崇拜石头的习俗，以石之坚硬，象征精神力量的无穷，遂产生了很多痴石、拜石、玩石、藏石的传说。更有四大观赏名石太湖石、灵璧石、大理石、昆山石而享誉中外。四大印石寿山石、青田石、昌化鸡血石、巴林石等，成了中国传统文化的承载物。最早的镇宅石，并未雕成神兽形象，例如泰山石敢当以及中国道路村口的一些并无具体造像的巨石，都是一种辟邪镇护的神物。因此有“石狮之魂，在于石而非狮”这一说法。狮子和石头结合，两种神力强强联合、两种崇拜合而为一，使独具特色的中国石狮逐渐成为镇守护佑文化的主体。以石文化为主体的狮子与石头结缘而生的文化，遂凝聚成为一种精神，放射出一种震撼天地的巨大能量。

《雄狮》（徐悲鸿绘）

石狮子的流布展现在中华大地的各个角落，尤其是在黄河流域大部分地区，民间代代相传有雕刻石狮子的文化传统。狮与“事”谐音，预示着事事如意。如摆在家中柜桌上、佛龛中的财神狮子，成双成对、分列左右，就有万事如意的祈盼。还有镇庄狮子、照地狮子，多置于山峁畔、地界山口，其意不外是消灾免难、镇宅护院、降魔除妖、期盼丰收。再有俗称拴娃石的炕头石狮子，被称为孩子生命守护神。

还有当灯座烛台用的灯树狮子。一般来说，北方的石狮子雄浑大气、威猛森严、震慑四方，南方的石狮子在矫健雄姿之外，还多了点窈窕多姿、造型夸张、善于变化的灵动感。石狮子因放置地点的不同造型也迥异，孔庙门前的石狮子就不同于皇陵前的石狮子，显得平和文静、俊朗潇洒，有一种飘逸感。而民间的石狮子则具有人性化的亲和力，温顺乖巧、诙谐有趣、喜庆吉祥，有着一种玲珑剔透的轻盈感。例如1985年西安市临潼区唐代庆山寺遗址出土的“唐三彩狮子”，为一对狮子。其中雄狮子侧转身子，扭头张口，啃咬后蹄，雌狮则蒙眬着双眼，抬后蹄悠闲地抓头搔痒，充满自然乐趣，非常之传神。而民间剪纸上的狮子，更是被刻画得喜庆吉祥，惹人爱怜。在陕北延安的安塞、洛川一带，还在婚俗中用狮子来表示喜庆情爱什么的。民间谚语中有：“对对狮狮对对莲，小两口枕下结喜缘。”还有把民间称呼的青狮，比喻成“情狮子”呢！而安塞的民间艺人获联合国剪纸艺术大师称号的李秀芳，曾给笔者剪了一只狮子，起名为“喜狮子”。千姿万态的石狮子组成了丰富的狮子形象系列，是中国传统文化精髓所在，也是一笔可传承久远、魅力无穷、又深入民心的宝贵文化遗产。

石狮子（周至·张长怀收藏）

我们中国人都可能记得，拿破仑把中国比喻成“睡狮”。在拿破仑看来，十九世纪的中国不像想象的那么软弱，它只不过是一只睡眠中的狮子。拿破仑说：“以今天看来，狮子睡着了连苍蝇都敢落到它的脸上叫几声。中国一旦被惊醒，世界会为之震动。”

画家徐悲鸿就画过不少“醒狮图”。还画过“吼狮图”“负伤之狮”和狮群会师日本富士山的“会师图”，意喻中国已是“醒狮”，不可让人侵犯，每一笔每一点墨都饱蘸着徐悲鸿先生抗日爱国的精神。

中国的狮子是中国的，也是世界的，应当引起广泛关注，在更高的层次上取得保护和挖掘，并发扬光大。

陕北炕头石狮子（周至·张长怀收藏）

（2）陕北炕头石狮子

当数百个多姿多彩、形态各异的小石狮子呈现在眼前，活灵活现地围着你撒欢嬉戏，满地翻滚，让你竟有一时的懵然。想不到，这些来自沟壑纵横、黄土高原深处的土得掉渣的俗物，集合起来，竟有一种慑人的震撼，不由你不对它肃然而生出敬意。

这就是陕北的炕头石狮子，它不同于镇豪宅、镇宫殿、镇官衙、镇庙宇、镇陵墓的巨型石狮，它们小不过寸，大不盈尺，袖珍型的玲珑精美。

炕头石狮子，也叫“拴娃石”，可以说是陕北孩子的生命守护神。因了身份职责的变化，它们被赋予了·种人格化的亲和力，虽仍有狮子本身的威猛和矫健，但猛而不凶，多了温顺质朴的淳厚，乖巧拙稚的顽皮。

陕北民间习俗中，小娃娃从出生到十二岁之前，要请神灵“保锁”，以求平安，而炕头石狮就起“神狮锁卫”的作用，因为狮子在佛教中就是护法灵兽。被保锁的孩子每过一次生日，大人就要从寺庙求丈二长的红绳绳，将其缠在石狮子上。孩子满十二岁，就是所谓的“魂全”了，才把红绳绳解下来，编成一根红腰带系在孩子腰上，叫“开锁”。其过程神秘而富有寓意，体现了人类繁衍生息、传宗接代的生命意识。

炕头石狮子伴随了小孩子成长的全过程，当孩子长到一百天，炕头石狮子就被拴在小娃娃的腰间，使孩子不会从炕上摔下来，直到会走路为止。一个精美的炕头石狮子，可能拴过一个家族的几辈辈人，历时越久，越有灵性，拴过的娃娃就能成大才成气候。陕北出了那么多名人，无论是绥德三国时的吕布，宋代的抗金英雄韩世忠，还是米脂明代的农民起义领袖李自成，当然不能少了中国四大美女中的貂蝉，他们小孩的时候，大概都是拴过炕头石狮子的，否则，他们的一生怎能如此光彩照人呢？

狮子形象最早出现在绥德出土的东汉画像石上，经千百年历史变迁，人们对狮子的敬畏和迷信，欣赏和喜爱，一直到崇拜，形成了一种独特的狮子文化。在陕北，狮子形象可以说无处不在，无论是剪纸窗花、面花礼馍、刺绣布堆画，还是建筑装饰、服装鞋帽，再就是门墩、影壁、望桩、佛龛上都有形态各异的狮子形象，而其中拴娃娃的炕头石狮子成了最具艺术魅力、最富历史内涵、最典型的代表，凝结着陕北人追求生命本体最炽热的情感。

炕头石狮子（周至·张长怀收藏）

他们在雕制石狮子前，非常注意选石，还要求在繁星满天的夜晚，把所选石坯，放置沟底水畔，最可能地接近地脉，吸纳大自然之生气，并把这些称之为贯注“生命”。然后，用一百天时间精心雕镌，细心打造。一般都是自己家人亲自动手，或请亲戚中的石匠高手。在陕北，尤其是绥德，技艺高超的石匠遍地都是。可以说，在这个拴娃娃的石狮子上倾注了他们全部的爱心和情感。其过程之庄严神圣，态度之虔诚谨慎，都令人感叹。尤其是为石狮贯注“生命”的现象，昭示了宇宙世界某种神秘的精神本质，那种对生命的敬畏，对自然的敬畏，让你从中得以启悟。

炕头石狮子（周至·张长怀收藏）

狮子是舶来品，可能石匠们谁也没见过活的实物，这样就留下了想象的空间，再加上炕头石狮子不是庙堂之上供奉的神物，他们雕刻时，就有了自由创造之心境，可以不受限制约束，任艺术想象自由驰骋，率意随心，汪洋恣肆。他们不遵常规，随石造形，或蹲或卧，绝少雷同，经常有神来之笔，奇巧构思。例如双头双面狮、仰面朝天狮，有以石棱为界，脸分两半的，有以石正面为主，石顶又刻双眼的。他们抓住石狮子所谓“十斤狮子九斤头，一双眼睛一张口”，以及阔嘴突睛、旋状鬣毛的特点，布局简洁而写意，造型夸张而不失本真。他们一般采用浮雕、圆雕、线刻结合，使之具有强烈的立体感。圆润细腻、练达犀利的刀法，整齐流畅、富有韵律的凸面线条，淋漓尽致地表现出石狮子厚重而精美的质感。他们这样雕出的石狮，神完气足，生动传神，小而精致中充盈磅礴大气。

陕北炕头石狮子（周至·张长怀收藏）

从陕北这些精美的炕头狮中，你可以看到西汉霍去病墓石雕的简约、写意，极度夸张中显现雄浑大气；东汉画像石的洗练、遒劲，深沉含蓄而意境开阔的艺术风格；唐代昭陵六骏的丰满、雄健，精细圆润里反映出的恢宏气度。这些来自民间最底层的艺术创造，无疑也是对华夏文化历史传承的一种神秘契合。当你仔细鉴赏品评时，那逼人的浓郁的艺术气息，使你不时会砰然心动。

最让人佩服的就是这些石狮子身上闪射的人性化光辉。炕头石狮拴娃的特性决定了它与人的亲密关系，民间有“恶龙、喜凤、笑狮子”的说法，这一“笑”，就笑出了它的亲和力。炕头石狮绝不会雕成暴露凶相的龇牙咧嘴，就是张口也牙关紧合，嘴角上翘，露出笑意，或长舌吐出，一显顽皮诙谐劲。这些石狮子无论五官布局，还是表情动态，都进行了拟人化的艺术处理，有的竟然就是狮身人面像了，或慈祥母亲形象，喜眉笑眼、慈眉善目；或充满天真稚气的儿童形象，伶俐活泼，逗人喜爱。还有“猴面狮”“马脸狮”，以新奇视觉进入，虽仍以蹲狮老套路雕刻，但却给人精灵怪异之感觉，在艺术风格上也极为协调统一。而“猫狮”机灵温顺，有一种特别滋润憩适的卡通味道。

炕头石狮子来自民间，历史久远，被人们作为辟邪镇宅的通灵祥瑞之物，是中华民族艺术之林中的瑰宝，它带给人的惊喜是强烈而持续不断的。这一堆堆、一个个形态各异、风情万种的炕头石狮子，可以说是石头世界里最富生命活力的精灵，是石狮文化汇成的宏大交响乐中最具艺术魅力的华彩乐章。

8. 中国狸花猫

传说中，猫有九条命。

猫是一种很神秘的动物，史书记载是西汉张骞出使西域带回来的。一些有关它的传说，包括猫有九条命，也多数都是起源于西方。西方神话中有造物主派希瓦之神赐给猫九条命的传说，《佛经》中则记载："佛正集诸弟子讲经，有一猫蹲佛座下，屏息静听。弟子有询佛缘故，问此猫是否亦通经典？佛曰：猫有灵性，其命有九，人只得其一。故猫之灵性，殊非人类可及耳。"又指出："猫命有九，系通、灵、静、正、觉、光、精、气、神。"《佛经》上这个九命，太高深莫测了，但愿我们都能具备一些，这一生足矣！

《猫》邮票上的"中国狸花猫"

狸花猫，产于中国，加有纯黄色的斑纹图案，因此又称黄狸猫、虎斑猫。它脸圆而阔，虎头虎脑，双眼炯炯有神，闪着绿光，虽然属袖珍版，但仍给人兽中之王——老虎一样威风凛凛的感觉。

陕西有许多与猫有关的传说、典故和童谣、民谚。记得孩童时就爱说："狸狸猫，上高桥，担水、弯腰，石榴骨朵儿结樱桃，结几朵？结三朵，爹一朵，娘一朵，剩下一朵喂鹦哥，鹦哥不吃碎樱桃，对着狸猫叼一口，喵喔一声叫，死命朝外逃。"还有："颠倒话，话颠倒，枣树上面结核桃；公鸡卧到狗窝里，老鼠骑咧个大狸猫。"

窗花《猫》（甘泉·苏亚丽作品）

关于狸猫，有好几种说法，第一是它的毛色斑纹、腰身像狸而得名；第二是民间有"家猫为猫，野猫为狸"之说，《韩非子》里，有"将狸攻鼠""令狸执鼠"的记载。《说苑》"使骐骥捕鼠，不如百钱之狸"和《盐铁论》里"鼠穷啮狸"则提供了这样的信息，当时只有半野的狸，没有纯豢的猫；第三是说猫就是狸，上面所说的狸也都可能是已经被驯养熟了的。字书说狸是里居的兽，所以狸字从里；名为猫是因“鼠善害苗，而猫能捕之，去苗之害，故字从苗”。这几说固然有一定依据，但猫字还有象声字的一面，所以《本草纲目》说：“猫有苗茅二音，其名自呼。”我们不要想“猫”字比“狸”字晚，《诗经·大雅·韩奕》有“有猫有虎”之句，《郊特牲》也有“迎猫为其食鼠”的话。看来称猫，是有些尊重的意思，不然不能用一个很恭敬的“迎”字。

还有一种说法，说狸喜欢吃猫，猫一看到狸就吓得动不了，所以猫又称“狸奴”。北宋诗人陆游有《赠猫》诗：“裹盐迎得小狸奴，尽护山房万卷书。惭愧家贫策勋薄,寒无毡坐食无鱼。”还在《十一月四日风雨大作》一诗中说:“溪柴火暖蛮毡暖，我与狸奴不出门。”黄庭坚有《乞猫》诗：“秋来鼠辈欺猫死，窥瓮翻盘搅夜眠。闻道狸奴将数子，买鱼穿柳聘衔蝉。”罗大经则在《猫经》中言道：“陋室偏遭黠鼠欺，狸奴虽小策勋奇。”被驯化的猫和人类从古至今都有着深厚的感情，中国古代民间就有美好的“聘狸奴”的习俗。

但关于狸喜欢吃猫，猫被称“狸奴”的说法，笔者有所质疑，以为狸奴也应该是对狸花猫的一种爱称。陕西就有把长得乖巧、让人心疼的娃娃叫奴奴娃，长得好看得很，叫奴得很。

窗花《猫》（西安·李美芳藏）

美国《国家科学院学报》上有报告说，五千多年前在目前中国陕西省华县泉护村所在地，就有猫帮助人类捕捉偷食粮食的老鼠，这是迄今发现的猫与人具有共生关系的最早证据，说明中国养猫的历史至少有五千年。

“泉护村遗址最早发掘于 1958 年，……猫骨发现于 1997 年，发现了至少两只猫的八块骨头。最新分析表明，这些猫骨头的尺寸相当于现代欧洲家猫的骨头尺寸，……当时泉护村所在地的人类、家养的狗与猪、老鼠大量食用以粟为主的食物，猫则捕食打洞进入粮仓偷吃粟的老鼠。不过，其中一只猫吃肉较少，吃的以粟为主的食物较多，这说明这只猫可能吃了人类的残羹剩饭或者被人喂养。”

这一下打破了猫是约两千年前西汉时代张骞从他开辟的丝绸之路带回中

《工艺美术》邮票上的“小花猫”（刺绣）

国的纪载。因为这是国内唯一最早考古发现。

陕西有关一个猫和老虎的传说，非常生动。说猫和老虎本是一对兄弟，虎哥哥很懒惰，整天睡觉；猫弟弟很勤劳，每天早出晚归地在田里耕种。一天它累得倒在田边的树下休息，突然出现一个白胡子老头，为了奖励它的勤奋，送给它两颗金豆，含着它就会变得力大无穷。善良慷慨的猫咪自己含着一颗，另一颗送给虎哥哥。贪得无厌的老虎心想，如果拥有两颗金豆，就能在山中称王了，所以叫老鼠趁猫睡着时将金豆偷来。

猫咪醒来后发现珍贵的金豆不见了，伤心得哇哇大哭；幸好白胡子老头又出现了，教给它一身武艺。猫咪的身体因此变小了，却非常灵巧敏捷。虎哥哥看了非常羡慕要猫咪教它，老实的猫二话不说把武艺一件一件地教给哥哥。教着教着，老虎以为自己全学会了，就大吼一声，想除掉猫咪。猫咪赶紧逃到树上，老虎追到树下，却怎么也上不去。原来猫咪还有一项本领没教给老虎，那就是爬树。从此猫虎兄弟俩兼师徒结下仇怨，而猫更恨老鼠出卖自己，帮老虎偷走了他的金豆子，于是以“逮老鼠”为自己一生第一任务，猫鼠成了天敌。

猫不入六畜之数，大概因为在古人眼里，猫是一种神秘而有威力的动物。尤其是后来由埃及传来，古埃及人以猫为神，有猫首人身的神像，猫神名伊路鲁士。另外，从古印度传入中国的佛教，其《佛经》上有佛祖释迦牟尼对猫的评价：猫有灵性，其命有九。而伊斯兰教同样有类似传说，先知穆罕默德曾在自己做礼拜时将食物喂给了正在哺乳的母猫，并把它的孩子们放到自己的斗篷上，爱护备至。于是穆斯林们相信猫是纯洁虔诚的动物，并欢迎它们待在清真寺中，他们甚至相信猫额头的条纹是先知穆罕默德抚摸它时留下的印迹。

猫喜暖，也喜欢卧在主人怀里，喜欢人为它理毛抚摸，这时，猫喉咙中常会发出呼噜呼噜的声音。有人说这是猫在念经，为主人祈祷、祝福、感恩，但美国科学家却发现这是猫自疗的方式之一。称猫有九条命，与猫打呼有密不可分的关系。科学家从人类实验中也发现，将人体暴露于如同猫打呼声的音波下，有助于改善人类的骨质。科学家还指出由于猫科动物可借自己发出的音波疗伤，因此猫有九条命的传说并非荒诞不经。还有猫从高楼上坠下不死，且迅速复原的例子在世界上比比皆是。

另外，中国古籍文献上有“迎猫为其食鼠”的记载。看来称“迎猫”，以及民间延续数百年的“聘狸奴”习俗，都有尊敬的意思在内，说起周秦以前的古人对猫崇拜，《猫乘》上有：“从八蜡的祭礼看来，它与先啬、司啬等神同列，可见得它是相当地被尊重。”尤其在五千多年前陕西华县泉护村遗址所发现的人与猫关系来分析，那时的泉护村人，对猫应该已经有了一种崇拜意识。

因了陕西华县泉护村遗址，陕西就成了中国猫最早、最重要的原生地。而中国狸花猫肯定也是由此演变而来的。

9. 牛文化在陕西

说到中国的牛文化，就会想到鲁迅的“我好像是一只牛，吃的是草，挤出的是奶”“俯首甘为孺子牛”，就会想到春秋战国时田单的火牛阵，《西游记》的牛魔王与铁扇公主，以及“庖丁解牛”的传说。

建都于长安的西周和春秋时期诞生的《诗经》，就有关于牛的记载，《诗经·王风·君子于役》中有：“日至夕矣，养牛下来……日至夕矣，养牛下括。”《诗经·小雅·无羊》有：“谁谓尔无羊，三百维群。谁谓尔无牛，九十其犉。尔牛来思，其耳湿湿。”

商后期　牛觥（陕西省洋县出土）

1983 年陕西洋县张家村出土一件“商·牛觥”，也称“神兽形觥”，作站立状。盖前端为兽首，叶形双耳竖立，额顶饰盘曲的双蛇。弯眉，圆目，尖吻。

西周　牛形尊（陕西省岐山县出土）

盖顶前部置一卷尾立龙，后置一扁体夔龙。盖后端饰饕餮纹，双角竖起。椭圆形腹，短尾下垂，半圆形四足。器腹饰鸟纹，后饰一卷尾夔纹。通体以云雷纹为底纹。1967 年岐山县贺家村出土一件“西周牛形尊”，牛形尊蹄脚粗壮有力，体形浑圆，伸颈翘首作牛吼状，伸舌为流，环尾成鋬。牛背上方开方口，器盖钮为一只竖耳缩身呈欲扑状的老虎。通体饰卷龙纹，神态生动，是一件西周青铜器极为罕见的珍品。1974 年宝鸡市茹家庄出土一件“西周玉牛”，为青玉质，牛站立状，口微张，头前伸平视前方，两弯角后伏，脖颈粗短，嘴部穿一圆孔，可佩带。雕工精巧，神态逼真。1952 年陕西历史博物馆征集到一件南北朝时期的“彩绘独角兽”，独角兽也称獬豸，但除过一独角，背浮雕有翅膀外，其余均为牛身、牛头、牛腿、牛蹄，也应称“彩绘独角神牛”。

1962 年出土于陕北绥德县的汉画像石“牛耕图”和西安市长安区韦曲镇出土了“北魏褐釉陶牛车”，让人们从牛耕图、牛拉车上一睹人类如何役使牛的历史真实。

而流传在陕西的与牛相关传说、故事，也有不少，例如：“金牛道五丁开关”“牛郎织女”石像塑在长安昆明池、西汉名相长安城外“丙吉问喘”，韩滉画牛的《五牛图》等等。

（1）牛郎织女的故事

“牛郎和织女”的故事源于汉代的长安。汉武帝为征讨西南诸国，在今

墙花《牛郎织女》（清涧 · 鲁文珍作品）

《民间传说——牛郎织女》邮票上的“鹊桥相会”

天的西安市长安区斗门街一带，开凿了用于训练水军的昆明池。《汉书·武帝纪》记载：“（元狩三年春）发谪吏穿昆明池。”元狩三年，即公元前120年，昆明池是在汉长安城开凿的我国历史上第一大人工湖泊。汉武帝把它比作天上的银河。为了上应天象，就在池的东西两侧分别立牛郎和织女石像，星辰之名有了人形化的牛郎织女。陕西扶风人，汉赋四大家之一班固的《西都赋》中有：“集乎豫章之宇，临乎昆明之池。左牵牛而右织女，似云汉之无涯。”另一位汉赋大家张衡在《西京赋》也有：“乃有昆明灵沼，黑水玄址。周以金堤，树以柳杞。豫章珍馆，揭焉中峙。牵牛立其左，织女处其右，日月于是乎出入，象扶桑与檬汜。”

随后就逐渐演绎出了牛郎织女的民间爱情故事。东汉时《古诗十九首》中有“迢迢牵牛星，皎皎河汉女。纤纤擢素手，札札弄机杼。终日不成章，泣涕零如雨。河汉清且浅，相去复几许？盈盈一水间，脉脉不得语。”牛郎和织女隔昆明池相望的这对石像，取传说中牛郎织女隔天河“盈盈一水间，脉脉不得语”之意。当地老百姓称这对石像为“石爷石婆像”。1956年，“石爷石婆像”被列为陕西省第一批重点保护文物。

随着时间的推移，牛郎和织女相会的传说，又诞生了七夕节。《全后汉文》有：“织女七夕当渡河，使鹊为桥”之句。七夕又被人称为了中国的“情人节”。这其中最有名的就是白居易写《长恨歌》：“七月七日长生殿，夜半无人私语时；在天愿作比翼鸟，在地愿为连理枝。”从此，民间每逢农历七月初七都会举办“鹊桥会”“七夕节”“乞巧节”在民间普遍流传开了。宋代秦少游的词《鹊桥仙》云：“纤云弄巧，飞星传恨，银河迢迢暗度。金风玉露一相逢，便胜却人间无数。柔情似水，佳期如梦，忍顾鹊桥归路。两情若是久长时，又岂在朝朝暮暮。”秦才子如此凄情艳美之词，自然起到推波助澜之作用，使牛郎和织女鹊桥会的故事，感天动地，成为中国民间爱情故事中不朽之篇章。

如今西安市长安区斗门街办南丰村附近有远近闻名的“石婆庙”，就是

牛郎织女刺绣（延川佚名作者）

牛郎和织女传说诞生地，位于西汉上林苑昆明池遗址。“石婆庙”大门两边的对联写有“金梭穿机杼巧织世上锦绣，银河渡鹊桥缔结人间情缘”。有意思的是2007年时石婆庙里供奉的石婆像实际是石爷牛郎的像。多少年来，人们一直将错就错，把牛郎当织女供奉着。真正的织女石雕现在斗门棉绒加工厂内，不知现在换了没有。

据说石婆庙每年有两次大的庙会活动，在农历正月十七和七月初七前后。活动一般持续三到五天。全国至今还保留着祭祀牛郎织女民俗活动的，可能就属长安斗门“石婆庙”了。值得庆贺的是2010年6月长安区斗门的“牛郎织女传说”项目，入选文化部第三批国家级非物质文化遗产名录。

随着2014年1月6日经国务院批准设立的首个以创新城市发展方式为主题的国家级新区——西咸新区的创立，好事喜事便接连不断，2011年西咸新区沣东新城已规划建设昆明池遗址景区。该景区包含着丰富的历史文化内涵。一方面，保留昆明池、镐京遗址、周灵王台、普贤寺、牛郎织女等历史遗迹，另一方面，按照规划，昆明池文化生态景区中将围绕“石婆”“石爷”，修建“鹊桥长廊”，连接昆明池东西两岸，在昆明池周边建设七夕文化园、七夕鹊桥公园、七夕文化展示中心，这些展示区域在传播七夕文化方面将起到重要作用。西汉时的昆明池遗址景区最大水面面积曾经达到十六平方公里，相当于三个杭州西湖。现规划昆明池水面面积约五平方公里（约七千亩），接近于杭州西湖的面积，这相当于在西安之南再造一个“杭州西湖”。以此展望未来，西安该变成一座大水大绿的山水之城啦！

（2）金牛道的传说

唐人李峤的诗《牛》中有：“齐歌初入相，燕将早横功。欲将桃林下，先过梓树中。在吴频喘月，奔梦屡惊风。不用五丁力，如何九折通。”其中“不用五丁力，如何九折通。”说的就是发生在陕西汉中秦蜀交界，“五丁开道”修通金牛道的事。

金牛道又叫石牛道，相传战国时秦惠文王欲伐蜀，因山道险阻，作五石牛，

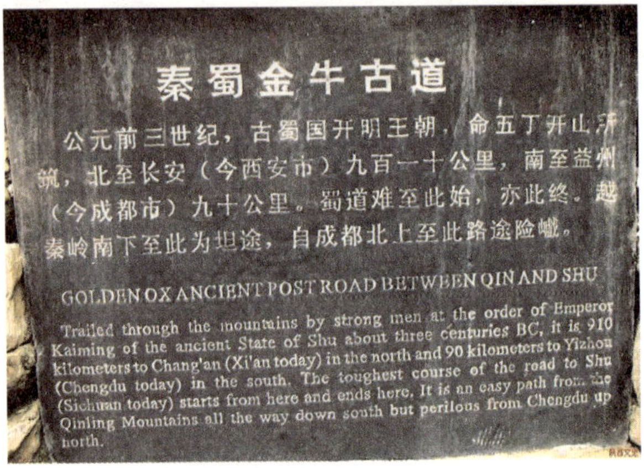

秦蜀金牛古道石碑

言能粪金，以欺蜀王；蜀王命五丁开道引之，秦军随而灭蜀。“石牛”“金牛”由此得名。

最早记载这个故事和提出金牛道之名的是西汉著名文学家扬雄的《蜀王本纪》。以后不少古籍都有记载，例如：《太平御览》《华阳国志蜀志》《水经注》《十三州志》等。但记得最简洁、最通俗的是《括地志》：“昔秦伐蜀，路无由入，乃刻石牛五头，置金于后，伪言此牛能屎金，以遗蜀。蜀侯贪，信之，乃令五丁共引牛，堑山堙谷，致之成都。秦遂寻道伐之，因号曰石牛道。”

而《水经注》卷二七《沔水上》引来敏《本蜀论》说得详细些，其中有：“秦惠王欲伐蜀……秦使张仪、司马错寻路灭蜀。”

金牛道自古为中原通往西南的孔道，又通称蜀道，秦蜀道。由陕西汉中西行过褒水，经勉县入山区至金堆铺交宁强界，经大安、烈金坝折南，过五

剑门关石碑

丁关至宁强县城，再转西南，经牢固关、黄坝驿、七盘关入川界而达成都，约六百公里。多属险峻山径。《雍大记》记述五丁峡（或称金牛峡、宽川峡）云："连云叠嶂，壁立数百仞，幽邃逼窄，仅容一人一骑；乱石嵯峨，涧水湍激，为蜀道之最险。"

通过整个金牛古道上的传说和地名分析，也证实了历史上开石牛道的大致过程，如秦置金牛驿于烈金坝，地名有五丁峡、五丁关、石牛铺等。另外，金牛道须经古战场葭萌关，上牛头山，过"一夫当关，万夫莫开"的天下雄关剑门关。而至梓潼大庙，经涪城绵阳过鹿头关、白马关、旌阳驿、金雁驿、两女驿、天回驿，到达成都金牛坝。

其中金牛驿、石牛铺、牛头山和终点的金牛坝，都与牛有关，皆源自金牛道传说。

（3）汉代画像石"牛耕图"

说起汉画像石，专家学者的评价让你惊叹，一会儿被称为"无字的汉书"，一会儿又被称为"石头上的史诗"，还有"汉代社会生活的实录""一代历史写真""凝聚在石头上的汉代辉煌""一幅幅散发着清新泥土气息的汉代

汉代《牛耕图》（陕西省绥德县出土）

风情画”等等。著名历史学家翦伯赞先生说得更为形象，他赞叹：汉画像石是一部“绣像的汉代史”。

而其中1962年出土于陕北绥德县的“牛耕图”，则是中国牛文化最核心价值的体现。原石现藏西安碑林博物馆。

牛为“耕农之本”，牛耕可以说是始于陕西。我国古代文献中早在四千多年前就有牛耕的记载，如《山海经·海内经》就有：生活在陕西周原周族的祖先，“后稷始播百谷。稷之孙曰叔均，始作牛耕。”贾思勰的《齐民要术》则说：西汉“赵过始为牛耕。”《汉书·食货志上》载：西汉武帝时，搜粟都尉赵过在陕、甘一带推广牛耕和“以人挽犁”，提倡“代田法”，进而各郡“遣令长、三老、力田及父老善田者受田器，学耕种养苗状”。赵过行代田法，是“用耦犁，二牛三人”。学术界还流行一种看法是：战国时代牛耕已经在一些经济发达地区出现。《史记·赵世家》也说：“且秦以牛田，水通粮，其死士列于上地，令严政行，不可与战。”时在长平之战前夕，公元前262年左右。“秦以牛田”显然是说战国末秦国已有牛耕。《国语·晋语》说：“宗庙之牺，为畎田之勤。”意思是宗庙中作为祭祀的牛，已被用来耕田。再有，春秋时晋国有个大力士名牛子耕，孔丘的弟子司马耕字子牛，冉耕字伯牛。牛与耕相连作为人名，可见春秋时用牛耕田已是相当普遍的现象了。而笔者以为：牛耕在秦国只是刚刚产生不久的新技术，认为“大概在西汉中叶以后，牛耕已经普遍”的观点，比较符合和接近史实。

绥德的《牛耕图》，画面上，一根横木架在两头牛的胛背，两牛共挽一犁，两头牛被刻画得栩栩如生，动感十足，姿态矫键，气完神足，形象逼真，亦非常传神，为中国古代绘画艺术上不可多得的耕牛形象；扶犁者更为突出，身高力健，扬鞭跨步，若力士巨人般的威风凛凛，有一种震慑画面的非凡气场；后边处于陪衬地位的有一小人，亦步亦趋，全神贯注，手正伸入布袋掏籽点种。整个画面浑厚大气，博恰和谐，有着超强的艺术表现力。

目前，已知最有影响的牛耕图见于汉画像石的，就是陕西绥德和江苏睢宁双沟的了。江苏睢宁的《牛耕图》由中国历史博物馆收藏，连欧美出版的《中国艺术史》，封面用的就是江苏睢宁的《牛耕图》。中国历史博物馆还用《牛耕图》做过门票图案，可见其价值之珍贵。而陕西绥德的这幅《牛耕图》却能脱颖而出，被中国邮政发行的《汉代画像石》邮票选中，确实非常不容易。

《汉画像石·牛耕》邮票

原因有二：一为历史原因。陕西是牛耕的始作之地，早在汉代已很普及，在绥德、米脂一带出土了六七块有牛耕图画面的画像石，比较集中，更有代表性。二是其本身的艺术特色。虽然陕西绥德和江苏睢宁的《牛耕图》，在艺术上各有千秋，但绥德的《牛耕图》，构图更为简洁，画面精妙生动，形成一种强悍的视觉震撼，更具范本意义的经典性，有一种超越现实的精神张力。

由这幅绥德《牛耕图》画面中可见，汉代耕犁的基本特征是：犁辕为独辕，长且直，辕前端直接与犁衡联结，犁衡左右各一軛，各挽一牛，此即所谓“二牛抬杠”。也正是西汉赵过行代田法，“用耦犁，二牛三人”的再现。

这幅绥德《牛耕图》的原石现藏西安碑林博物馆，画面分三部分，上部为建筑斗拱，中部为斗拱下方的左右两侧，左为羊群，右为一执戟门卒，执戟门卒也被认为是牧羊人，下部才是牛耕图。

米脂县也曾出土过一幅雕有“二牛抬杠”场景的画像石。只是画面牛耕方向相反，扶犁驾牛者弓身而行，同样没人牵引牛，身后也无播种者，为一人二牛。绥德出土的王得元墓画像石，也有一幅牛耕图，耕者一手高举长鞭，一手扶铧犁耕地；在牛耕人物左上方，映衬着一幅盘曲大树；画像下方是一片粗壮的庄稼，低垂着沉甸甸的谷穗，寓意耕耘后的丰收景象，堪称人勤牛壮，五谷丰登，画面极为丰富，令人叹为观止。但以上汉画像石画面都没有牵引牛之人，可见两千年前在陕北一带，耕牛已被驯养得十分驯服，耕者的驾牛技术也已非常之熟练。当然中国的牛耕技术，同样在两千年前已居

墙花《牛耕图》（安塞·白凤兰作品）

世界独一无二的领先地位。

当我们欣赏这幅绥德《牛耕图》时，一定会为祖先留给我们的如此精美绝伦的艺术瑰宝而由衷地发出赞叹，也一定会为有着五千年文明的这块黄土地的博大精深而感到无比自豪和骄傲。

（4）韩滉与《五牛图》

以善画牛而闻名于世的京兆长安人韩滉，为唐德宗年间一位宰相画家，他留下一幅传世精品，就是中国古代名画《五牛图》。

这《五牛图》上的五头牛，神态各异，有的缓步而行，似耕田劳作归来，卸了鞍子，一身的轻松；有的低头吃草，在竖立的酸枣刺旁寻寻觅觅，旁若无人；有的纵蹄而鸣，好像呼朋唤类，或招呼情侣，一时情不自禁；有的舔舌回首，左右顾盼，一副怡然自得的模样；有的翘首而奔，牛眼圆睁，一副

《五牛图》邮资明信片

警惕之色，好像哪个惹恼了它，犯了犟脾气。

这《五牛图》绘于白麻纸上，是中国已知最早画在纸上的画，其意义和蕴涵，不言而喻。

绘图者韩滉，字太冲。其画工在唐代与画马的名家韩干齐名，后人称为“牛马二韩”。这二韩又都是京兆长安人，即今西安人，让人称奇。

韩滉画牛，不光注重牛的外在形象，更注重对牛的内在神韵的把握和挖掘。他以精湛的艺术语言和准确的造型能力，用富有特性的枯涩笔勾出粗短的线条，着意刻画牛的骨肉质感，全图墨彩结合，依结构及毛色变化渲染，色调沉稳，给人一种浑实厚重的感觉。他重点对牛的眼睛进行精心刻画，以人格化的艺术手法逼真地将牛的憨厚、温顺、耐劳的性格展现得淋漓尽致。其简练强劲的笔墨体现出朴实无华的艺术品格。《五牛图》可以说代表了这一类画的最高水平，属于国宝级的绝世之作。

唐代画论家朱景玄在《唐朝名画录》中评价：“驴牛虽目前之畜，状最难图也；惟晋公于此工之，能绝其妙。”这里的晋公指被封为晋国公的韩滉。明代李日华在《六研斋笔记》中评论：“韩滉的五牛图，虽着色取相，但骨骼转折筋肉缠裹处，皆以粗笔辣手取之，如吴道之佛像衣纹，无一弱笔，求工之意，然久对之，神气溢出如生，所以为千古绝迹也。”清代扬州八怪之一的金农也叹赏道：“愈见愈妙，真神物也。”

这幅《五牛图》曾历经劫难，1900 年被八国联军劫出海外。1950 年初，周恩来总理收到香港友人来信，告知《五牛图》在港拍卖，该消息引起了周总理的高度重视，他亲自批示，最终抢救购回，现珍藏于北京故宫博物院。这幅画的经历，可以说隐藏了中国人一百年的耻辱，一百年的悲痛，一百年的苦难。当然，这幅画的回归，也见证了中国人民从此站起来，扬眉吐气，走上繁荣富强的历史事实。

对这幅《五牛图》的寓意，有人认为，画中前四头牛都率性徜徉，悠闲自得，而第五头牛带了金络，一脸无奈，表现了作者以牛自比，虽位高权重，但极其向往自在无忧的淳朴田园生活，其背后藏有退隐田园的出世思想。但我以为，韩滉在官场可谓仕途畅达，官运亨通，曾出任过镇海军江浙东西兼荆湖洪鄂等道节度使、中书令等职实权重之官，官至宰相高位。他一生为官，新、旧《唐书》中均未记载其有退隐之意的点滴文字，他向往的仅仅是艺术家精神层面

《问喘图》（宋·佚名）

的寄情而已。

当《五牛图》到了清朝乾隆手上，从乾隆的“一牛络首四牛闲，弘景高清想象间。舐龁讵唯夸曲肖，要因问喘识民艰”四句题诗上看，他对《五牛图》寓意的揣测，则比较客观了一些。“一牛络首四牛闲”，是讲韩滉五兄弟，只有他一人在朝为官，“弘景高清想象间”，弘景指陶弘景，梁朝人，不愿为官，画牛而拒的故事。他画了两头牛，“一牛散放水草间，一牛着金笼头，有人执绳，以杖策之。”但乾隆认为这种清高只是在“想象间”。“舐龁讵唯夸曲肖，要因问喘识民艰。”这二句中含有“丙吉问喘”的典故，大意是指汉代名相丙吉，出长安城巡视，见有人打架并不理会，却围着五月天里喘粗气的牛转了好几圈。别人不满，他解释说：打架之事有地方官按律处理，牛喘粗气则说明可能会流行瘟疫，是影响农耕的大事，是我该管之事。而乾隆身为帝王，正处于盛世之时，他自然希望有丙吉和韩滉这样的良相辅佐自己。其实早在唐代，就有诗人李家明在《咏卧牛》中抱怨无人问喘：“曾遭甯戚鞭敲角，又被田单火燎身。闲向斜阳嚼枯草，近来问喘为无人。”

乾隆认为韩滉没有退隐之意，他是一位关心老百姓疾苦、“识民艰”的贤良之臣。韩滉画牛是立足于“农事为天下之本，而耕牛则为农家之宝”这一出发点的，可见韩滉是以天下为重。《旧唐书》上写他“性持节俭，志在奉公，衣裘茵衽，十年一易，居处陋薄，才蔽风雨”。看来韩滉是一位好官。古人以马象征天，牛象征地，同时也认为，天为君，地为臣。韩滉画牛，不仅仅描绘表面物象，而且包含着较深的古代哲学原理。以牛自喻，无非表示自己会像牛一样任劳任怨，忠心耿耿。那头络首之牛，应该是耕田或驾车之后留下的勤恳劳作的印记。此牛的神情于憨厚木讷之中以显忠诚，外形上最接近现在的秦川牛，应是韩滉家乡之牛。《五牛图》画面上除过牛之外，背景仅有一丛野酸枣刺竖立，这就点明了他画的是京兆长安近郊或关中的牛，因为野酸枣是这里最为普遍的植物。

有人称《五牛图》扑朔迷离，在日本大原美术馆还有一绢本淡设色的韩滉的《五牛图》，纤细严谨的线条，散溢着淡然静穆之气，构图和故宫的《五牛图》一致，就是有别于“粗笔辣手”的风格。当然此画流传过程中，不乏多种摹本。可惜，后一幅《五牛图》流落日本，否则深入研究考证，对照分析，这两幅《五牛图》有什么关系，其中差异，又会引出什么精彩的故事呢？

《五牛图》令人难忘，而作为一位“识民艰”的，从三秦大地走出来的宰相画家，韩滉也令人难忘。

（5）牛角挂书的故事

故事的主人公是李密，就是《隋唐演义》《说唐》等书上说的隋末农民起义军瓦岗寨的首领。

清代木雕《李密牛角挂书》（丹凤县船帮会馆藏，王山水摄）

李密，字法主，京兆长安人，祖籍辽东襄平（今辽宁辽阳南），祖上是北周和隋朝的贵族。李密少年时代，曾在隋炀帝的宫廷里当侍卫。他生性灵活，在值班的时候左顾右盼，被隋炀帝发现了，认为这孩子不大老实就免了他的职。李密并不懊丧，回家后发愤读书，因以放牛为生，故常坐在牛背上读书。

有一次，李密听说缑山有一位名士包恺，就前去向他求学。李密骑上一头牛出发了，牛背上铺着用蒲草编的垫子，牛角上挂着一部《汉书》。李密一边赶路一边读《汉书》，正巧越国公杨素骑着快马从后面赶上来，勒住马赞扬他：“这么勤奋的书生真是少见！”李密一看是他在朝中当侍卫时就认识的越国公，赶紧从牛背上跳下来行礼。

对此《新唐书·李密传》记载："闻包恺在缑山，往从之。以蒲鞯乘牛，挂《汉书》一帙角上，行且读。"李密谈吐不俗，深深吸引了杨素。回家以后，杨素对儿子杨玄感说："我看李密这个人的学识才能，都在你兄弟之上，将来你们有事可以与他商量。"大业九年（613 年）李密参与杨玄感起兵反隋。杨玄感兵败被杀，李密逃亡，后加入瓦岗军，人称魏王。李密发布讨伐隋炀帝的檄文，数说杨广的十大罪状。其中有"罄南山之竹，书罪未穷；决东海之波，流恶难尽"的话。意思是，用尽南山的竹子作竹简也写不完他的罪行，决开东海的水也洗不尽他的罪恶，为后世留下了"罄竹难书"的成语。

李密年少时"牛角挂书"的故事得以留传后世，全是因为勤奋刻苦读书的缘故。和什么"凿壁借光""囊萤映雪"等故事一起成为《四季读书歌》中："挂角负薪称李密，囊萤映雪有孙康"的成语典故。

（6）像牛一样的人

牛是人类的忠实朋友，牛为人类忠实地提供了终身苦役，牛被称为"仁畜""瑞牛"，民间有福牛耕瑞，吉牛迎春的吉祥语。《周易》中称"坤为牛"，即牛是负载生养万物的大地即坤卦的象征物，"坤像地任重而顺，故为牛也"。因之牛也被誉为"神牛"，其身具之美德，几千年来更得到了人们普遍的赞颂。

长期与牛一起劳作的农民，很早就发现了牛与自己是多么相似。在陕北，农民把下地干活叫"受苦"，而牛受的苦就更大了。正如北宋李纲《病牛》中说的："耕犁千亩实千箱，力尽筋疲谁复伤？但得众生皆得饱，不辞羸病卧残阳。"

在陕北插队的北京知青史铁生，就是一位像牛一样勤奋耕耘的接地气作家。他获全国短篇小说奖的《我的遥远的清平湾》几乎通篇都写到了牛。一开始就写牛中要数秦川牛最好，接着写他插队的时候喂过两年牛。他感慨地说："陕北的牛也是苦，有时候看着它们累得草也不想吃，'呼哧呼哧'喘粗气，身子都跟着晃，我真害怕它们趴架。尤其是当年那些牛争抢着去舔地上渗出的盐碱的时候，真觉得造物主太不公平。"

文中这样描写："唯一能够代替人力的牛简直是宝贝。""天不亮，耕地的人们就扛着木犁、赶着牛上山了。太阳出来，已经耕完了几垧地。火红的太阳把牛和人的影子长长地印在山坡上，扶犁的后面跟着撒粪的，撒粪的后头跟着点籽的，点籽的后头是打土坷垃的，一行人慢慢地、有节奏地向前

史铁生与牛犊

移动，随着那悠长的吆牛声。吆牛声有时疲惫、凄婉；有时又欢快、诙谐，引动一片笑声。”

史铁生从陕北的牛感悟到：“那情景几乎使我忘记自己是生活在哪个世纪，默默地想着人类遥远而漫长的历史。人类好像就是这么走过来的。”史铁生是懂牛的，不懂牛他写不出这么出色的小说。他写道“在山里，有那些牛做伴即便剩我一个人，也并不寂寞。我半天半天地看着那些牛，它们的一举一动都意味着什么，我全懂。”

史铁生喜欢看牛顶架，“给人一种力量的感受，一种拼搏的激励。我对牛打架颇有研究”“我最喜欢的是一头红犍牛，高高的肩峰，腰长腿壮，……犍牛的犄角长得好，又粗又长，向前弯去；几次碰上邻村的牛群，它都把对方的首领顶得败阵而逃。”

正是因为史铁生从牛身上获得了生命的力量和拼搏的激励。当他瘫痪在床，生命遇到极大考验之时，他坚持了下来，创作出了一大批影响中国文坛的伟大作品，他是当代作家中人格力量的标志，知青文学的代表。

作家路遥(原名王卫国和诗人曹谷溪(右)在黄河畔合影

史铁生的《我的遥远的清平湾》写到结尾时还在感叹：“我的牛群，我的遥远的清平湾……。”读到这里，相信大家的眼泪就都有点忍不住了。

史铁生在陕北留下的几张老照片都和牛在一起，尤其是他抱着小牛犊的那一张。

在陕北还有一位土生土长的作家

路遥，也是一位和史铁生一样，像牛一样一生辛苦劳作，“负载生养万物大地”，把生命献给黄土地的陕北作家，他著过《人生》和《平凡的世界》，并获得过茅盾文学奖。路遥留给这个世界的一句话就是：“像牛一样的劳动，像土地一样贡献。”这句话就镌刻在路遥墓后一面高大的石壁上。铜川鸭口矿路遥纪念馆门前就塑有一头耕耘的牛。

陕西与牛关系紧密的还有和路遥同龄，且都属牛的诗人商子秦。他是西安市第五中学高六十八届学生，曾插队宝鸡县固川公社四家坪大队五家小队。说到牛，商子秦那可是充满感情的。他说：“牛是一种神圣的动物，与我有灵魂附体的情缘。”“我愿意小时候有‘初生牛犊不怕虎’的勇气；青年时代有吃大苦耐大劳、默默耕耘、任劳任怨的奉献精神和拓荒牛一样的进取精神；到了老年也要有‘不待扬鞭自奋蹄’，志在千里、雄心不已的豪情壮志。”

陕西作家商子秦赶牛犁地

生于长安、葬于长安的唐宋八大家之一的柳宗元有一首《牛赋》写出了牛辛勤劳作，不求回报的精神：

“若知牛乎？牛之为物，魁形巨首，垂耳抱角，毛革疏厚，牟然而鸣，黄钟满脰，抵触隆曦，日耕百亩，往来修直，植乃禾黍。自种自敛，服箱以走，输入官仓，已不适口。富穷饱饥，功用不有。陷泥蹶块，常在草野。人不惭愧，利满天下。皮角见用，肩尻莫保。或穿缄縢，或实俎豆，由是观之，物无逾者。不如羸驴，服逐驽马。曲意随势，不择处所。不耕不驾，藿菽自与。腾踏康庄，出入轻举。喜则齐鼻，怒则奋踯。当道长鸣，闻者惊辟。善识门户，终身不惕。牛虽有功，于己何益？命有好丑，非若能力。慎勿怨尤，以受多福。”

（7）中国黄牛之首——秦川牛

秦川牛因产于陕西关中的八百里秦川而得名，系世界级的名牌，被誉为

《畜牧业——牛》邮票中的“秦川黄牛”

中国之瑰宝，居全国五大良种黄牛之首。

秦川牛系我国优良大型役肉兼用品种，皮毛紫红色或红色或黄色。体格高大，骨骼粗壮，肌肉丰满。角短而钝，质地细致呈肉色，多向外下方或后稍弯，似钩镰或皂角状。鼻镜和眼圈多为粉红色，宽额面平，眼大而圆，透出一股柔和憨厚的劲儿。皮薄毛细如黄绸缎一般闪着油光。颈部粗短，胸宽而深，背腰平直，腹圆紧凑。雄劲壮实亦吃苦耐劳，挽载力强且性情温顺。

秦川牛是古老的地方优良品种，1944 年 2 月陕西宝鸡耕牛繁殖场第一次提出“秦川牛”这个名称，沿用至今。秦川牛曾称“关中黄牛”“渭牛”，繁育历史悠久。

远古洪荒时代，关中地区森林密布，水草丰茂，气候温润，雨量充沛，野生动物繁盛，极宜农牧。远在距今六千年前的半坡遗址上就发现有圈养牛等动物的遗迹。殷商时，牛被称作“一元大武”，为“宗庙之牲”。西周时，有“择良牛献主”的记述。春秋、秦时，推广牛耕，“择壮者作耕，余供食用”。西汉时，秦川牛已形成显著的体形特征，咸阳狼家沟出土的西汉陶牛，便是史证。其体态结构比例匀称，挺颈站立，躯体浑圆，肩峰明显，四肢壮实，神态逼真，颇似现代的秦川牛。而唐代长安籍的画家韩滉，他画的《五牛图》所绘五牛皆为北方黄牛一系，也即秦川牛也。《梦幻居画家简明》中称：“南方多水牛，北方多黄牛、乌牛。黄乌二种，角短颈扁，下颔无肉，软皮下垂如旗。”从图中所绘来看无不合矩，尤其是《五牛图》中带红褐色的第五头牛，更是酷似于现代秦川牛，说明秦川牛品种早已完型。

宋代《本草衍义》说苜蓿“陕西甚多，饲牛马”。苜蓿富含蛋白质、矿物质，维生素丰富，对秦川牛品质提高和发展具有重要作用。作为肉用型，秦川牛也属优良品种，瘦肉率可达百分之七十以上，肉质细嫩，柔软多汁，色泽鲜红，具大理石纹。史载：“细嫩，具纹，烙饼牛羹，膏脂润香”为之佐证。秦川牛在法国出版的《世界名牛图谱》中被列为珍畜。

秦川牛伴随着秦人，一步一个脚印走过洪荒，历经千年风雨沧桑，无论

秦川牛

驾车耕田，拓荒奋进，吃苦耐劳，从不埋怨。

秦川牛已成为秦人最忠实、最亲密的伙伴，秦川牛为历代陕西人所钟爱，秦川牛也是秦人强健、沉稳、无私、诚实、忠厚、倔强和坚忍不拔的标志和精神象征。

第五章 秦岭南北说祥禽

DI WU ZHANG
QIN LING NAN BEI SHUO XIANG QIN

得天独厚（绿孔雀）

秦岭南北说祥禽

1. 东方宝石——朱鹮

朱鹮是一种圣洁高贵的珍禽，被世界鸟类协会列为“国际保护鸟”，有东方宝石之称。朱鹮曾是东亚广阔大地上繁盛活跃的鸟类，可如今仅在中国的秦岭南麓有少量的野生分布，成了濒危的稀罕之鸟。

朱鹮通体雪白，双颊如染胭脂般绯红，枕部数十根柳叶状的长羽，形成一顶华丽的羽冠，秀雅俏丽，且气度不凡，被视为吉祥的象征。

朱鹮属鹮形目，又称朱鹭、红鹤，在日本至今还在使用“朱鹭”“红鹤”等汉语称谓。而在朱鹮的原产地陕西洋县，当地群众仍然把朱鹮叫作红鹤。

朱鹮金币

朱鹮是和大熊猫一样的孑遗物种，六千万年前侏罗纪（始新世）时，在鸟类家族中，朱鹮属于兴旺的一族。

中国是记载朱鹮历史最为久远的国家，最

早见于两千多年前《史记》，称朱鹮为“翾目”。翾，形容优雅的飞翔姿态，取缓飞轻扬之意。为中国历代诗人所赞咏：“朱鹭戏频藻，绯徊流涧曲”“因风弄玉水，映日上金堤”“独舞依磐石，群飞动轻浪”，还有“日里飏朝彩”“惊飞远映碧山去”等优美的诗句。诗中朱鹮那飘飘似仙女临空，因风弄玉水所带来的美感，读来让人陶醉。

《朱鹮》邮票（一套三枚）

朱鹮被人们称作“环境指示鸟”，意指对环境要求极为苛刻，成为一种标志。而朱鹮在日本，以及朝鲜半岛的灭绝，看来除过人类的过度捕猎外，主要是森林中高大树木被砍伐，化肥、农药对水源的污染，生态环境的恶化而造成的。

1981 年 5 月在秦岭南麓的洋县境内，发现了被认为在自然界已灭绝的七只朱鹮，并被命名为“秦岭一号朱鹮群体”，让世界为之震动。

那可真是奇迹啊！这是秦岭创造的奇迹。秦岭南麓良好的生态环境，茂密的森林，原始一季耕作的水田，清澈未被污染的水资源，使秦岭成为亚洲大地上最后的一块净土。因了秦岭的护佑，美丽的朱鹮才得以幸存，与死神擦肩而过。

1983 年国务院通令保护朱鹮。国家邮政局于 1984 年 5 月 15 日发行的 T94《朱鹮》邮票，一套三枚，分别名为“翔”“涉”“栖”。“翔”票以纯静的蓝天，衬托着鼓起双翼、翱翔在空中的朱鹮，仙女般优雅的姿态，十分的靓丽；“涉”票画面上绿意婆娑的背景，一只朱鹮怡然自得地涉足于澄澈的涧水中，灵秀而娴静；“栖”票则以明黄泛金的充满暖意的秋色，映现一对朱鹮情侣甜蜜的爱情生活，一立一卧，栖息在树枝之间，共同营巢，轮换孵化育雏，站立着的雄鸟嘴

朱鹮（西安 · 惠京鹏摄）

微微张着，好像正在和卧在巢中孵化小朱鹮的雌鸟呢喃而语，卿卿我我，好不亲热。

说到朱鹮不能不提日本，朱鹮也称“日本凤头鹮”，朱鹮的拉丁文名称就是日本的意思。过去有人曾错误地认为朱鹮是日本的国鸟，其实日本的国鸟是绿雉，属日本特有的鸟类。日本民族对朱鹮有着浓郁的情结。可惜的是，由于环境的恶化和保护过程中的失误，日本的朱鹮种群灭绝了。他们没有改善环境，却把野生仅存的二十多只朱鹮抓进笼子里，进行所谓的紧急抢救保护，这是典型的人类出于好心而办的坏事，最后眼睁睁地看着笼子里的朱鹮因为撞击铁丝编织的网子而伤残，逐渐丧失生育能力而一只只死去。而当日本的科学家们对拯救朱鹮绝望之时，中国却在秦岭这块风水宝地发现了世界上最后七只朱鹮。因为措施得当，首先是保证野生环境的改善，让老百姓弃用农药、化肥，在水田里投放泥鳅、鱼虾等朱鹮喜爱的食物，以及在朱鹮营巢的大树下阻止朱鹮的天敌蛇和青鼬等动物攀树伤害朱鹮的卵和幼鸟，这仅有七只的朱鹮几年功夫就很快繁殖到二十多只。又于1995年人工孵化成功，笼养的朱鹮也因为在铁笼内再设置了一层柔软的丝网，防止朱鹮撞伤，没有让悲剧再次发生，从而保护了朱鹮种群的安全。中国赠送日本的几只朱鹮，在日本也是一派繁荣景象，如今，日本的朱鹮数量已突破一百只，显示了中国在朱鹮国际合作上情义为重的胸襟和气度，不但增进了两国友谊，又使朱鹮种群生存领域得以扩大。2008年中国又向韩国赠送了一对朱鹮，如今已育出了第二代。

在国内，为扩大朱鹮生存领域，向原先朱鹮生存过的十四个省区，湖北、河南、北京、浙江等地都输送了朱鹮。最为重要的举措是对朱鹮异地野化放飞的试验获得了成功。

朱鹮（西安·东曼伟摄）

2007年5月3日上午，在宁陕县寨沟村朱鹮野化放飞基地，工作人员放飞了人工繁殖的二十六只朱鹮，虽然有六只又飞回了基地，五只死亡，三只失踪，但其余十二只

朱鹮（西安·胡成弟摄）

经过冬天的严峻考验，已适应野外环境，如今已生育繁殖了第二代小朱鹮。2013 年 7 月 3 日，铜川市耀州区柳林林场放飞了经过野化训练的人工繁殖的 32 只朱鹮，成为朱鹮在秦岭以北放飞的第一个实验区，不到一年已成功繁殖出两只小朱鹮。2014 年 9 月 17 日宝鸡市千阳县千湖国家湿地公园放飞了三十只经过野化训练的人工繁育朱鹮，这是我国在秦岭以北第二次成功放飞朱鹮。这些都是保护朱鹮极其重要的步骤，意义非常重大，象征着朱鹮逐渐可以摆脱濒危的处境，走向繁荣。

想象着朱鹮的倩影点缀在秦岭的青山绿水之间，翩翩起舞，多姿多彩的动人景象，让每个爱护朱鹮的人无不打心底感到欣慰。

据报道，秦岭南麓汉水之滨，在城固、西乡、佛坪、南郑、宁陕等六个县都发现了朱鹮种群。这些地方为拯救朱鹮做出了前所未有的贡献，人们宁愿粮食减产也不施用化肥、农药。到 2014 年 9 月野生朱鹮的数量已由 1981 年的七只壮大为二千余只。进入了一种良性循环的保护之中。看来，我们神奇的秦岭已成为朱鹮繁衍生息种群壮大最让人憧憬的希望之地。

现在，陕西以朱鹮的故乡洋县为中心的几处野化放飞基地和自然保护区，正在进一步研究论证，联合致力于恢复朱鹮候鸟的特性，以便这个珍稀的物种，经过自由迁徙，自然选择，重新回到种群兴旺状态。候鸟的迁徙有利于鸟类的强身健体，使其择优繁殖竞争，适应不同类型的环境，真正做到“物竞天择”。

朱鹮（西安·惠京鹏摄）

秦岭这座神奇而伟大的山脉，是中国南北气候的分界线，冷暖空气在此交汇，形成丰沛的雨量。秦岭南麓作为中国南水北调中线最为重要的水源地，被联合国科教文组织列为世界生物圈保护区，流经此处的汉水作为中国唯一的没有被污染的大江，使秦岭成为了中国生态环境标志性的地区。

而有“东方宝石”之誉，美丽的吉祥鸟——朱鹮，将从秦岭起飞，飞出自己一片光明灿烂的前景，飞出绿色中国蓬勃发展的无限活力来。

2. 一品仙鹤

鹤是祥禽，是古代人民奉为吉祥动物中的一种，它象征着圣洁、高雅、长寿，在羽族当中，它的地位仅次于凤凰，被称为“文禽”“一品鸟”。

《丹顶鹤》邮票

据《明会典》记载，洪武二十四年(1391年)规定，官服上有补子图案，文官绣禽：一品仙鹤，二品锦鸡，三品孔雀，四品云雁，五品白鹇，六品鹭鸶，七品鸂鶒，八品黄鹂，九品鹌鹑；明清一致，一品仙鹤是一品大员才配绣上补子的。

《云锦》邮票3-2枚“一品鹤补”

仙鹤圣洁华贵、温润幽静、丰姿超逸、优雅潇洒。《诗·小雅·鹤鸣》有：“鹤鸣于九皋，声闻于天。”西安市的神禾塬，传说远古时炎帝神农氏治天下，教稼百谷，有仙鹤衔谷穗降于此地，后人传称为神鹤塬。《剧谈录》曰：“晋天福六年生禾一穗重六斤，故号为神禾塬。”

宋《尔雅翼》卷十三云：“古以鹤为祥，故立之华表。”所以，鹤的形象成为帝王宫殿、陵墓等建筑物的一种标志性装饰。而位于西安市临潼区的秦始皇陵园陪葬坑历年来陆续出土了六件十分罕见的“青铜仙鹤”。其中2003年出土的一件仙鹤长喙、曲颈，羽翼丰满、双腿修长，正俯首专注地啄着一只小虫。该青铜器表现出了仙鹤觅食的瞬间形态，器形精美，非常珍贵。这只形神兼备的国宝级文物的青铜仙鹤，曾在2012年西安世界园艺博览会标志性建筑天人长安塔上展出亮过相。

青铜仙鹤（秦始皇兵马俑博物馆藏）

铜鹤的创作原型正是我国九鹤之中最为著名的丹顶鹤。另外八种是：白鹤、白枕鹤、赤颈鹤、白头鹤、黑颈鹤、灰鹤、蓑羽鹤、沙丘鹤。好像除过沙丘鹤，其余都被列入国家濒危珍稀保护动物名录。白鹤也有仙鹤之喻，在中国文化中占一席之地，象征吉祥长寿，洁白一身体现纯真之雅，也代表着祥瑞如意。

丹顶鹤号称长寿鸟，寿命能达到六十到八十年，在人均寿命很短的古代自然成了仙禽神鸟。一般在寿星图下就配有丹顶鹤。“鹤”又与“贺”谐音，人们将“鹤寿”作为祝贺人长寿的颂辞。习惯称寿星老为“鹤龄”“鹤年”，在我国民间，还常把《松鹤图》作为敬奉给长者的礼物。

中美联合发行的《鹤》邮票中的“黑颈鹤”

中国古籍文献中对丹顶鹤有许多称谓，如《尔雅翼》中称其为“仙禽”，《本草纲目》中称其为“胎禽”。其实鹤是卵生的，古时有人以它为仙禽，就说成是胎生的，如鲍照《舞鹤赋》有“伟胎化之仙禽”一说。但鹤胎生说法的错误早就被人揭破了。《墨客挥犀录》有一段记载说：“刘渊材迂阔好怪，尝蓄两鹤。客至，夸曰：‘此仙禽也，凡禽卵生，此禽胎生。’语未卒，园丁报曰：‘鹤夜半生一卵。’渊材呵曰：‘敢谤鹤耶！’未几延颈伏地，复诞一卵。渊材叹曰：‘鹤亦败道，吾乃为刘禹锡嘉话所误。’”被事实揭破鹤是卵

三鹤纹瓦当拓片

生的，这个迂夫子刘渊材只好怪唐代诗人刘禹锡说鹤是仙鹤了。看来名声更著的《本草纲目》也有误说之处。

汉景帝时的路乔如曾作《鹤赋》，称丹顶鹤为："白鸟朱冠，鼓翼池干。举修距而跃跃。奋皓翅之翻翻。宛修颈而顾步，啄沙碛而相欢。岂忘赤霄之上，忽池籞而盘桓。饮清流而不举，食稻粱而未安。故知野禽野性，未脱笼樊。赖吾王之广爱，虽禽鸟兮抱恩。方腾骧而鸣舞，凭朱槛而为欢。"

陕西出土的秦汉瓦当的纹饰图案中就有鹤纹。西安秦砖汉瓦博物馆馆藏有汉代"四鹤纹半瓦""六鹤纹瓦当"。

鹤，几千年来就被中国人视为有德行的禽鸟。人们常以"鹤鸣"比喻品德高尚的君子，唐代皇帝求贤下的诏书也被称为"鹤书""鹤板"。到唐代，以鹤为对象的金银器也有不少，例如：扶风法门寺出土的"唐代鎏金飞天仙鹤纹壶门座银茶罗子"，茶罗上刻有执幡驾鹤的仙人，鹤展翅向上，非常生动。这是我国出土的时代最早的茶罗。乾陵永泰公主墓中壁画绘的是云鹤图案，富平节愍太子墓中的壁画"衔绶翔鹤图""仙人骑鹤图"，则比较写实，还有富平的无名氏墓中的"双鹤舞于庭图"，使仙鹤形象世俗化。西安长安区东兆余村唐代名将郭子仪曾孙的墓葬中，发现一批具有典型时代风格的唐代壁画，壁画反映的内容丰富，既有文吏、仕女形象，青龙白虎的图案，还有十幅《仙鹤图》，十只形态各异、栩栩如生的仙鹤，有的衔草、有的鸣叫。这些单笔勾绘的仙鹤身披洁白羽毛，特别是朱红顶、黑喙和黑腿，创作原型正是中国古代被描绘为仙鹤的"丹顶鹤"。显示出晚唐时期流行在达官贵人中的"赏鹤"之风。说明鹤的形象已渗透到唐代人们的日常生活的各个方面中去了。

鹤纹瓦当拓片

鹤是传说中的仙鹤，它跟仙道有着密切的关系。《全唐诗》收有贯休《过商山》诗一首："吟缘横翠忆天台，啸狖啼猨见尽猜。四个老人何处去，一声仙鹤过溪来。皇城宫阙回头尽，紫阁烟霞为我开。天际峰峰尽堪住，红尘中去大悠哉。”诗言“皇城宫阙回头尽，紫阁烟霞为我开”，清楚表明，诗人是自长安南行，经紫阁峰，而过访商山。姚合的《游终南山》也有描写白鹤的：“策杖度溪桥，云深步数劳。青猿吟岭际，白鹤坐松梢。天外浮烟远，山根野水交。自缘名利系，好此结蓬茆。”

唐代还出现一位画鹤的高手。名薛稷，（649~713年），字嗣通，蒲洲汾阴（今山西万荣西南）人，名臣魏徵的外孙。官至太子少保、礼部尚书，人称“薛少保”。以书法名世，为初唐书法四大家之一。也擅画人物、佛像、鸟兽、树石。

薛稷画的鹤形神兼具，尤为生动，达到了呼之欲出之境，时称一绝。李白、杜甫等都曾吟诗颂其画鹤。

一说“画色久欲尽，苍然犹出尘”，一说“鹤感至精以神变，可弄影而浮烟”，让你想到“画龙点睛”的传说，似乎壁上的鹤，只要在哪里点上一笔，马上就会破壁飞去“弄影而浮烟”。而更让诗仙诗圣赞叹不已的，乃是薛稷笔下所表现出来的鹤的那种“赤霄有真骨，耻饮洿池津，冥冥任所往，脱略谁能驯”的超脱逸达而又傲骨十足的气质，以及“昂昂伫眙，霍若惊矫，形留座隅，势出天表”的清高标格。比之一般人之取意鹤的吉祥富贵，有着更深一层的文化内涵。

在当时，薛稷画鹤的成就很高，影响也很深远。《历代名画记》载：“屏风六扇鹤样，自（薛）稷始也。”样，即画图的范本，薛稷创的样本能兴之于世，可见他在画史上的地位不俗。唐代朱景玄的《唐代名画录》把他定为神品下七人中的最后一位，加上神品上的吴道子，神品中的周昉，说明他前边不过八人，位居唐代十大画家之列。以后，“六鹤图”成为一种传世定格。

《簪花仕女图》邮票（唐代周昉画）

可惜薛稷之画没有真迹流传下来，而排在他前的周昉有《簪花仕女图》传世，画中，有一只不甘作为玩赏之物、展翅欲飞的丹顶仙鹤，可以一赏什么是唐代画鹤之神品。

丹顶鹤在秦岭南北活动的踪迹不多，随着陕西自然环境的改善，1995年春经专家考察发现，陕西省合阳黄河湿地自然保护区有国家一级保护鸟类丹顶鹤在此越冬，这是我国目前发现的丹顶鹤越冬地的最西端，在我省属首次发现。陕西三河湿地自然保护区是黄河中游河段最大的干流湿地自然保护区，2003 年，在重点保护的珍稀濒危鸟类中，丹顶鹤至少有二十六只，灰鹤种群至少一千三百只，大鸨二百五十八只。另外，“陕西省泾渭湿地丹顶鹤等珍稀大种群鸟类的发现考察及保护研究”项目曾获 1996 年陕西省环境保护科技进步一等奖。看来，陕西省泾渭湿地也有丹顶鹤活动的踪迹。

3. 金鸡一唱秦岭绿

金鸡，亦称红腹锦鸡，古名赤鷩、翰、天鸡。在鸟的分类中属鸡形目雉科锦鸡属，是我国特有的珍稀鸟类。其形象被选作中国鸟类学会的会徽。

金鸡主要分布在中国西部及中南部山区，而核心区域是横贯陕西的秦岭山脉。秦岭西端的宝鸡市，自古以来因遍布金鸡而得名。

这可不是一般的鸡，而是古名天鸡的金鸡。天鸡是传说在天宫，知日月升沉，向人间报时的神鸟。天鸡之鸣，人罕闻之，唯人间雄鸡能够听到，于是跟着啼鸣报晓。倘若人能听到天鸡之鸣，必是祥瑞之兆。

传说唐至德元年，肃宗李亨在凤翔时，恰闻天鸡鸣于陈仓山，唐肃宗认为是自己登基之吉兆，于是至德二年改陈仓为宝鸡，以示其地之尊。而陈仓山亦被称为鸡峰山（即今秦岭北麓之鸡峰山）。

又有传说，安史之乱时，唐玄宗逃至陈仓，后有追兵逼来，危机之时，

《金鸡》邮票

有两只七彩艳丽之山鸡飞来，引导玄宗躲入山中，化险为夷。事后玄宗感叹道："陈仓，宝地也，山鸡，神鸡也。"而宝鸡就因玄宗皇帝"宝地神鸡"的这句金口玉言而得名。宝鸡就是神鸡，神鸡就是天鸡。

而在宝鸡姜子牙钓鱼台景区之南境，距滋泉十里之遥，突兀一山，其状酷似雄鸡上架，故名鸡架山。传说此石头雄鸡，鸣声洪亮而悠远。看到姜子牙垂钓滋泉多年，不为文王所知，石鸡深为子牙屈才，遂一声长鸣，声震岐山，这才引动周文王磻溪访贤。

当然了，还有人认为宝鸡得名于凤，在古篆字中鸡和凤为同一个字。凤是中华民族的一个重要图腾，集众鸟之形，而头为鸡首。凤图腾中，主要是以金鸡为主体组合的。凤也被称为天鸡。所以在宝鸡，鸡和凤同为天鸡，实为一体，密不可分。

安塞农民画《金鸡展翅》（朱光莲作品）

雄性金鸡，羽毛灿丽，头顶飞扬一束金黄鲜亮的丝状冠羽，煞是威风，后颈覆盖金黄色、棕色的扇状羽，如一袭绚丽的金披肩，显得无比的雍容华贵。周身羽毛上背铜绿色，泛着莹莹之光，羽缘细细一圈蓝黑围边，背羽和腰羽呈金黄色，最内侧有几根飞羽，使得金鸡体态特别潇洒优雅。至腰侧转呈深红色，尾羽大半黑褐桂黄相间成斑状，至端部渐转赭红色。下体自喉部及胸腹皆为深红，丝绸锦缎般光灿，在阳光下五彩斑斓，熠熠生辉，故李时珍的《本草纲目》称之为彩鸡。

金鸡雄鸟尾长，超体长两倍有余，可与孔雀媲美，雌鸟羽色淡雅，呈棕褐色，杂以桂黄色，素朴而清秀，令人怜爱。

《桂海虞衡志》记载："锦鸡又名金鸡，形如水雉。"《尔雅·释鸟》记载："冠被毛黄，腹下赤，项绿色鲜明。"腹下赤，即红腹，是专为区别于白腹锦鸡。金鸡又名为翰、天鸡。《说文》中称"翰为天鸡，赤羽也"。商周时代，金鸡的尾羽就被制成扇子。这种锦扇，象征着尊贵，只有王和王

红腹绵鸡（西安·惠京鹏摄）

后才有资格享用。诗圣杜甫有诗赞之："云移雉尾开宫扇，日绕龙鳞识圣颜。"诗仙李白也有诗写到金鸡："我愁远谪夜郎去，何日金鸡放赦还。"意思是说，发愁自己被远远流放至夜郎，何日能被赦免回来呢？"金鸡放赦"指的是遇新皇登基，大赦天下时，要竖长杆，置金鸡于顶，来宣布赦令。金鸡举顶，则成了一个仪式。

在中国历史文化中，金鸡还具有"五德之誉"。"头戴冠者，文也；足搏距者，武也；敌在前敢斗者，勇也；见食相呼者，仁也；守夜不失时者，信也。"所以陕西的宝鸡以金鸡为名，并冠以"宝"字，就显得内蕴丰厚了。

金鸡，其尾羽婆娑，翅膀却不发达，不善远飞，滑翔于多岩的山坡和树丛密林间，典型的林栖类鸟。金鸡食性较杂，以植物种子为主，也食麦叶、药枣、小昆虫、野蒜等。

金鸡在中国珍稀鸟类中地位尊贵。红腹锦鸡为国家二级重点保护的野生动物，也是驰名中外的最为漂亮的观赏鸟类。而在明清官服补子上排名一品仙鹤之下，为二品锦鸡。

金鸡虽然曾遭到因滥捕和生态环境破坏带来的生存危机，种群数量大幅减少，但这十多年来，随着退耕还林政策的实施，秦岭的生态环境、森林植被得到有效的恢复，金鸡繁衍生息的环境得以保证。游人入山经常能与金鸡做亲密接触，真正称得上"金鸡一唱秦岭绿，山河锦绣日日新"了。

4. 黄龙褐马鸡

褐马鸡是我国特有的珍稀鸟类，因数量稀少、濒临灭绝而被列入国家一级保护动物。中国鸟类学会把褐马鸡作为会标，世界雉类协会也把褐马鸡作为主体图案设计入会徽。

褐马鸡为鸟纲，雉科，亦称褐鸟、角鸡。体长一米，属大型鸡类。头的两颊呈红色的绒状颜面，体羽主要是深褐色，头顶有冠状绒黑色短羽，耳后有一缕雪白羽毛从颈部嘴角伸过，宛若耸起的硬翻领，名耳羽，腰和尾羽基部纯白末端转黑，长羽呈双排列，中央尾羽特别长，被称为“马鸡翎”。外层羽毛披散如发并下垂，羽毛光艳华美，阳光下泛出紫蓝色金属般耀眼光泽，甚为漂亮。平时尾羽向上翘起，披散时又像马尾，再加上姿态雄健，昂首翘尾，在森林中急速奔跑如骏马飞驰，所以得名褐马鸡。

褐马鸡（西安·东曼伟摄）

1998年以前，人们只知道我国的褐马鸡仅在山西、河北有少量分布。谁知到了1998年，陕西黄龙忽然传来好消息，发现了褐马鸡，让人惊异的竟然是一千五百多只的大种群。这就一下子打破了专家们在二十世纪六十年代“陕北黄土高原、黄河以西再不会有褐马鸡”的断言。

是的，人们印象中的陕北，光秃秃裸露的山梁，沟壑纵横，水土严重流失，不要说有珍稀的野生动物生存，连草木也不能好好生长。你不看那一部《黄土地》电影，安塞腰鼓踢踏出一路黄土飞扬，纯粹就是以贩卖荒凉来博取所谓的厚重沧桑。

其实，历史上的黄土高原，曾经也是森林密布、气候温和、土肥水美的地方。千百年来由于人类的毁林造田，过度开发，甚至是毁灭性的野蛮开发，以至于遭到大自然的报复，才成了这般恓惶的光景。这十多年来陕北实行退耕还林、退牧还草的山川秀美工程，林业单位也改变职能放下电锯斧头，变伐树为植树，一些林区得到了休养生息，整个陕北的生态面貌也得到了初步改善。而黄龙山因为偏僻，地形复杂，人为破坏比较少，自古以来就是林区，加之国家设立了自然保护区，黄龙山林区才得以妥善保护。

黄龙山地跨陕北黄土高原和关中平原两个地貌单元的过渡地带，幅原面积近三千平方公里。莽莽林海绵亘数百里，境内多温带阔叶林植被，森林覆盖率达到百分之九十以上，为全国八大防护林区之一，成了保持黄土高原，乃至西北地区生态平衡的一道重要绿色屏障，被誉为“黄河绿洲”“陕西的一叶肺”。

可以说黄龙山是大自然馈赠给黄土高原的一颗绿色明珠，也是地球留给黄土高原已经为数不多的一块风水宝地，是天然的博物馆和生物物种基因库。林区内野生动物种类繁多，有国家一级重点保护动物金钱豹，这次又猛一下冒出这么多、这么大种群的世界珍禽褐马鸡，带给人们意外中的惊喜。当然了，这绝不是一日之功，而是长年坚持与努力的结果，国家政策也起了关键作用。黄龙褐马鸡种群的发现，标志着黄龙山区从历史上就是我国褐马鸡重要的原产地之一，以及从汉朝开始，关中、陕北南部各个朝代县志中有关褐马鸡记载的可靠性。

过去几十年，褐马鸡难觅踪迹，现在却忽然多得离我们生活如此之近。黄龙县红石崖后塔村村民彭明山上山挖药，见一只野猫正吃一窝鸟蛋，他赶走猫，把剩余的八枚带回家，让家鸡孵化。他原先以为是野鸡什么的，谁知孵出来的小鸡很快长出一身漂亮的翘起的羽毛，冠子上白色的一簇耳羽，后来才知道是国宝级的珍禽褐马鸡。这消息一下轰动了十里八乡，县城的动物保护站、自然保护区，省里的、西安的人都纷至沓来，比过年办喜事都热闹。这几只褐马鸡白天同家鸡一起觅食，晚上飞到门前一棵杏树上栖息，与家禽和睦相处，对人也特别亲近，十分可爱。

黄龙山褐马鸡（西安·惠京鹏摄）

还有白马滩镇农民王明全在深山中遇到一条蛇正围着一窝鸟蛋，正准备一饱口福，他忙赶走蛇，将十枚蛋拿回家，也孵出了褐马鸡。

褐马鸡性情暴躁，健勇善斗，有置死不避、缠斗到底的脾性。韩城营口大队一妇女上山，听见小鸡叫，抓住一只正准备带走。突然从草丛中窜出几只褐马鸡，冲向她，猛啄她的手和腿，她疼痛异常，无法躲避，只好扔掉小鸡，才躲过褐马鸡的攻击。明代李时珍的《本草纲目》记载："褐马鸡性爱齐觅，有被侵者，直往奋斗，虽死犹不置。"

褐马鸡（西安·胡成弟摄）

而这种好斗的脾性，在发情寻偶时，更为残酷激烈，场面十分壮观。两鸡面面相峙，以带着铁勾的瓜子，飞身搏击，依仗着尖硬锐利的嘴甲，往往互相斗得头破血流，羽毛乱飞，直到一方认输败逃为止。得胜者则仰天啼鸣，呼唤自己的意中情侣，雌雄相随，离群交尾，寻找人迹罕至、便于隐藏的茂密林下或灌丛间营巢。

褐马鸡常年生活在针阔混交林和稠密的灌木丛中，只有在白雪皑皑的寒冬才成群结队转移到坡地沟谷地带觅食。褐马鸡不善远飞，飞的时候，也是在疾驰中加速腾空，借助双翼滑翔从林中飘然掠过，划出一道优美的曲线，敏捷而潇洒，尾羽微散，翎羽飘飘，给你一种仙气萦绕、灵光乍现的惊艳。

野生的雄褐马鸡，喜欢向雌鸡炫耀自己漂亮美丽的羽毛。整个向后翘起的尾羽，有人说像一株挺拔飘逸的凤尾竹，婀娜多姿，风情万种；也有人说像一架丝弦铮亮的竖琴，美丽壮观，分外妖娆。加上雄褐马鸡发情时粗重洪亮的叫声，伸颈扬首、尾羽高翘，那种威风凛凛，那种傲慢得意，那种睥睨一切，好像君临天下一样，让人忍俊不禁，不觉莞尔。

褐马鸡因它的尾羽而骄傲，可也因它的尾羽而险些遭到万劫不复的灭顶之灾。因为，从两千多年前的西汉起，褐马鸡的尾羽就被插在武将的帽盔上，称为"褐冠"，以显示其英武之姿和身份地位的高贵。宋代时便开始大肆捕捉褐马鸡，到清代更是变本加厉，褐马鸡羽毛已经成为那时期官员衣冠上的主要装饰了，其制成的蓝翎、花翎，显示品级高低，成为当官的身份象征，所谓的顶戴花翎。而在西方国家也有以羽毛点缀军装的传统，贵族和上层妇女佩戴羽毛装饰的帽子，更为一时之风尚。中国的褐马鸡羽毛就成为最时髦的掠夺对象，稀缺得让一对褐马鸡在欧洲市场可售银币千元以上。到了近代，人们普遍以为褐马鸡已灭绝，1965 年在山西境内首次发现，随着退耕还林，保护生态，河北，北京也陆续发现，但数量稀少。而陕西的黄龙山的褐马鸡群则是惊爆性的发现，成为全国最大种群之一。目前全国约有一万多只褐马鸡，而黄龙山林区已发展成有三千多只的大种群，韩城雷寺庄林区一千五百多只，而且这个种群还在不断扩大，看来，黄龙山区是最适宜于褐马鸡繁衍生长的地方。

我国在1989年2月发行的《褐马鸡》邮票，一套两枚。第一枚“英姿”，近景中一只褐马鸡的头部特写，鲜红的脸颊，黄亮尖锐的嘴喙，耸起如翻领的雪白的耳羽，在远处几只觅食的褐马鸡的衬托下，显得十分耀眼。第二枚“双栖”，一对褐马鸡披散着长长的蓬松的翎羽，悠然栖息于草丛间，神态自若，俏丽无比，特别惹人喜爱。2000年国家邮政局在发行的《国家重点保护野生动物（Ⅰ级）》邮票时，又有一枚褐马鸡入选，画面上一只正面全身的褐马鸡，侧目翘尾，惊悚中翩翩而至，显得十分机警、生动传神。

《褐马鸡》邮票

尤其令人骄傲的是，2000年发行的《国家重点保护野生动物（Ⅰ级）》邮票，设计为小版张。让黄龙的褐马鸡和秦岭中的朱鹮、大熊猫、金丝猴共同亮相，在十二枚邮票中占了四分之一，十分难得，显示了陕西在野生动物保护上得天独厚的特殊地位，让人有了为之一震的兴奋和无与伦比的自豪。

5. 圣洁天使——大天鹅

大天鹅最响亮的名字，就是鸿鹄，它是世界上飞得最高、最远的鸟类之一（能和它比高的还有高山兀鹫），能飞越世界屋脊——珠穆朗玛峰。“燕雀安知鸿鹄之志哉！”就出自《史记·陈涉世家》。“鸿鹄之志”大概就是指飞得高，飞得远的高远之志吧！

《吕氏春秋·士容》最早有“夫骥骜之气，鸿鹄之志，有谕乎人心者，诚也”。

天鹅（西安·惠京鹏摄）

《诗经》中有“白鸟洁白肥泽”的记载，“白鸟”就是指大天鹅。天鹅一词最早出现于唐朝李商隐的诗句“拔弦警火凤，交扇拂天鹅”。

大天鹅又叫白天鹅、鹄，是一种大型游禽，体长一米五左右，翼展可达两米多。它是一种候鸟，没有亚种分化，是雁形目鸭科雁亚科中最大的水禽。春秋两季在中国北方、俄罗斯西伯利亚等繁殖地和中国长江流域及以南的越冬区之间进行迁徙。全身的羽毛均为雪白色。嘴黄色和黑色，头部和嘴的基部略显棕黄色，嘴的端部和脚为黑色。大天鹅身上的羽毛非常丰厚，可以有效地抵抗严寒的气候，在零下五十摄氏度的低温下露天过夜也能安然无恙。它的身体肥胖而丰满，脖子的长度是鸟类中占身体长度比例最大的，甚至超过了身体的长度。

天鹅飞翔和鸿雁一样，队列整齐，常成“一”字形、“人”字形和“V”字形。那是为了凭借气流，减少阻力的一种科学的飞行队列组合。显示了大天鹅种群的团队精神，让人感叹而敬服。天鹅并成一排从天空中飞过，姿态那么的优雅，让你不由地联想到了柴可夫斯基作曲的芭蕾舞剧《天鹅湖》中的“小天鹅舞”。

大天鹅保持着一种稀有的“终身伴侣制”，一旦结成配偶，形影不离，终生便不再分开。古人用“雌雄一旦分，哀声留海曲”和“步步一零泪，千里犹待君”来形容它们的情深意重。如果一只死亡了，另一只必定为之“守节”，终生单独生活。可以说大天鹅对爱情的忠贞不渝，感天动地。想着它

天鹅（西安·东曼伟摄）

们成双成对地降落在恬静的湖面上，有的结伴嬉戏，天真活泼；有的交颈摩挲，温情脉脉；有的以嘴理羽，悠闲自得；有的扎入水中，翩翩起舞，千姿百态，真的让人有一种喜爱到永远的感觉。

长时间内，人们都以为这美丽圣洁的大天鹅和陕西没多大关系，无非是在天鹅的迁徙路线上，从高空过境而已。这二十多年逐渐有报道，先是黄河滩上的合阳洽川湿地发现了大天鹅，接着大荔黄河滩上出现了大天鹅美丽的靓影。再就是秦岭之南的安康瀛湖和宁陕的湖泊河流上。再后来，榆林的红碱淖这个国家一类保护动物遗鸥的乐园，也有白天鹅飞临而来。连西安的浐灞生态区也发现了大天鹅。尤其让人震惊和诧异的是渭北腹地的煤城铜川新区的玉皇阁水库，从2005年冬春之际天鹅飞临开始，年胜一年，到2012年，仅有一千二百多亩的玉皇阁湖区，竟然有了二三百只大天鹅在此嬉戏、追逐、觅食，打破了大天鹅迁徙途中只做短暂歇息的惯例，这片水泽成了它们越冬的栖居之地。真正让玉皇阁水库成了天鹅湖。想着铜川当年的煤矿和建材工业的污染之严重，外地人有“铜川飞过去的麻雀都是黑的”的揶揄。看来，如今铜川新区已建成了一座二十一世纪新城，环境面貌大变，碧水青天才能召得天鹅来呀！

据世界水禽研究局（IWRB）1990年组织的亚洲隆冬水鸟调查，在中国仅见到大天鹅四百七十四只。如今经过十多年生态环境的改变，大天鹅在中国各地的种群数量已有明显增加，粗略算一下也上万只了吧。目前中国已将大天鹅列入国家重点保护野生动物名录，并作为二类保护动物受到重点保护。

大天鹅是一种人见人爱的珍禽，它们以高贵、圣洁的形象，飞出一天的洁白，被誉为天的使者，人间的“祥鸟”和“神鸟”。

6. “燕子来时春雨香”

窗花《燕》（耀州 · 任海侠作品）

燕子，通常也被称为家燕。顾名思义，燕在人类家中搭窝筑巢栖居，才被称为家燕的。家燕背羽大都是蓝黑色，因此，古时把它叫做玄鸟。按动物分类学属鸟纲、雀形目、燕科、燕属。不过燕子有好几种，家燕是分布最广、数量最多的一种，踪迹遍布我国全境，是园林、风景区较常见的鸟类。

燕子（西安·东曼伟摄）

家燕又是一种难得的敢于登堂入室、与人类共处一屋的野生鸟类。好像是与生俱来一般，燕子是与人类最亲切的小生灵。因而唐代诗人孟浩然诗中有：“燕子家家入，杨花处处飞。”晋代诗人陶渊明《拟古九首》诗中有：“翩翩新来燕，双双入我庐。”

上世纪五十年代，无论城乡，家燕借民宅筑窝的现象都十分普遍。那时的民房多为砖木结构，燕子大多在客厅横梁或墙门间的墙上筑窝。若要追溯，其实燕子与人类早在穴居时代就已经是和睦邻里了，人类有了房子，燕子也就理所当然共同迁入了。更何况，人们认为燕子进宅能带来福气，使门庭兴旺，所以总是喜欢、善待着这些可亲可爱的小燕子，不准顽皮孩子伤害骚扰它们。杜甫诗中有：“自去自来堂上燕。”韩偓诗中有：“卷帘燕子穿人去。”范成大诗中有：“童子开门放燕飞。”这种和谐亲密无间的关系，到了宋代诗人王安石笔下，则成了：“莺犹求旧友，燕不背贫家。”以及唐代诗人刘兼笔下的：“栖息数年情已厚，营巢争肯傍他檐。”我们不管诗歌所涉及的言外之意，不管诗人借燕子说事论理，隐寓什么，仅从诗之本初之意中，就可一窥人与燕子深植的情缘。

《益鸟》邮票5-2枚“家燕”

古人诗写燕子非常细腻而全面。燕子筑巢于屋舍内外墙壁上、屋椽或横梁上，而且非常讲究。衔取泥、麻、线和枯草茎、草根，再混以唾液，形成小泥丸，然后再用嘴从巢的基部逐渐向上整齐而紧密地堆砌在一起，形成一个非常坚固的外壳。然后用三至五天的时间衔取干的细草茎和草根，再用唾液将它们粘铺于巢底，形成一个干燥而舒适的内垫，最后再垫以柔软的植物纤维、头发和鸟类羽毛。筑好的巢开口向上，呈平底小碗状。杜甫诗中的“燕子衔泥两度新”和“泥融飞燕子”，白居易诗中的“几处早莺争暖树，谁家新燕啄春泥”，张谔诗中的“片片仙云来渡水，双双燕子共衔泥”，刘兼诗中的“江畔春泥带雨衔”，说的都是燕子衔泥筑巢的过程细节，既实在又有趣。

燕子体态轻捷伶俐，两翅狭长，飞行时好像镰刀，尾分叉像一把半张开的剪子。燕子善飞，飞行迅速如箭，大多数时间都成群地在村庄及其附近的田野上空不停地飞翔，有时飞得很高，像鹰一样在空中翱翔，有时又紧贴水面一闪而过，忽上忽下，时东时西，能够急速变换方向。飞行时张着嘴捕食蝇、蚊等各种昆虫。唐代诗人杜甫的“细雨鱼儿出，微风燕子斜”写燕子飞翔时的姿态，惟妙惟肖，极为传神，成为千古佳句。宋代诗人史达祖的“爱贴地争飞，竞夸轻俊。红楼归晚，看足柳昏花暝”，更是把燕子为捕捉飞虫，贴地而飞，一掠而过的迅疾、轻灵俊俏，表现得淋漓尽致。

燕子（西安·东曼伟摄）

燕子是大自然中最有名的益鸟，主要以蚊、蝇等昆虫为食，几个月就能吃掉二十五万只昆虫，所以得到人们的喜爱。燕子在秋季，总要由北方飞向遥远的南方，去享受温暖的阳光和湿润的天气。民谚中有“七九河冻开，八九燕子来”，等到春暖花开的时节，燕子会由南方返回去年落脚过的地方，生儿育女、安居乐业。

想象着春天燕子飞翔、穿插在柳枝间，一派春风和煦，春意融融的景象。燕与柳，都是春天的象征。元代诗人张可久的“鸟啼芳树丫，燕衔黄柳花”，和苏东坡的“燕子飞时，绿水人家绕，枝上柳绵吹又少”，描写的就是燕与柳。

燕子以昆虫为食，习惯于在空中捕食飞虫，不善于在树缝和地隙中搜寻昆虫食物，也不能像松鸡那样杂食浆果、种子和在冬季改吃树叶。北方的冬季没有飞虫可供燕子捕食，燕子又不能像啄木鸟和旋木雀那样去发掘潜伏下来的昆虫的幼虫、虫蛹和虫卵。食物的匮乏使燕子不得不每年都要来一次秋去春来的南北大迁徙。元代诗人杨维桢的《燕子词》“燕子来时春雨香，燕子去时秋雨凉”正是反映这一秋去春来南北大迁徙的。

燕子素以雌雄颉颃，飞则相随，双双燕子共衔泥。有诗云：“思为双飞燕，衔泥巢君屋。”一对燕子经常含情脉脉、卿卿我我地燕语呢喃，所以有“燕好”一词，以此而成为爱情的象征，新婚之喜也被称为“燕尔新婚”。《诗经·国风·邶风》：“燕燕于飞，差池其羽。之子于归，远送于野。”西方人把贵族的礼服称为“燕尾服”，中国人对燕子的喜爱更是到了极致推崇的地步。春秋战国时，有以燕为国名的燕国，有以燕为名的山——燕山，乐府曲有《燕歌行》，还有百家姓中就有燕姓，名叫燕子的则数不胜数了。

《香港通用邮票》“家燕”

古有鸿雁传书，也有借燕传书之说。燕、雁有相同的意象，唐代郭绍兰于燕足系诗传给其夫。《寄夫》诗云：“我婿去重湖，临窗泣血书，殷勤凭燕翼，寄于薄情夫。”正是因为燕子有情才促成了丈夫的回心转意，夫妻相会。虽然这仅仅是传说，但借燕传书却给人们留下了一种美好情愫的联想。当然多数传书，石沉大海，音信皆无，如张可久在《塞鸿秋·春情》中所描写的：“伤心燕足留红线，恼人鸾影闲团扇。”

燕子的意象，给人非常高雅美妙的感情寄托。所以，文人聚会有“燕聚”之说，燕通“宴”。秦观词中有“雅燕飞觞，清谈挥座”“燕钗春袅”。唐代诗人韦应物在《郡斋雨中与诸文士燕集》诗中有：“兵卫森画戟，燕寝凝清香。”“雅燕”“燕钗”“燕集”“燕寝”，都是让你读后心生歆羡，引发美妙遐思的好词。当然还有更多的以燕为典的成语，例如燕雁代飞、燕颔虎颈、柳莺花燕、燕骏千金、幕燕鼎鱼、兔丝燕麦、莺歌燕舞、劳燕分飞、莺俦燕侣等等，如果细细琢磨，当有更深之体悟。

很多人小时候都是从唱“小燕子，穿花衣，年年春天来这里，要问燕子你为啥来？燕子说，这里的春天最美丽”的儿歌开始认识和喜欢燕子的。记得小时候西安城墙西门城楼上成群的燕子满天翻飞，尤其是夏天的傍晚，燕子上下穿梭，时而从你面前掠过，时而在城门楼上空飞卷成一团云雾，十分地壮观。而且西安的钟、鼓楼，东南西北四个城门楼，都有这种灵巧的叫声啾啾的小生灵。

其实，这不是我们在乡下见的家燕，是雨燕，也叫楼燕。雨燕与燕从外观到习性都十分近似，但雨燕和家燕分属不同目和科。家燕属雀形目、燕科，雨燕是雨燕目、雨燕科，其科下共有十八属八十四种。有“翅膀发达的鸟”之誉，雨燕为小鸟中飞行最快者。雨燕中著名的金丝燕，筑巢在陡直的悬崖上，其中有些种类完全用唾液将巢筑于洞顶或洞壁，这些巢具有很高的经济价值，因为它们就是山珍海味中“燕窝”的来源。

T50《风筝》邮票：选取了四种燕子造型的风筝

相传燕子于春天社日北来，秋天社日南归。诗人把它们当作春天的象征。如宴殊《破阵子》：“燕子来时新社，梨花落后清明。”苏轼在“有如社燕与飞鸿”的诗句中干脆把燕子称为“社燕”。

唐代诗人，京兆万年（今陕西西安）人的韦应物和杜牧，都有描绘记录唐代长安燕子生活情景的诗作。韦应物在《长安遇冯著》一诗中有：“冥冥花正开，飏飏燕新乳。”杜牧在《村舍燕》一诗中有：“汉宫一百四十五，多下珠帘闭琐窗。何处营巢夏将半，茅檐烟里语双双。”

唐诗宋词中描写燕子的可以传颂古今的千古佳句还有刘禹锡的“旧时王

谢堂前燕，飞入寻常百姓家”，宴殊的“无可奈何花落去，似曾相识燕归来”，苏轼的“烟红露绿晓风香，燕舞莺啼春日长”。燕子受人喜爱，更引起古代诗人的特殊关注，写下数也数不清的相关诗作，让人惊异。看来，唯有借古诗的经典佳句串接此文，才会添彩生辉，才不会显得太轻巧。

7.“黑白双姝”看鹳鸟

鹳鸟，属于人们并不熟悉的一种鸟，说老实话一般人也难以分清鹳和鹤、鹭等类鸟的区别，尤其是它们在空中飞翔时。这几种鸟长得有点像，都是长足、尖喙、善飞翔、喜水的禽鸟。

《辞海》载：“鹳，鸟纲……大型涉禽。形似鹤亦似鹭；嘴长而直。翼长大而尾圆短，飞翔轻快，常活动于溪流近旁，夜宿高树。”

鹳泛指鹳形目鹳科中的诸种鹳鸟，体态优雅，尤其是翩翩飞翔的时候，身姿非常优美。全世界约有十六种鹳，中国产有四种，其中比较常见的有白鹳和黑鹳两种。梁代陶弘景云：“鹳有两种，似鹄而巢树者为白鹳，黑色曲颈者为乌鹳。”均为候鸟。

黑鹳和白鹳被人们誉为“黑白双姝”，以其超群脱俗、雍容典雅、仪态万方、

《鹳》邮票中的“黑鹳”和“白鹳鸟”

黑鹳（西安·东曼伟摄）

风情万种的天生丽质深受人们的喜爱。鹳类是比大熊猫还要古老的种群，目前国内仅几千只，国外亦不多，且多呈小种群，处于濒危或极濒危状态。属国家一类保护动物。鹳鸟被称为吉祥鸟，白鹳在欧洲也是非常有名的祥鸟，是德国的国鸟。常常在屋顶或烟囱上筑巢，在传说中，白鹳会将婴儿送到家中，所以也被称为“送子鸟”。

鹳鸟飞行技巧特异而高超，虽然飞姿似鹤，头颈前伸、双腿后掠，但鹳可长时间在空中翱翔，善于借助上升气流，像鹰雕类那样，双翅平展不动，逐步升入高空，为鹤类远所不及。在长距离飞迁时，不需要同鹤类、雁鸭、天鹅等大中型鸟类那样，在空中排成一定的队形，以便借助同伴冲开的气流来减低飞行能量消耗。三国时期魏国人阮籍《咏怀诗》有：“高鸟摩天飞，经天耀四海。”山西永济有鹳雀楼，王之涣诗中的“欲穷千里目，更上一层楼”是否有登楼而观“鹳鸟摩天飞”，需要穷千里目，更上层楼的意思在内呢？

鹳鸟的寿命较长，性成熟较晚，食量大，是有名的“大肚汉”。鹳鸟不会发出叫声，但白鹳能用上下嘴快速叩击发出“嗒嗒嗒”敲梆子似的响声。黑鹳从不鸣叫，有人认为它是“哑巴鸟”。陕西是中国北方重要的候鸟迁徙通道及集散地之一。白鹳、黑鹳在陕西为冬候鸟，夏季也曾见到，可能为繁殖鸟。在秦岭北坡的周至、眉县、西安、长安、华阴、潼关、大荔以及陕北的榆林、神木、府谷等地曾有分布。该鸟现在濒于灭绝，全球仅存不足三千只，甚为稀少。可近些年却在陕西频频发现。陕西朱鹮自然保护区、西

黑鹳（西安·东曼伟摄）

安泾渭湿地自然保护区、陕西黄河湿地自然保护区、陕西周至黑渭湿地省级自然保护区等十个湿地类型的自然保护区中湿地面积近八万公顷，在这些湿地当中，栖息的湿地鸟类九目二十科九十五种。其中属国家一级保护动物的有朱鹮、褐马鸡、大鸨、遗鸥和极为珍稀的黑鹳、东方白鹳，总共六种；子午岭山脉陕西境内富县西南部，清水河流域（正在申报省级自然湿地保护区）的清水河湿地，也发现有黑鹳和东方白鹳。

黑鹳（西安·东曼伟摄）

这几年，在一些湿地保护区之外的地方也发现了黑鹳、白鹳。例如，2010年5月秦岭之南洛河的洛南县柏峪寺、官桥段有上千只白鹭在水中嬉戏、觅食，其中杂有黑鹳和白鹳。2011年1月淳化县发现一只黑鹳。因挨饿难飞，被简单救治后，送到周至的陕西省珍稀野生动物抢救饲养研究中心继续救治。2011年3月2日下午，在宝鸡市金台区六川河生态文化旅游区发现两只东方白鹳悠闲地漫步河边。2012年3月西安浐灞生态区发现一只白鹳，也叫东方白鹳。这些美丽的鸟儿，很有可能是迁徙途中短暂停留，而良好的环境成为其迁徙“歇脚”的基础。较为乐观地推想，那些声称有黑鹳、白鹳的自然条件更优越的湿地自然保护区，这回肯定是不会少到零星的一两只了吧。

让人倍感惊喜的是，2014年5月在陕西白水县林皋湖发现了黑鹳的巢穴，已发现的黑鹳有十二只，正处于繁殖期。当时一只成鸟正在给巢穴中毛茸茸的幼鸟喂食，另一只成鸟在附近盘旋守护。这些幼鸟长大后，体长可达一米多，嘴和脚会变成红色。身上的羽毛除胸腹部为纯白色外，其余都会变成黑色，在不同角度的光线下，可以映出多种颜色。林皋湖一带植被茂盛、环境幽静，是黑鹳理想的栖息地。湖边有鲫鱼、白条、泥鳅等，湿地条件好，适合野生鸟类的生存。

这一下打破了人们的怀疑。陕西终于发现黑鹳的巢穴和种群啦！虽然种群还很小，但肯定会扩大的，当年秦岭深处发现朱鹮时也才有七只呀！

保护野生动物，不仅要注重对生态环境的改善，也要加强法制教育，严惩犯罪，杜绝人为的偷猎行为。这样在不久的将来，将会有更多的珍稀而美丽的精灵，飞临、停歇、觅食在三秦大地上，甚至在这里越冬、繁殖。有着“鸟中熊猫”“空中皇后”“黑白双姝”的黑鹳和白鹳，将成为和朱鹮一样的种群逐渐扩大、得到良好繁殖的我们陕西的国宝。

8. 黄鹂鸣翠柳

描写黄鹂鸟的诗，给我留下深刻鲜明印象的，就是诗圣杜甫的《绝句》“两个黄鹂鸣翠柳，一行白鹭上青天”了。“鸣翠柳”的“鸣”字用得妙绝，给人入画之灵动，能想象出黄鹂鸟抓住飘动的柳丝，荡悠嬉戏时，那种春天才会萌动的鲜活明丽，盎然生机。可谓享誉千古，冠绝万代。

《黄鹂》（曾孝濂绘）

黄鹂，鸟纲、雀形目、黄鹂科，黄鹂属鸟类的通称。黄鹂因其羽色鲜黄而名，共有二十八种。中国有六种，黑枕黄鹂为典型代表。黄鹂鸟的巢颇为奇特，似摇篮一般，悬挂于柔韧的枝柯梢头，随风摇曳，自然灵动中让你感到什么是诗意栖居的恬适。巢为深环状，用干草、枯枝、竹叶、草茎做成，再用细根、卷须及蛛丝缀合，内铺松针、兽毛、草穗，黄鹂的营巢技术，细腻而精巧，堪称一绝。

黄鹂鸟，绀趾丹嘴，体形小巧，馨风飘羽，金黄灿亮，给人眩目的艳羡。明代李东阳有诗“金堤柳色黄于酒，枝上黄鹂娇胜柳”，以明黄的柳色来映衬黄鹂，感觉别有韵致。南朝谢灵运的诗《登池上楼》中有“池塘生春草，园柳变鸣禽”，鸣禽婉转动人的歌喉，从园柳枝叶缝隙传出，让你分不清哪儿是翠柳，哪儿是鸣禽了。

《诗经》里的“黄鸟”或指黄鹂，或指黄雀，在《秦风》与《小雅》的篇什之中，各有一篇以“黄鸟”为题，且以黄鸟起兴的诗歌。这是最早记载黄鹂在陕西生活的诗歌了。《秦风·黄鸟》“交交黄鸟”，这个“交交”是

《益鸟》邮票中的“黑枕黄鹂”

黄鸟的独叫之声，而《诗经·周南·葛覃》里：“黄鸟于飞，集于灌木，其鸣喈喈。”这“喈喈”主要是摹写黄雀群飞合鸣的和谐。有独唱有合鸣，黄鹂不愧为鸣禽了。

黄鹂又名黄莺，因“莺歌”“莺声”而驰名天下。被称作是大自然的“歌唱家”，是诗人经常歌咏的对象。鸣声圆润嘹亮，低昂有致，富有韵律，婉转似笙簧，清脆如织机，十分悦耳动听。有春天的“东风第一声”之美誉，这出自明代李东阳的《黄莺》一诗：“柳花如雪满春城，始听东风第一声。”

古人以莺音入诗，如“娇莺呖呖啼芳树”“最好音声最好听”“春日载阳，有鸣仓庚”“莺歌暖正繁”“暖入黄簧舌渐调”“夏木阴阴啭黄莺”“织锦机边莺语频”“树树树梢啼晓莺”等。《世说新语补》载，南朝刘宁时的戴墉最爱听莺，春天他常“携双柑斗酒”出游，问他去哪里，回答说“往听黄鹂声”。

黄鹂属于和画眉、八哥、百灵、云雀一类的鸣禽。鸟类的鸣叫可分为叙鸣与啭鸣两种。叙鸣是日常生活中不分雌雄鸟都能发生的鸣叫，如“交交”之类；啭鸣是雄鸟在繁殖季节所特有的一种鸣叫，乃鸟类寻找配偶求欢的婚期行为，如“关关”之声。当然，这也可能是鸟类婚期中的雌雄共鸣。

记得前些年春天在秦岭之南的佛坪老县城采风，一次坐下歇息时，从身旁一丛柳树中传来了特别灵动好听的鸟叫声，啊，是黄莺！随鸟声寻觅不见，却不敢站起来，怕惊扰了莺声，遂闭目凝听，这美妙的百啭歌喉，比之囚笼之歌唱，那就如天籁之音，回荡在一片美妙至极的意境中，让你如醉如痴地享受着这音乐的盛宴，真有让耳朵过了一次年的感觉，也可以说清音洗耳，甚尔洗心了。

诗圣杜甫也爱莺声，他的《斗莺》诗云：“哑咤人家小女儿，半啼半歇隔花枝。”用拟人手法把花枝后面的莺声，比成是妙龄少女的歌声，“自在娇莺恰恰啼”。如今，以“燕语莺音”来形容少女之声，大概就是源出于此吧。

黄莺早在南北朝时就被当作春天的意象符号，丘迟在《与陈伯之书》中就写道："暮春三月，江南草长，杂花生树，群莺乱飞。"唐代有韩愈《早春雪中闻莺》一诗中的："朝莺雪里新，雪树眼前春。"司空曙《残莺百啭歌》一诗中的："送暖初随柳色来，辞芳暗逐花枝尽……共爱奇音那可亲，年年出谷待新春。"白居易诗中的："几处早莺争暖树，谁家新燕啄春泥。"宋代还有黄庭坚《调寄清平乐·晚春》中的："春无踪迹谁知？除非问取黄鹂。"

黄鹂（西安·东曼伟摄）

诗人也喜欢把黄鹂与"情"联系起来写，王安石有："何物最关情，黄鹂三两声。"诗传于世仅《春怨》一首的唐代诗人金昌绪则写道："打起黄莺儿，莫叫枝上啼。啼时惊妾梦，不得到辽西。"诗中情怨，意味别具，不需详解，就能感悟到其用情之深了。

唐代吴融在《莺》诗中写道："日落林西鸟未知，自先飞上最高枝。"李商隐在《天涯净》诗中写道："莺啼如有泪，为湿最高枝。"古人爱黄莺，以"占高枝"形容其地位身份之高贵。元曲四大家的王实甫为他的《西厢记》中的女主人公定名为崔莺莺；曹雪芹的《红楼梦》把薛宝钗的丫环，起名叫莺儿，如此命名是否象征着崔莺莺、薛宝钗有"占高枝"的意思呢？

奇妙的是，一些诗人以咏黄鹂起兴，偏偏能随之吟咏出传颂千古的佳句。例如秦观有诗云："夜月一帘幽梦，春风十里柔情。那堪片片飞花弄晚，蒙蒙残雨笼晴。正销凝。黄鹂又啼数声。春路雨添花，花动一山春色。行到小溪深处，有黄鹂千百。"杜甫的《蜀相》："丞相祠堂何处寻，锦官城外柏森森。映阶碧草自春色，隔叶黄鹂空好音。三顾频烦天下计，两朝开济老臣心。出师未捷身先死，长使英雄泪满襟。"韦应物的《滁州西涧》："独怜幽草涧边生，上有黄鹂深树鸣，春潮带雨晚来急，野渡无人舟自横。"你看，这其中的："夜月一帘幽梦""花动一山春色""野渡无人舟自横""出师未捷身先死，长使英雄泪满襟"无疑都是不可多得、映照古今的警句佳句经典。

现当代有点影响的有关黄鹂的作品不多，唯有一首台湾的，很好听并广为流传的叙事性民歌《蜗牛与黄鹂鸟》还差强人意，歌中骄傲的黄鹂鸟，嘲笑背着重重壳的蜗牛，自己反而成为被嘲笑的对象。另外还有成语“螳螂扑蝉，黄雀在后”，这黄雀就应该是黄鹂。而埋伏“在后”，挺负面的，总给人有点伺机而动的阴险意味。

但这些都影响不了人们对黄鹂的喜爱。因为它是大自然中的精灵，有了它的歌声，世界才变得如此美丽。真正是：“黄鹂鸣翠柳，东风第一声。先飞最高枝，此鸟最关情。”

9. 如意吉祥鸟——戴胜

戴胜鸟（西安·东曼伟摄）

戴胜鸟，应当属于最漂亮的鸟中长相最奇异的了。

戴胜鸟头顶有凤冠状的羽冠，十分醒目，直竖时像把打开的五彩折扇，小嘴细长往下弯曲，羽纹鲜艳，错落有致。它头顶的羽冠也被称作“胜”，唐宋时期，流行“镂金作胜”的风俗，李商隐有诗“镂金作胜传荆俗”。“胜”，也就是用纸或金银箔、丝帛剪刻而成的花样，剪成花草形者，称为“华胜”；剪成人形者，称之为“人胜”；剪成旗幡形，就称为“幡胜”；头上戴“胜”，这可能就是戴胜名字的由来。宋代女词人李清照在一首“菩萨蛮”中写道：“烛底凤钗明，钗头人胜轻。”其中就有戴胜鸟头顶金黄色大羽冠很像插着一枝幡胜之意。

《益鸟》邮票中的“戴胜”

这戴胜鸟，名字来头不小，据传说它借指的是古代神话人物西王母，《山海经·西山经》就有“西王母其状如人，豹尾、虎齿而善啸，蓬发戴胜”的记录。戴胜一词，源自戴玉琢之华胜，为西王母的头饰。1986 年陕西凤翔秦公 1 号大墓出土一件文物“金戴胜”，雀头有冠，五色，陕西历史博物馆收藏。

戴胜鸟的名字，还和节气和桑树有关。我国古代将谷雨分为三候：“第一候萍始生；第二候鸣鸠拂其羽；第三候为戴任降于桑。”是说谷雨后降雨量增多，浮萍开始生长，接着又名布谷鸟、杜鹃的鸣鸠，便开始提醒人们播种了，然后是桑树上开始见到戴胜鸟，人们要开始采桑养蚕了。唐代诗人白居易有：“二月村园暖，桑间戴胜飞。”刘驾有：“羞人夜采桑，惊起戴胜鸟。”韦应物在《听莺曲》中描写戴胜鸟“伯劳飞过声局促，戴胜下时桑田绿”，贾岛在《题戴胜》的诗中有“能传上界春消息”，宋代欧阳修在《啼鸟》诗中有“戴胜谷谷催春耕”。于是，戴胜成为吉祥鸟，成为春归大地的象征。

《戴胜》（曾孝濂绘）

戴胜以羽冠赢人，美丽华彩，飞起来更漂亮、更生动，一起一伏呈波浪式前进，姿态很像一只翩翩起舞的花蝴蝶，缓缓地扑扇翅膀，灵巧轻盈，美不可言。空中飞行时喉颈部伸长而鼓起，头前伸，并一边飞一边不断点头，且是边飞边鸣，时而冠羽耸起，旋又伏下，随着叫声，羽冠一张一合，姿态风趣妙然，煞是可爱。唐代诗人张何在《织鸟》一诗中描写戴胜“映日华冠动，迎风绣羽开”很是传神。

戴胜又名胡哱哱、花蒲扇、山和尚、鸡冠鸟等，为国家二级保护鸟类，栖息在开阔的田园、园林、郊野的树干上，是有名的益鸟，大量捕食金针虫、蝼蛄、行军虫、步行虫和天牛幼虫等害虫。在保护森林和农田，营造自然生态和谐方面有着极为重要的作用。在陕西戴胜为夏候鸟和旅鸟，各地都有，尤其是秦岭南北，更是它最佳栖居地。戴

戴胜鸟（西安·东曼伟摄）

胜鸟温顺，不怎么怕人，动辄就飞到寻常百姓家。当你与之近矩离对视时，它小眼睛左右看你一下，与你不即不离，自顾自地在草丛中觅食。

戴胜鸟是美丽的化身，更是美丽吉祥的代名词。具有深厚的中国传统文化内涵。千禧之年的2000年，中国金币总公司还发行中国珍禽彩色金银币，其《戴胜鸟》彩金银币各一枚，于新千年春节期间推出，就是寓意“千年伊始，戴胜如意”。

10. 秦岭中的猛禽

猛禽是鸟类的一种类型。一般来说猛禽有两大类，第一类是隼形类，如老鹰、秃鹫等，可分为新域鹫、鹭鹰、兀鹰、鹗、隼等五个科。第二类为鸮形类，如雕鸮、长耳鸮、雪鸮、草鸮等。

猛禽是人类的朋友，嘴强大呈勾状，翼大善飞，脚强而有力，趾有锐利勾爪，性情凶猛，捕食其他鸟类和鼠、兔、蛇等。它们有的嗜食鼠类及昆虫，有利于农林牧业；有的专食弃尸和腐肉，能够防止自然环境的污染，被誉为“自然界中的清洁工”。

秦岭中的猛禽，有被列入一级保护动物的白肩雕、金雕、玉带海雕、白尾海雕等；也有被列为二级保护动物的游隼、红隼、大鵟、秃鹫、鸢、白尾鹞、苍鹰、白腹鹞、鹊鹞、短趾雕、雕鸮等。其中金雕、白肩雕、秃鹫、红隼、大鵟、鸢、白尾鹞、苍鹰和雕鸮、长耳鸮都登上了中国邮政发行的方寸邮票。

《猛禽》邮票中的“红隼”

1997年在陕西华县泉护村遗址发掘过程中首次发现了全新世猛禽类标本，通过分类学的对比研究，这些标本被鉴定为苍鹰左尺骨、雕右跗跖骨和雕鸮右跗跖骨。这在先前陕西境内其他一些遗址中猛禽类的发现记载里是少有的。它为研究陕西关中秦岭北麓的华县泉护村遗址的古环境、古气候变化和推测遗址中出现的以猛禽类为题材的“陶鸮

《金雕》（曾孝濂绘）

鼎”“隼形陶饰”、陶器上出现的彩绘鸟纹提供了实物参考和人文背景，并成为进一步了解全新世时期古人生活特点的依据。这些骨骼对于鸟类的属种分类鉴定、起源，以及生活区域的分布，具有指示作用。

陕西华县泉护村出土的仰韶文化庙底沟类型的这三种猛禽，在陕西先前考古发掘中，仅在半坡、姜寨、宝鸡关桃园等新石器遗址中发现有雕一种。

这里所说的雕应该就是金雕或白肩雕，此雕虽然被列入一类保护动物名单，属于濒危种类，但它在北方，尤其是秦岭山中还是比较容易见到的。

雕善飞，栖息于深山幽谷之中，能捕食野兔、小山羊、羚羊等这些较大的动物，这类凶猛禽鸟十分难于捕捉，这应该是泉护村人偶获的，或者说明约六千年前的泉护村人打猎的水平。这给人有一种意外的惊异。

陕西华县泉护村出土的仰韶文化庙底沟类型的“鹰头形器盖”，鹰头造型为圆盘状，盖钮处理成尖状鹰嘴，用锥刺法刻出羽毛，双目圆睁、神态机警。这是鹰的形象首次出现在陶器上，可能有古人崇拜鹰，把苍鹰猛禽类图案作为族徽、图腾等原因，像半坡人对鱼一样。

无独有偶的是，1959 年华县太平庄还出土新石器时代的“鹰形尊”“陶鹰鼎”，也属于仰韶文化庙底沟类型，现藏于中国国家博物馆，属于首批禁止出国（境）六十四件国宝级文物中的一件。这件鹰形尊造型奇特，整体结构简洁，体积感很强，鹰桀骜凶猛的气势被淋漓尽致地刻画了出来，鹰的双足和尾部为鼎足稳定地撑柱于地，后收的双翅围过鼎的中后部，形成一种前扑的动势，尖嘴大眼，粗壮双足，板状尾巴，使这只鹰显得威风凛凛。尤其是鹰眼锐利，特别的逼真传神，怪不得人们常以鹰眼来形容一个人的厉害阴鸷。

现在已知的我国最早的雕刻作品出现于距今六千年新石器时代中、晚期。华县泉护村和太平庄这两处遗址出土的“陶鸮鼎”“隼形陶饰”、陶器上的“鹰头形器盖”和这件国宝级的“鹰形尊”，就是最早的文物实证。

西汉 玉鹰（陕西咸阳市周陵乡新庄村汉元帝渭陵遗址出土）

而后从周、秦、汉开始，以鹰形为主的工艺品，实用装饰的玉雕、青铜器、金银器以及画像砖、壁画等出土文物出现鹰的形象更为普遍。

有扶风玄塘村出土的“西周鹰形玉凤”，喙带钩并很夸张。眉县杨家村出土的“西周逨盉”，口上为鹰勾嘴鸟。有流失海外的青铜珍品“鹰尊”，收藏在美国的华盛顿弗利尔美术馆。青铜“鹰尊”的头部就很像鹰的头，形状是较为写实的特征，啄可以开合。尊的鹰头为器盖，与器一体有榫旋转可紧固，后颈有鸟书铭。从尊的外形看像一雄鹰，双足落地，威严挺立，两个凸起的眼睛，正视着前方。整件器物由头部、身躯和双腿三部分组成。1972年在陕西咸阳市周陵乡新庄村汉元帝渭陵建筑遗址出土一件西汉“玉鹰”。和田玉质，器圆雕，技艺精湛，手法纯熟。只见鹰展翅飞翔于空中，动感十足，惹人喜爱，不愧为汉代玉雕中精华之极品。还有陕北绥德鸣咽泉出土汉画像石上的两只鹰形朱雀，带钩状的长喙很显眼。

西汉 玉鹰剑首（陕西汉中市南郑县龙岗寺遗址出土）

1981年在西安市大白杨西汉早期墓出土了两件鹰形玉器，现藏西安市文物交流中心。第一件为“鹰形玉珩”，青白玉，玉质滋润，扁平体，阴刻镂空透雕一展翅侧首呈飞翔状雄鹰形象，以粗阴线和密集平行的短阴线互相结合刻划细部，形态夸张、生动，动感很强，将雄鹰矫健凶猛的形象表现得相当成功。两面造型纹样相同。第二件为“双鹰纹玉璧”，白玉，玉质温润，有少许土沁，璧两面内外缘均碾琢出一圈凸棱，璧面浅浮雕两只背靠背之雄鹰，双鹰均为回首，其雕琢技法为剔地隐起并加饰阴线，属人体装饰用玉。

西安博物馆还藏有一件东汉“鎏金鹰形杖首”，1972年8月西安市第二机砖厂出土。该杖首上为鹰首形，下为兽身蹲坐状。全身共六爪，鹰首的眼和冠，

东汉　鎏金鹰形杖首（西安市第二机砖厂出土）

镶嵌琉璃和绿松石。通体表面鎏金。另外，陕西历史博物馆收藏有一件陕西神木纳林高兔出土的战国“鹰嘴金怪兽”，圆雕、透雕、浮雕兼施。鹰喙兽身头生双角如鹿，偶蹄，立于四瓣花形托座上。金光灿灿，精美之极，让人一见难忘。陕西西安的唐大明宫遗址出土的唐代“鹰形玉饰件”，现藏于西安市文物保护考古所。青玉，玉质温润细腻，近似长方体，雕出鹰首和前半身，鹰圆目尖喙，双眼是用不同直径的管钻所打，其内的毛茬尚清晰可见，鹰首顶雕出两个小浮突，眼下颈部均以砣具碾琢出凹槽，背身雕出翅膀羽毛，后端平齐，正中钻一大圆孔，背部亦钻五个圆孔，因此它可能是皇家榻、步辇或宫殿内的装饰构件。

这些与雕、鹰、鹗有关的陕西出土文物，构成了一道色彩斑斓而奇丽的风景线，不仅证明了陕西是鹰类猛禽最重要、最早的发源地、栖息地，而且还呈现出陕西鹰文化的博大精深和丰富多彩。

中国民间文化中的鹰形象，可追溯至原始社会的图腾崇拜。鹰是神的化身，所以华夏民族经常视鹰为神，有“神鹰”“天鹰”之誉。《诗经》中描述军队出征：“牧野洋洋，檀车煌煌……维师尚文，时维鹰扬。”以鹰象征军容的威猛和战争的胜利。《列子·黄帝篇》中记载：“黄帝与炎战于阪泉之野，帅熊罴狼豹为前驱，雕、鹏、鹰、鸢为旗帜。”“雕、鹏、鹰、鸢”皆为鹰属之猛禽。李白在《独漉篇》一诗中有：“神鹰梦泽，不顾鸱鸢。”杜甫喜爱鹰，他的咏鹰诗数量特别之多，例如《画鹰》一诗中云：“何当击凡鸟，毛血洒平芜。”再有写鹰之“杀气森森到幽朔”“乘

战国　鹰嘴金怪兽（陕西榆林市神木县纳林高兔出土）

威灭蜂虿，戮力效鹰鹯”。《战国策·魏四》中有唐雎对秦王的几句话：“夫专诸之刺王僚也，彗星袭月；聂政之刺韩傀也，白虹贯日；要离之刺庆忌也，仓鹰击于殿上。”这句“仓鹰击于殿上”够吓人，据说一贯骄横的秦王，后来的秦始皇，在秦咸阳宫里听了这番话后，居然神色沮丧，有点儿失魄落魂。

再有，晋代傅玄《鹰赋》中有：“左看若侧，右视如倾，劲翮二六，机连体轻，勾爪悬芒，足如枯荆，觜利吴戟，目颖星明，雄姿邈世，逸气横生。”白居易有：“鹰翅疾如风，鹰爪利如锥。”柳宗元有：“云披雾裂虹蜺断，霹雳掣电捎平冈。”都是咏鹰诗的传世之作。这些咏鹰诗人中基本都与陕西有关，杜甫自称“少陵野老”“杜陵布衣”，少陵、杜陵，即在今西安市长安区；傅玄为北地郡泥阳（今陕西铜川耀州区东南）人；白居易祖籍为太原下邽人。而唐下邽县位于今陕西渭南市渭河以北；柳宗元出生地、生长地、中举地和卒葬地都在西安。

下面就专门介绍和陕西秦岭有关的几种猛禽：

金雕，属于鹰科，别名金鹫、老雕、洁白雕、鹫雕，所谓金色，可能是就它头和颈后羽毛在阳光照耀下反射出的金属光泽而言。金雕是北半球上一种广为人知的大型猛禽，被列入中国国家一级重点保护动物名录，是猛禽类皇冠上的“钻石”，以其突出的外观和敏捷有力的飞行而著名。成鸟的翼展平均超过两米，体长则可达一米，腿爪上全部都有羽毛覆盖着。它善于翱翔和滑翔，常在高空中一边呈直线或圆圈状盘旋，一边俯视地面。发现目标后，常以每小时三百千米的速度从天而降，并在最后一刹那戛然止住扇动的翅膀，然后牢牢地抓住猎物。它捕食的猎物有数十种之多，如雁鸭类、雉鸡类、松鼠、野兔、山羊、狍子等，有时也吃梅花鹿、叉角羚，甚至大灰狼等大型兽类。金雕猎狼，确实影响很大，曾经有记载一只金雕先后抓获十四只野狼。秦岭山中不少动物保护区和森林公园，都有金雕翱翔其中不时闪现的影子。

《猛禽》邮票中的“白肩雕”

白肩雕，英文名称叫“ImperialEagle”，意思是“皇家的鹰”，在我国也有一个类似的名字叫“御雕”。是大型猛禽。体长七八十厘米。体羽黑褐色，头和颈较淡，肩部有明显的白斑，在黑褐色的体羽上极为醒目，很远即可看见，这是区别于其他雕的主要特征，因而得名。滑翔时两翅平直，滑翔和翱翔时两翅亦不上举成V字形；同时飞翔时尾羽收得很紧，不散开，因而尾显得较窄长。幼鸟头皮黄褐色，背具黄褐色斑点，飞翔时尾常散开成扇形。栖息于海拔两千米以下的山地森林地带，尤喜混交林和阔叶林，常单独活动。或翱翔于空中，或长时间地停息于空旷地区的孤立树上或岩石和地面上。

秃鹫，又称座山雕或秃鹰，是一类以食腐肉为生的大型猛禽。全身除初级飞羽呈黑色、尾羽呈黑褐色外，颈部和头部裸露处覆有褐色绒羽，其他羽衣均为暗褐色；虹膜、嘴端均黑褐色，腊膜铅蓝色，跗跖和趾灰色，爪黑色。秃鹫栖息山地，分布较广。据报道：2012年12月8日西安一市民在秦岭山中，花八万元从食客嘴中买下两只秃鹫在山中放飞，证明秃鹫这种大型猛禽在秦岭的普遍存在。

《猛禽》邮票中的“鸢”

鸢，鸟名，鸷鸟，属猛禽类，俗称鹞鹰、老鹰。体长约六十五厘米，状类鹰，唯嘴较短。上体暗褐杂棕白色，耳羽黑褐色，故又名“黑耳鸢”。下体大部分为灰棕色带黑褐色纵纹，翼下具白斑，尾叉状，翱翔时最易识别。攫蛇、鼠、鸡、雏鸟为食。分布几遍我国各地，终年留居。《诗·大雅·旱麓》有这样的记载：“鸢飞戾天，鱼跃于渊。”

白尾鹞，又称灰鹰，体形似雀鹰。鹰科，古名“鹞子”“笼脱”，今通称“鹞鹰”、鹞子。形体像鹰而比鹰小，背灰褐色，以小鸟、小鸡为食。

唐代长安城有饲养鹞的官署，称鹞坊，证明早在唐代长安城中就开始驯养“鹞鹰”；还有西岳华山一著名景点叫“鹞子翻身”。

《猛禽》邮票中的“苍鹰”

苍鹰，中小型猛禽。体长可达六十厘米，翼展超过一米。头顶、枕和头侧黑褐色，枕部有白羽尖，眉纹白杂黑纹，背部棕黑色，尾方形。飞行时，双翅宽阔，翅下白色，栖息于不同海拔高度的针叶林、混交林和阔叶林等森林地带，也见于山地平原和丘陵地带的疏林和小块林内。视觉敏锐，善于飞翔。性甚机警，亦善隐藏。通常单独活动，叫声尖锐洪亮。见于整个北半球温带森林及寒带森林。

《猛禽》邮票中的“白尾鹞”

红隼，别名茶隼、红鹰、黄鹰、红鹞子，栖息于山地和旷野中，分布活动范围相当大，几乎遍布全国各地，多单独或成对活动。飞行快速，善于在飞行中追捕猎物。以猎食时有翱翔习性而著名。吃大型昆虫、鸟和小哺乳动物。呈现两性色型差异，这在鹰中是罕见的；雄鸟的颜色更鲜艳。属小型猛禽，体型大小与喜鹊差不多。尾较长，约占体长一半，背、肩上覆羽多为砖红色，后颈、颈侧蓝灰色，腹部灰白色。红隼不喜筑巢，常侵占鹊、鸦等鸟类巢穴，有趣的是甚至连松鼠的窝也会侵占。但红隼也有败于喜鹊的记录，《三秦都市报》2014 年 2 月 11 日刊登了摄影者 2 月 9 日在陕西大荔县黄河滩上拍摄两只饥饿难忍的喜鹊，竟从一红隼嘴中抢夺食物画面的组图，喜鹊勇斗猛禽红隼，确实十分罕见。

《猛禽》邮票中的“大鵟”

大鵟，为鹰科鵟属的鸟类，是一种大型猛禽，全长约七十厘米，栖息于山地、山脚平原和草原等地区，也出现在高山林缘和开阔的山地草原与荒漠地带，垂直分布高度可以达到四千米以上的高原和山区。喜停息在高树上或高凸物上。在中国终年留居在东北北部、西北和青藏高原等地。大鵟，一般老百姓也叫老鹰，因体型大，性凶猛，故又被称为“豪豹”或“白豹”。

雕鸮，鸮类中最大的。面盘显著，为淡棕黄色，杂以褐色的细斑。因其头部似猫，故俗称“猫头鹰”，别名神猫鹰，现在用来命名鸮形目猛禽。该目猛禽均为夜行性鸟类，广泛分布于除南极洲外的世界各地，现存约一百四十种，常见的种类还有长耳鸮、短耳鸮、仓鸮、草鸮、雪鸮等，均属于国家二级保护动物。

长耳鸮，别名长耳猫头鹰、夜猫子，属于鸱鸮科。中型猛禽，体羽棕黄色，上体密布黑褐色粗羽干纹和虫蠹状细斑。嘴铅褐色，爪黑色。栖息于山地森林或平原树林中。主要以鼠类和昆虫为食。对于控制鼠害有积极作用，应大力保护。长耳鸮广泛分布于北半球北部的大陆上。

巍巍秦岭，不仅是哺育中华文明，承载中国历史的“龙脉”之地，也是中国生物物种最为丰富的生物基因库。由于秦岭山地南北存在着地貌气候和植被等自然因素的差异，因此造成动物生活环境的复杂性和多样性。因之秦岭成了一个真正意义上的动物天堂，当然也是猛禽类动物的天堂。看来，我们要认识猛禽，第一个就应当走进秦岭。

11. 大雁飞过陕西

（1）雁之史话

说到大雁，首先就想起“雁阵”，我们可以看见大雁在天空飞行时，队伍一会儿排成“人”字形，一会儿又由“人”字形换成“一”字长蛇形。由有经验的“头雁”带领，大雁懂得借用飞行中产生的气流，减少阻力，从而节省了体力。可见大雁是智慧之鸟。

元代　玉鸿雁（陕西省西安市南郊何家村出土）

1985年陕西省神木县店塔村出土了一件“西汉·彩绘雁鱼铜灯”，灯由衔鱼的雁首、雁身、两片灯罩及带曲鋬的灯盘四部分组成，可拆卸。雁身为两范合铸，通体彩绘红、白二色。两灯罩可自由转动，能调节灯光照射方向和防御来风。雁腹内可盛清水，灯烟经雁颈溶入水中，可减少油烟污染。构思精巧别致，是汉代灯具中的杰作。现收藏于陕西历史博物馆。1971年西安市雁塔区三兆村出土一件“西汉·鸿雁形熏炉”，炉体鸭形，额顶浮雕有羽纹，

西汉　鸿雁形熏炉（西安博物院藏）

长颈，昂首挺胸，背脊隆凸，为可启闭的子母扣镂空炉盖，饰透雕缠绕卷云纹。秦汉瓦当中有“奔虎逐雁纹”“飞鸿纹”，“汉·千秋万岁”文字瓦当中，“千”字就被绘成飞雁形，极富创意。

元代　玉鸿雁（陕西省西安市南郊何家村出土）

关于飞雁，《三辅故事》有记载：楚霸王项羽入关后，曾以三十万人盗掘秦陵。在他们挖掘过程中，突然一只金雁从墓中飞出，这只神奇的飞雁一直朝南飞去。斗转星移过了几百年，到三国时期（宝鼎元年），一位在日南做太守的官吏名曰张善，一天，有人给他送来一只金雁，他立即从金雁上的文字判断此物乃出自始皇陵也。这个神奇的传说，在武伯纶、张文立《秦始皇帝陵》一书中，还得到了一定的肯定：“秦国的工匠能制造出会飞的金雁，这是可信的。”因为在司马迁《史记》和班固《汉书》中都有秦始皇陵墓内有“黄金为凫雁”的文字记述。当然也有可能是古代文人借此演绎了这个神奇的飞雁传说。

大雁属鸟纲，鸭科，是雁亚科各种类的通称。全世界共有九种，我国有七种，除了白额雁外，常见的还有鸿雁、豆雁、斑头雁和灰雁。

《诗经·鸿雁》有：“鸿雁于飞，肃肃其羽。……鸿雁于飞，集于中泽。……鸿雁于飞，哀鸣嗷嗷。”此诗以鸿雁写流民，其中“鸿雁于飞，哀鸣嗷嗷”，引出“哀鸿”一词，成了苦难流民的代称。《易经·渐》虞翻注：“鸿，大雁也。”《诗经卷之五朱熹集传》：“大曰鸿，小曰雁。”《诗经·国风·邶风》有“鸣雁”之说。

清代文官官服补子

大雁是一个具有团队精神的群体，几千公里的漫长旅途要飞上一两个月，所以必须长时间不停歇地飞。此时单靠一只雁的力量显然是不够的，它们懂得必须互相帮助，才能飞得快飞得远。有劲的大雁在扑翅膀飞的时候，翅膀尖扇起一阵风，从下面往上面送，就把小雁轻轻地抬起来，长途跋涉的小雁就不会掉队。在飞行中，带队的“头雁”体力消耗得很厉害，因而它常与别的大雁交换位置。幼鸟和体弱的鸟，大都插在队伍的中间。停歇在水边找食水草时，总由一只有经验的老雁担任哨兵。“雁阵”之飞，也是一种集群本能的表现。因为这样还有利于防御敌害。如果掉队的孤雁南飞，就有被天敌鹰雕之类猛禽吃掉的危险。

大雁又称野鹅，属于国家二级保护动物。大雁是最忠贞的爱情鸟之一，大雁从不独活，一群大雁里很少会出现单数。一只死去，另一只也会自杀或者郁郁而亡。所以唐代诗人崔涂在《孤雁》中有：“几行归塞尽，念尔独何之。暮雨相呼失，寒塘欲下迟。渚云低暗度，关月冷相随。未必逢矰缴，孤飞自可疑。”

大雁乃是禽中之冠，自古被视为“五常俱全”的灵物。所谓五常也称五德：仁、义、礼、智、信也。

仁心，表现在一队雁群当中，对于不能自己打食的老弱病残之辈，其余的壮年大雁，绝不会弃之不顾，而是会一管到底，养老送终，此为仁者之心。

大雁最重情义，雌雄相恋，绝对从一而终。不论是雌雁死或是雄雁亡，剩下的孤雁，到死也不会再找别的伴侣。

天空中的雁阵，飞行时从头到尾依长幼之序而排，称作“雁序”。一般都是由老雁引领，尤其是猎食栖居之时，壮雁都不会争抢赶超到老雁前边，这是其礼让之德。

大雁又被称为“智鸟”，不仅表现在排“雁阵”上，到落地歇息之际，群雁中会派出担任警戒的哨雁。所谓犬为地厌、雁为天厌、鳢为水厌，这三种生灵最是敏锐机警，一有什么风吹草动，群雁就会立刻飞到空中躲避，所以不论是猎户还是野兽，都很难轻易接近地上的雁群。

雁之信，不是指替人传书捎信，而是指大雁南北迁徙从不爽期。大雁是候鸟，因时节变换而迁动，至秋而南翔，故称秋天为雁天。韦应物的《南中咏雁》：“万里人南去，三春雁北飞。”《吕氏春秋》有：“孟春之月鸿雁北，孟秋之月鸿雁来。”

（2）落雁之说

中国古代著名的四大美女之一的王昭君，是所谓“闭月、羞花、沉鱼、落雁”中的落雁。而这四大美女中有三位，“羞花”的杨玉环、“闭月”的貂蝉、“落雁”的王昭君，都在汉唐的皇都长安城生活过。

《石湾陶瓷》邮票“昭君出塞”

“落雁”是一个美丽的传说，说的是：昭君出塞，去一个完全陌生荒凉的地方。前途难卜、心绪难平的她，在坐骑之上拨动琴弦，奏起悲壮的离别之曲。南飞的雁听到这悦耳而悲切的琴声，望见了这个坐在马上的美丽无比、清纯如水的女子，被她的倾国倾城之绝色美貌惊呆了，一瞬间，竟然忘记了摆动翅膀，纷纷扑落于平沙之上。遂成“平沙落雁”世之绝唱。从此，昭君就得到了“落雁”的美称。

身处异域苦寒之地，背井离乡，一个孤苦的弱女子，心怀思乡之忧苦伤悲，确实不容易。昭君在《怨词》一诗中倾吐说：“父兮母兮，道且悠长。呜呼哀哉，忧心恻伤。”还有北归南飞的大雁，听到昭君孤身塞外弹琴思乡之悲切琴声，主动飞到昭君身旁，为她捎传家书回故乡的故事。

《平沙落雁》也是一首古琴曲，有多种流派传谱，其意在借大雁之远志，写逸士之心胸。最早刊于明代《古音正宗》。

昭君出塞是我国历史上的一个真实故事。和被称作红颜祸水、命运悲惨

《明妃出塞图》（宋·宫素然绘）

的“闭月”“羞花”的貂蝉、杨贵妃不同的是，昭君以一个普通宫女的命运，联系上了国家的命运。她毅然请命，即使要远赴人人畏惧、荒凉困苦的大漠

《昭君出塞》邮票

塞北，嫁给一个垂老的呼韩邪单于，也要冲破如同囚禁的汉宫牢笼，不甘花尽残红，青春凋谢，青丝变白发。昭君的这种选择，有着对自由的渴望，也有牺牲自己、奉献国家的大义，这无疑是一种伟大的选择。

历史让一个柔弱女子担当起“宁胡”和亲匈奴的责任。正如东汉·班固《汉书·匈奴传赞》记载：昭君出塞六十年，“边城宴闭，牛马布野，三世无犬吠之警，黎庶亡（无）干戈之役。”可以说，昭君不辱使命。在中国四大美女中，王昭君的人生最光彩最灿烂。

另外，昭君出塞时的真实历史背景让我明白，汉家和亲政策的正确和战略意义，并非和后世的南宋向金议和，清末的丧权辱国、割地赔款、签订不平等条约等同，是大汉一直扶持援助的呼韩邪单于称臣后，为了表明自己的诚意，于竟宁元年（前 33 年）春正月，第三次来汉朝觐见，提出“愿婿汉氏以自亲”。汉元帝因其不忘恩德，乡慕礼义，复修朝贺之礼，才决定把当时的昭君赐婚给单于的。此举进一步消除了汉匈之间的戒备心理，成为造福汉匈老百姓的千秋大计。当时西域各国听到匈奴和汉朝和好了，也都争先恐后地同汉朝修好来往，一时间边境和睦、贸易发展、百姓幸福、安居乐业。虽只延续六十年，但也是于民于社稷，功莫大焉。

而汉元帝是延续他父亲汉宣帝的国策。史载，呼韩邪是第一个到中原来朝见的单于，汉宣帝像招待贵宾一样招待他，亲自到长安郊外去迎接，为他举行了盛大的宴会。呼韩邪单于在长安住了一个多月，他要求汉宣帝帮助他回去。汉宣帝答应了，派了两个将军带领一万名骑兵护送他到了漠南。这时候，匈奴正缺少粮食，汉朝还送去三万四千斛（古时候十斗为一斛）粮食。

民间传说中，王昭君有皓月之称，集山水阴柔和天地温和之气，与山间

溪流，空壑皓月同色。昭君虽然早在两千多年前就离我们而去了，但她灿如皓月的光辉，照亮了中国历史，也给中国四大美女四射的艳光中，增添了一道最亮丽、最清纯的光，永远亮在极天处。

（3）鸿雁传书

说“鸿雁传书”，首先要说“苏武牧羊”，因为故事因此而起。故事源于《汉书·李广苏建传》。

《苏武牧羊图》（清·黄惧绘）

据载，汉武帝天汉元年，苏武出使匈奴，被长期拘留，关押在北海（今贝加尔湖）苦寒地带，十九年不得归。后汉匈通好，而匈奴单于却诡称苏武已死。汉使至匈奴，与苏武一同出使匈奴的常惠秘密地见到了汉使者，告知苏武并没有死，并让他对单于说：天子射猎长安上林苑，得一雁，足系帛书，言武在某一大泽中。单于闻言，惊视左右，遂向汉使谢罪，只得把苏武放归汉朝。于是，“鸿雁传书”便传为千古佳话。而鸿雁，也就成了信使的美称。

苏武（前140~前60年），字子卿，汉族，父苏建，杜陵（今陕西西安东南）人，西汉武帝时为郎。天汉元年（前100年）奉命以中郎将持节出使匈奴，被扣留。面对威逼利诱，持节不屈，誓死不降匈奴；他义正词严地回答来劝降的李陵：“常愿肝脑涂地。今得杀身自效，虽蒙斧钺汤镬，诚甘乐之。”而“斧钺汤镬”也成为流传至今很有名的一句成语。斧钺，古代军中刑戮。汤，滚开的水。镬，古代的大锅。汤镬，古代一种酷刑，把犯人投入滚水中煮死。指各种酷刑。

苏武去世后，汉宣帝将其列为麒麟阁十一功臣之一，彰显其节操。确实，每当想象着风雪之中，白发苍苍的苏武持节在苦寒之地牧羊的画面，眼前就一片泪花，好一个不辱使命，出在我们陕西的、光照千秋的民族英雄。

陕西省武功县武功镇龙门村有苏武墓，为陕西省重点文物保护单位。而苏武故里，一说在今陕西武功县苏坊乡的苏坊村，古称苏台。另一说则是史书载的杜陵（今陕西西安东南长安区）。

关于“鸿雁传书”还有一个版本也是发生于陕西，而且是更为人所熟知、所喜欢的故事：唐朝薛平贵远征在外，王宝钏苦守寒窑十八年矢志不渝等待丈夫。一日，王宝钏正挑野菜，忽闻空中鸿雁连声呼唤，遂请求代为传书于平贵夫郎，谁料想鸿雁有情，竟落在王宝钏身旁。然一时难寻笔墨，情急之下，撕下罗裙，咬破指尖，写下血泪书信。这寒窑遗址就在今西安之南的曲江，亦称五典坡。

王宝钏“大雁捎书”纹裹肚（富平·惠广义藏）

这两则传说，一悲壮一凄美，均出陕西，实在让人慨叹。看来，中国书信文化的渊源应当是非陕西莫属了。

“鸿雁传书”是古时人们一种思念、乡愁的寄托和美妙奇幻的想象。所以，鸿雁成为诗歌的托情意象，历代均有咏“雁”之诗。有影响的咏“鸿雁”诗，有蔡文姬的《胡笳十八拍》：“雁南归兮欲寄边声，雁北归兮为得汉音。雁飞高兮邈难寻，空断肠兮思喑喑。”到了唐代，诗人刘商拟蔡文姬所作《胡笳十八拍》：“当日苏武单于问，道是鸿雁解传信。学他刺血写得书，书上千重万重恨。”把苏武牧羊故事中的“鸿雁传书”和蔡文姬思乡之情联系在了一起。

此后，咏雁之诗就非常普遍了。有杜甫《天末怀李白》：“鸿雁几时到，江湖秋水多。”李商隐《离思》：“朔雁传书绝，湘篁染泪多。”李白《与夏十二登岳阳楼》：“雁引愁心去，山衔好月来。”赵嘏《长安秋望》：“残星数点雁横塞，长笛一声人倚楼。”褚亮《秋雁》：“日暮霜风急，羽翮转难任。为有传书意，翩翩入上林。”沈如筠《闺怨》：“雁尽书难寄，愁多梦不成。”李清照的《一剪梅》：“云中谁寄锦书来？雁字回时，月满西楼。”苏东坡的《浣溪沙》：“沙上不闻鸿雁信。”以及南朝乐府民歌《西洲曲》“忆郎郎不至，仰首望飞鸿”等等。

而“鸿雁”很早就成为中国邮政的象征。1897 年清朝的大清邮政发行的普通邮票中，除过“蟠龙、跃鲤”，就是“飞雁”。1949 年民国邮政发行了

"飞雁图基数邮票"，到了中华人民共和国成立后的 1958 年 7 月 10 日，邮电部发行了《莫斯科社会主义国家邮电部长会议》纪念邮票一套两枚，其主要图案就是广播电讯发射塔和正在蓝天上展翅飞翔的大雁。再有 1987 年 7 月 1 日发行的《邮政储蓄》邮票，整版票分上中下三格，两个过桥上印有绿色鸿雁图案；2005 年发行的《信达天下》邮资明信片上，邮资图案采用的也是翩翩展翅的大雁。

另外，台湾地区邮政部门在上个世纪六十年代更是接二连三地发行大雁邮票，1966 年 10 月发行《雁行图》邮票一套九枚，每枚邮票上的大雁多达六只；1968 年发行的邮票和小全张上，采用的均为"雁行图"。

汉、唐时代，鸿雁可能一次书信也不曾传递过。人们还是称其为"雁使"，称信使为"雁足"。但是，在南宋末年，即公元 1274 年，真还有一只鸿雁充当了元朝的国信大使。说的是：元使郝经出使于宋，被禁于真州（今江苏仪征）十六年，后得一雁，手写帛书，系之雁足，而纵之，其书曰："零落风高恣所如，归期回首是春初。上林天子援弓缴，穷海累臣有帛书。"又于诗后书曰："中统十五年九月一日放雁。获者勿杀国信大使。郝经书于真州忠勇军营新馆。"帛书共五十九字，秋季放雁，次年春，果为北方元人得获，进呈于元世祖。忽必烈见书恻然良久，遂决意南伐。两年后，南宋灭亡。这封"雁足书"后珍藏于元朝秘书监，即北京元大都的皇家档案馆。

"鸿雁传书"之前，还有"青鸟传书"的故事。"青鸟传书"源自《山海经》。也和陕西长安有关系。

《红嘴蓝鹊》传说中西王母的青鸟（曾孝濂绘）

传说居住在昆仑山的玉山上的西王母，要前往西汉长安城的未央宫。青鸟前去传书，一直飞到了承华殿前。汉武帝看到这只美丽可爱的鸟儿甚为惊奇，便问大臣东方朔这鸟叫什么名字，是从哪里飞来的。东方朔告诉武帝说，这只鸟叫青鸟，是西王母的使者，现专门为报信而来的，西王母很快就要来了。果然过了一会儿，西王母就由大鵹、少鵹两只美丽的鸟儿左右扶持着，来到了殿前，汉武帝与群臣们赶忙迎接。唐代诗人韦应物有诗专门叙说此事"欲来不来夜未央，殿前青鸟先回翔"；还有崔国辅的诗：

“遥思汉武帝，青鸟几时过。”

据《山海经》记载，这青鸟共有三只，“三青鸟赤首黑目，一名大鵹，一名少鵹，一名青鸟。居三危之山，为西王母取食。”这三只赤首黑目的神鸟，是西王母的随从与使者，具三足，乃力大健飞之猛禽，它们不但为西王母觅取食物，还能飞越千山万水为西王母传递信息。陶渊明《读〈山海经〉其五》云：“翩翩三青鸟，毛色奇可怜。朝为王母使，暮归三危山。我欲因此鸟，具向王母言：在世无所须，惟酒与长年。”

美丽的青鸟，美好的传说，引得古往今来多少文人墨客争相赋诗吟颂。李璟有诗“青鸟不传云外信，丁香空结雨中愁”；李白有诗“愿因三青鸟，更报长相思”“三鸟别王母，衔书来见过”；李商隐有诗“青鸟西飞意未回，君王长在集灵台”“蓬山此去无多路，青鸟殷勤为探看”；曹唐有诗“歌听紫鸾犹缥缈，语来青鸟许从容”，胡曾有诗“武皇无路及昆丘，青鸟西沉陇树秋”，曾士毅有诗“幡影不随青鸟下，洞门空闭紫霞微”；姚孟昱有诗“穆王驭骏旧时游，青鸟书传信久幽”；杨巍有诗“青鸟已无白鸟来，汉皇空筑集灵台”；张帮教有诗“黄竹歌堪听，青鸾信可通”；练国士有诗“蟠桃难定朝天日，青鸟依然入汉时”；万象春有诗“一双青鸟归何处？千载桃花空自疑”；梅询有诗“青鸾消息沉桑海，目新金鳌第一峰”。

上面所例举的这些诗作，借用的均是“青鸟传书”的典故。从中我们可以感觉到，青鸟已从《山海经》中所描述的神力无限的猛禽，变成了善解人意、温和良善、体态轻盈、可亲可爱的“信使”了。

再就是“鲤鱼传书”，典出汉代乐府民歌《饮马长城窟行》（汉代昭明文选标明为蔡邕所作），辞曰：“客从远方来，遗我双鲤鱼。呼儿烹鲤鱼，中有尺素书。”因这首烹鱼得书的民歌，铺衍出了鲤鱼传书的故事。唐诗人孟浩然的诗中也说得很明白：“尺书如不吝，还望鲤鱼传。”

其实，这故事的源流还更久远，也和陕西有关。早在周灭商之前，传说姜太公在渭水边垂钓的时候，曾捕获一条鲤鱼，鱼肚里有一封信，信中预告他以后将被封在某地。后来他辅助周武王打天下成功，果真被封在那里。姜太公渭水边垂钓，

《云锦》邮票3-3枚“吉庆双全”

历史上确有其事，《史记》中亦有记载。这垂钓处就位于西周发祥地的周原（今岐山、扶风）南边陕西省宝鸡磻溪河畔。

唐代诗人王昌龄有诗曰："手携双鲤鱼，目送千里雁。"这里说的"双鲤鱼"，并非真是两条鲤鱼，而是形若鲤鱼的信函，在此用以代称书信。李商隐有诗曰："嵩云秦树久离居，双鲤迢迢一纸书。"这里的"双鲤"，也是指的书函。唐代自贞观(627~649年)年间始，就用厚茧纸制信函，形若鲤鱼，两面俱画鳞甲，腹中可以藏书，名曰"鲤鱼函"。信函为何制成鲤鱼之形呢?就因了这鲤鱼传书的故事。

"鸿雁传书"和"鲤鱼传书"结合在一起，又被称为"鱼雁传书"。晏殊《清平乐》中有："鸿雁在云鱼在水，惆怅此情难寄。"

其实在中国通信传书历史上，真正有记载并普遍使用的是鸽子，也叫信鸽。五代王仁裕的《开元天宝遗事》一书中有记载："张九龄少年时，家养群鸽。每与亲知书信往来，只以书系鸽足上，依所教之处，飞往投之。九龄目为飞奴，时人无不爱讶。"这里鸽子又被称为"飞奴"。

但作为信使或者邮政的象征，信鸽却远远没有鸿雁、鲤鱼、青鸟有名，而作为第一位的当然是"鸿雁传书"。

（4）西安大雁塔传说

大雁塔，是西安的标志，具体点说应是大慈恩寺的标志，大雁塔与大慈恩寺是不可分割的前寺后塔的一体。2014年在第38届世界遗产大会上，"丝绸之路：长安—天山廊道路网"被正式列入《世界遗产名录》，其中包括西安的大雁塔。

《中国古塔》邮票4-1枚
"西安慈恩寺大雁塔"

大慈恩寺修建于唐贞观二十二年（648年），是太子李治为追念亡母文德皇后而修建的，因而寺名为"慈恩"。

由大慈恩寺就引出了这里的第一位主持，被唐太宗李世民称之为"法门领袖"，鲁迅称之为"民族脊梁"的玄奘法师。唐僧西天取经，历经九九八十一难，因中国的四大古典名著之一《西游记》而传播久远，妇孺皆知。但真实的唐僧——玄奘法师，绝不同于小说中虚构的那位善良却显得优柔寡断、

西安大雁塔（西安 · 林安令摄）

懦弱无能的唐僧。

大雁塔建于唐代，历经千年风霜，毁了再建，废了又修。如今仍巍然耸立。大雁塔高七层，塔身为方形四角锥体，唐代诗人岑参有“四角碍白日，七层摩苍穹”的描写，夸张得神驰意飞。再加上“突兀压神州，峥嵘如鬼工”两句赞叹，更让人心怀一种敬畏，走近雁塔时，惟有仰视了，那种庄严肃穆的神圣感，会不由自主地从内心深处滋生。

大雁塔名字从何而来？有几种传说，一说是：有一天一行大雁从慈恩寺上空飞过，一僧人半开玩笑说：“今日众僧没有什么充饥，菩萨应当知道。”谁知，话音未落，一雁退飞，投身死在这个僧人脚前，僧人又惊又感动，告知众僧，闻者皆潸然泪下，悲哀不已。随之建塔葬雁，以示纪念，塔便被称为大雁塔。

而清代陕西巡抚毕沅《关中胜迹图志》载：“天竺记达亲国有迦叶佛伽蓝，穿石作塔五层，最下一层作雁形，故谓之雁塔，盖此意地。”

但不管怎么说，模糊一点更神秘。塔名大雁，确实充满诗意和一种不可言传只能意会的境界。当大雁在空中排成人字飞行时，你能从这充满灵慧的大鸟身上悟出点什么呢？而当登临大雁塔时，感觉“登高适梵天”，却有大雁振翼鼓翅的颤动感和飞临云天外的失重感，虽然这是错觉，但回味起来却是多么之美妙，似乎身心俱醉、飘飘欲仙了。

2014 年在第 38 届世界遗产大会上，被正式列入《世界遗产名录》的还有小雁塔。小雁塔正式称谓应为“荐福寺佛塔”，位于中国陕西省西安市南门外的荐福寺内。属于保护比较好的著名唐代佛塔，小雁塔的塔形秀丽，被认为是唐代精美的佛教建筑艺术遗产。

西安小雁塔

小雁塔始建于公元 707 年（唐代景龙年间），是一座典型的密檐式砖塔。小雁塔与大雁塔是唐代长安城保留至今的两处标志性建筑。两塔各具特色，相映成趣，大雁前飞小雁随，组成了如今西安最美的一道风景线。小雁塔与大雁塔相距三公里。因规模小于大雁塔，故称小雁塔。

小雁塔规模虽不及大雁塔宏大，但环境清幽，风景优美，“雁塔晨钟”是清代“关中八景”之一。

12. 秦巴山中的蝴蝶

1963 年邮电部发行的《蝴蝶》邮票中，有一枚“三尾褐凤蝶”，是中国特有的凤蝶之一，陕西的秦岭巴山为其重要的分布区域。

三尾褐凤蝶属于世界珍稀的蝴蝶品种，并且是列入 1990 年我国发布的野生动物保护名录中仅有的五种蝴蝶之一，系国家二级野生保护动物。

蝴蝶属昆虫纲，鳞翅目，是锤角亚目中唯一的成员。它们的翅和体表密披各色花斑，五彩缤纷。尤以一对翅膀最为美丽，翩然飞起，仪态万千，被人们喻为会飞的花朵。

我国的蝴蝶资源极为丰富，而陕西的秦巴山地的蝴蝶资源，也是闻名遐迩。前边说的五个蝴蝶重点保护品种，除过“三尾褐凤蝶”，还有“中华虎凤蝶华山亚种”。

《蝴蝶》邮票 20-2 枚“三尾褐凤蝶”

这种虎凤蝶属的蝴蝶，成虫体态中型，翅膀基色为黄色，前翅外缘有宽的黑带，翅面有很多黑色短纹，犹如虎皮。虎凤蝶后翅外缘波形，尾突短，外缘黑带上镶有弯月形黄斑，黑带的中间嵌有蓝色斑点，最里面有一列弯月形红斑，十分倩丽。这种蝴蝶每年四月前后活动，被称为“春的女神”。

中国目前有三种以上虎凤蝶的记载，即虎凤蝶、中华虎凤蝶，还有产于秦岭太白的太白虎凤蝶。2006 年陕西的蝴蝶专家又发现了虎凤蝶的一个新种和一个新亚种，并根据其具体的生物学形态特征而为其取名“周氏虎凤蝶”和“中华虎凤蝶陕南亚种”，是以西北农林科技大学教授、著名的昆虫学家周尧的姓氏和采集的地区命名的。中华虎凤蝶以其珍稀和异乎寻常之艳丽，成为中国昆虫学会蝴蝶分会的会徽图案。

窗花《蝴蝶》（延长 · 孙菁霞作品）

“三尾褐凤蝶”，别称三尾凤蝶，又称中华褐凤蝶。其外形与凤蝶十分相似，却隶属于绢蝶科，给人名不副实的错觉。它是一种中型凤蝶，前翅长 42 ~ 48 毫米，后翅有三条明显的尾状突，故得名三尾褐凤蝶。雌虫较雄虫稍大，但外形一样。臀角有蓝色及鲜红色斑。属高山种类，生活于海拔两千米以上的山区，国内分布于陕西、云南、四川、西藏。飞翔时缓慢、飘逸，容易捕捉。

在秦岭的太白山保护区和长青保护区，近年植被虽然有所恢复，但历史欠账太多，使“三尾褐凤蝶”“中华虎凤蝶”和“太白虎凤蝶”为主的珍稀蝴蝶的栖息地破碎化，加之人类的肆意捕捉、盗卖，还有很多蝴蝶赖以生存的植物，如马兜铃科、景天科、樟科、木兰科遭到破坏，人为减少，导致这些珍稀蝶类的种群数量锐减，临近濒危状态而急需保护，并给人刻不容缓的紧迫感。

蝴蝶是大自然的精灵，是美的化身，它必然成为历代文人墨客吟咏的对象。而中国也是最早用文字记载蝴蝶的国家，先秦庄子在《内篇 · 齐物论》中写道：“昔者庄周梦为蝴蝶，栩栩然蝴蝶也。”述说庄周梦见自己变成蝴蝶，因此陷入迷蒙状态，不知是庄周做梦成蝶，还是蝴蝶做梦成庄周。物我两忘，又物我一体，真幻之间，灵空之际，让人颇感神奥。这个寓言式的散文两千多年来引得多少人随着这梦中神异的蝴蝶，“狂随柳絮有时见，舞入梨花何处寻”。而蝶梦也成了梦幻的代称。唐代诗人杜甫在长安写有《曲江二首》，其中一句“穿花蛱蝶深深见，点水蜻蜓款款飞”，千古流传。祖籍长安的唐代仕女画家周昉的《簪花仕女图》上绘有动人的采蝶场景。而中国最为凄美动人的民间故事《梁山伯与祝英台》，以男女主人公化蝶双飞、以殉爱情为结局，感天动地。享誉世界的小提琴协奏曲《梁祝》，更是以旋律的

《梁山伯与祝英台》邮票 5–5 枚“化蝶双飞”

优美、细腻、如泣如诉，艺术的震撼让人情不自禁地深陷其中，超越时空而不朽。还有元代杂剧中关汉卿的《蝴蝶梦》；四大名著曹雪芹《红楼梦》中“宝钗扑蝶”；始于唐代教坊的著名词牌《蝶恋花》等，无不是以蝴蝶为艺术形象而创造的经典。

《红楼梦·金陵十二钗》邮票 12–2 枚“宝钗扑蝶”

在陕西民间艺术中，蝴蝶是一种象征祥瑞的小动物。蝴蝶翅膀造型优美，图案丰富多彩，被称为美的化身，大自然中会飞的花朵。因了庄周梦蝶的神奇，据传说当你向蝴蝶许下一个心愿时，蝴蝶的灵气会帮你“心想事成，好梦成真”。蝴蝶图案更多用于婚俗上，与金瓜组合有子孙绵延之意，民间有“蝴蝶扑金瓜，儿女满家家”的吉语。陕北民间剪纸上有“蝴蝶扑金瓜”“蝴蝶娃”窗花。蝴蝶和猫放在一起专门用以祝寿。西安周至县路晓春和户县乔彩芹创作有剪纸作品《猫蝶图》，应该是给八九十岁的高寿老人祝寿用的，八十岁称为“耋”，九十岁又称作“耄”，取的就是猫蝶与耄耋谐音。还有猫蝶与牡丹组合图案，寓意耄耋富贵。

窗花《蝴蝶》（户县·李凤兰作品）

最让人感到骄傲的是，西北农林科技大学的周尧教授，尽毕生之力，致力于昆虫学的研究，在陕西建立了昆虫和蝴蝶的博物馆。他率领着他的团队，终年穿梭于祖国各地的名山大川，跑遍了陕西的秦岭巴山，收集整理了大量的珍贵的蝴蝶标本，编著出一部权威的《中国蝶类志》，为我国蝴蝶研究做出了卓越的贡献，使我们陕西成为了全国研究蝴蝶的重镇。

想象着秦岭巴山绿色的天地间，一对对色彩艳丽、婀娜多姿的蝴蝶，轻盈地上下翻飞、缠缠绵绵，心中就有一种如梦似幻般美不胜收的感觉。

窗花《蝶变娃》（延安·李福爱作品）

第六章 秦岭南北的嘉木奇卉

DI LIU ZHANG QINLINGNANBEI DEJIAMUQIHU

秦岭南北的嘉木奇卉

1. 名木国宝银杏

银杏，又名白果、公孙树、鸭脚子、鸭掌树、灵眼、佛指甲、佛指柑等。属裸子植物银杏科，落叶大乔木，高可达四十米，胸径四米。银杏叶形似小扇，又颇像鸭掌。雌雄异株，种子即白果，呈椭圆形或倒卵形，可食用及药用。

《孑遗植物》邮票 4–1 枚“银杏”

银杏属于在地球上生存了近三亿年的孑遗植物，比恐龙还早，被我国列为重点保护植物，素有“植物界的大熊猫”之称。是目前地球上最古老的植物之一。

所谓孑遗植物，就是在和它同科同属、近缘类群的植物多数已灭绝后幸存下来，并保留了可在化石中发现的已灭绝的同类共同祖先原始特征的植物。由于秦岭巴山高山地带原始植被完整，未遭受第四纪大陆冰川的直接侵袭，尚保留若干第三纪古老的孑遗植物，秦岭巴山也被称作为古老孑遗植物的避难所。

国家林业局、中科院、陕西省及西安市人民政府共同建立的“陕西秦岭国家植物园”，总面积四百五十八平方公里。其生物多样性居全国第一，为特大立体型植物园，海拔从四百八十米到三千米，南北跨度四十多公里，为进一步保护秦岭古老的孑遗植物提供了有力的保障。

陕西省周到楼观台古银杏树

中国是裸子植物的故乡，银杏为中国特有的古老树种。它原产于长江中下游，后引种各地，历史悠久。

秦岭、巴山各个自然保护区中，银杏都被列为重点保护对象。在秦岭南北带有编号的古树名木中，就有不少古银杏树，如周至楼观台宗圣宫传说为老子手植的有两千多年树龄的雄株银杏树；城固老庄镇徐家河村相传为战国医学家扁鹊手植，被誉为“白果仙”的银杏树；长安祥峪乡观音寺有一千四百多年树龄的银杏树；蓝田辋川鹿苑寺传说为唐代诗人王维手植的有一千三百多年树龄的银杏树，王维在《辋川二十咏·文杏馆》一诗中有“文杏裁为梁，香茅结为宇”；略阳县青泥河乡的“李白手植银杏”；太白山下的太白县二郎坝乡皂角湾村有一株树龄九百多年雌株古银杏树，其主干合抱一棵雄株银杏，雄花雌果，雌雄一体，甚为奇异，被当地人赞为“合欢树”“鸳鸯树”，成了香火旺盛的“神树”。因此树果实累累，老百姓取其吉祥之意，以求“多子多福”；南郑县秦家坝乡有“银杏抱女贞”；还有镇巴县赤南乡的“千年白果王”，长安县的“百塔寺银杏”，户县祖庵乡的“断绳宫银杏”，宝鸡磻溪宫石刻保护区传说为元代全国道教统领成吉思汗的国师

陕西省蓝田县王维手植银杏树

陕西省户县重阳宫银杏树

丘处机手植的有八百年树龄的银杏树，明代《群芳谱》记有“蒲城白果一树，世传仙人所掷”的蒲城银杏树等。

户县重阳宫千年银杏树，苍老遒劲，冠幅绿荫亩余，树干空心处还长出一棵柏树，故又称“千年银抱柏”。相传丹阳真人为师守墓时所植，树龄约八百多年。二十世纪七八十年代这株弥足珍贵的古银杏因无人看管，村民环树堆放玉米秆，被顽童玩火致焚，基本奄奄一息，了无生机。谁知十年后再发新枝，竟又开花结果，堪称神奇。

陕西最北部的延安市甘泉县白鹿寺有一棵千年雌株古银杏，民间还流传此树与周至楼观银杏树南北呼应而结缘，有千里姻缘一线牵之说，所谓的“南有楼观雄株，北有白鹿雌树”。

银杏生命力顽强，能存活数千年，堪称树木中的老寿星。民间有“公种而孙得食”的说法，即爷爷栽植百世后辈儿孙享用，这也是其名为“公孙树”的原因。

而在秦岭南麓的柞水县镇东甘沟有一对盘根错节、纠缠在一起的古银杏树，一雌一雄，当地人称“夫妻树”，树龄有一千七百多年，如今仍枝繁叶茂、果实累累，显示出无穷的勃勃生机。无独有偶，关中道上麟游县九成宫北门外塬上，也生长着两棵古银杏树。据方志记载，雄性银杏树高二十三米，直径近两米，雌性银杏树高二十九米，均为唐代遗留之名木。两树相距不远，遥遥相望，已有一千多年，亦被称为“夫妻银杏树”，成为麟游县麟山十二景之一的“银杏映碧”。

西岳华山玉泉院旁朝阳观原有一株宋代银杏树有两根老藤攀缘树身，被喻为“二龙戏珠”，稀罕珍奇，可贵至极，可惜于 1978 年 12 月被当地公社领导下令将其砍倒为其母作棺材，简直荒谬可恶，愚蠢透顶。长安灵感寺里原有两棵高达三十余米的古银杏树，明代《殿堂图》中尚有镌记，后来也被一个单位擅自伐掉，让人痛惜。

就连那棵闻名于世的周至县楼观台宗圣宫的老子手植银杏树，“较之莒县定林寺的‘天下第一银杏’还粗，1972 年秋收后，农民将玉米秸秆围于树周，小孩玩火，引起火灾，主干几乎焚尽。幸赖生命顽强，过了五六年主干上部生出新枝，又得以复生。”

周至作家、文化学者张长怀在他的散文《老子手植银杏树》中，记有楼观银杏树的传奇故事：“道家崇尚阴阳和谐。因而，楼观的古银杏树也有雌雄两株。雄株在宗圣宫，雌株在说经台。据说，两株银杏树皆为老子亲手所植。后来雌株毁于兵乱，宋代道士复植，距今亦近千年。

陕西省西安市周至县楼观宗圣宫老子手植银杏

雌雄二树还有一段传说故事：二十世纪‘文化大革命’中，楼观的庙宇被拆，道士被逐，碑石被毁。在一片狼藉的凄凉境况下，宗圣宫中的古银杏树也莫名其妙地突然叶落枝枯了。此前，尽管台上台下雌雄两株银杏树相隔二里之遥，因为异花授粉的缘故，台上的雌树年年硕果累累，金叶唱秋。自从雄树枯萎之后，雌树再也不结果了。‘文革’结束后的1977年春天，宗圣宫的古银杏树奇迹般地发芽绽叶了。当年，台上的雌株银杏树也随之奇迹般地繁果压枝、幽香四溢。当地老百姓说，这是老君显灵，兆应盛世。”

想着这棵被称为老子手植的千年银杏树，历经了多少风雨，曾迎接过雷击火焚，裂为四杈，如凤凰涅槃，死而复生。如今，历尽磨难仍新枝嫩叶郁郁葱葱，其树冠蓬大，使斜出的那一枝难堪重负，好在已用支架撑着护住了这一片繁茂。苍凉与生机和谐在这有着二千多年年轮的长寿树上，似乎也象征着宗圣宫的荣与衰。这里遗存的古银杏树好像自含仙气，仿佛与圣哲老子融为一体，早已人格化了，自有一分清奇潇洒，仙风道骨，让人喟叹。

最让人稀奇的是在洋县茅坪镇新华村存活有十余株古银杏，并发现了一株果实结在叶子上。这株银杏树的叶子既是叶子又是花萼，专家们将它定名为“叶籽银杏”。无独有偶，白河县构扒乡坪岩村也发现有一株“叶籽银杏”。

据鉴定，叶籽银杏是我国银杏树的八个变种之一，是银杏树生长过程中出现的一种返祖现象。在位于秦岭南麓的洋县发现叶籽银杏，说明秦岭植物资源不仅物种丰富，而且具有明显的地带过渡性与科学性，为研究我国植物进化提供了新的资源。

银杏树姿雄伟，叶形奇特，能耐烟尘，木材纹理细微，富有弹性，不易变形，是美化庭园和城市，制作家具、绘图板、雕刻工艺品等用材的良好树种。

近十几年来，古城西安栽种了不少银杏树，例如西安中心钟楼之南的南大街，2004 年植了九百余株银杏树，如今郁郁葱葱，2007 年已开始结果，树都被压弯了。唐大明宫遗址公园、曲江遗址公园、汉城湖遗址公园、环城公园等各大公园内，也都随处可见银杏树摇曳挺拔、风情万种的身影。

2. 中国的鸽子树珙桐

珙桐，珙桐科，珙桐为此科仅有的一属，是世界珍稀、古老的孑遗植物。主要分布在陕西东南部，秦巴山区，以及鄂、湘、云、贵、川等地，国家一级濒危重点保护植物。落叶乔木，高可达二十米。春末夏初开花，花朵奇特，色彩多变，次第开放，异彩纷呈。被誉为“一树奇花”。花形似鸽子展翅，白色的大苞叶似鸽子的翅膀，暗红色的头状花序如鸽子的头部，绿黄色的柱头像鸽子的嘴喙，盛开时，犹如白鸽落满树。它是中国特有的物种，是闻名于世的观赏树种，被世界誉为“中国的鸽子树”。

植物学家称珙桐为“林海中的珍珠”“植物大熊猫”。早在第三纪 (2000 万 ~ 6000 万年前)，珙桐科植物就广泛分布于世界各地。到第四纪冰川时期（150 万 ~ 200 万年前），该科所有物种除珙桐外全部灭绝，所以珙桐在植物区系研究上的价值就非同寻常了。此树在陕西主要分布于秦岭南麓宁强的青木川、镇坪与平利的化龙山和西乡的龙池，还有周至与眉县的太白山等自然保护区。

《孑遗植物》邮票 4–3 枚“珙桐”

珙桐有一个非常凄美的传说：汉代中国四大美女之一的王昭君，出塞嫁于匈奴后，日夜思念家乡，常写信让白鸽为她带回故乡。白鸽搏击风雨，穿云破雾，终于飞到昭君的故里湖北秭归附近的万朝山，精疲力竭地栖在一棵珙桐树上，最后被冻僵在枝头，化成了美丽的花朵。这就是“鸽子树”的来历。

吉祥陕西

3. 孑遗植物之鹅掌楸

鹅掌楸，木兰科，鹅掌楸属，又名马褂木、鹅掌树、鸭掌树。因叶形而得名，高达六十米，胸径可达两米多。树皮皱裂，灰白色，是具有一亿年以上历史的古老被子植物。

《鹅掌楸》（曾孝濂绘）

在日本、法国的中生代白垩纪地层中发现有这种植物的化石。在第四纪冰川期后该属植物残存有两种，一种在北美，称“北美鹅掌楸”；另一种就在中国及越南北部，生长在湿润山地阔叶林中。我国陕西、安徽、浙江、江西、湖南、湖北、广西，以及云贵川等省为其主要分布地区。陕西则主要分布在秦岭巴山之间的镇坪化龙山、宁陕平河梁、留坝的桑园和摩天岭自然保护区，还有汉中南郑等山区，被称为植物的活化石，属于稀有濒危的孑遗植物。

《孑遗植物》邮票 4–4 枚“鹅掌楸”

鹅掌楸的叶片像挂在树上的大马褂，叶片顶部平截，犹如马褂的下摆，叶片两侧平滑，略弯曲似马褂的腰，叶片两端向外突出，又仿佛是伸出的两只袖子。秋叶金黄时像一个一个的大黄马褂，甚为奇特。树干通直光滑，高大挺拔，生长快，耐旱耐寒，抗病虫害极强。

鹅掌楸的花大而美，呈花杯状，酷似娇艳的郁金香，但和荷兰的郁金香没什么渊源，属两种不同植物。可鹅掌楸的英文名称翻译过来还真是“中国的郁金香树”。

鹅掌楸叶奇花俏，奇特古雅，绿荫如盖，春季萌芽早，秋季落叶迟；同时又是优良木材树种及庭园的优美观赏树。

令人欣喜的是，在西咸新区沣东新城一座现代都市农业示范园中，发现了数株挂着标志牌新栽植的鹅掌楸，都长得生机勃勃。看来这珍罕的孑遗植物，也能在秦岭以北生长繁殖了。

如今，陕西秦巴山地的国家珍稀的野生保护植物银杏、珙桐、鹅掌楸还一起登上了中国邮政发行的《孑遗植物》邮票。另外还有连香树、独叶草、太白红杉、秦岭红豆杉、秦岭冷杉、紫斑牡丹等，也都是国家珍稀植物，但愿它们也能早一天登上有国家名片之誉的邮票，让我们的秦岭巴山闻名天下，享誉世界。

4. 古柏千年佑三秦

（1）黄帝陵的世界古柏之父

号称“世界古柏之父”的柏树就是耸立在陕西黄帝陵轩辕庙门内左侧的“轩辕柏”。

此柏高十九米，树身下围十米，七个小伙子抱不住，当地人称：“七搂八拃半，圪里圪瘩不上算。”相传此柏为黄帝亲手所植，因而被称作“黄帝手植柏”。它遒劲苍翠、拂云摩天、伟岸挺拔，历经数千年沧桑，依然枝繁叶茂、巍然挺拔、铁骨铮铮、直插云霄，可以算做是植物界最长寿的活化石了！

《黄帝陵》金币

1982年，致力于世界林业资源研究的英国林业专家罗皮尔先生，在有选择地对二十七个国家的林业资源进行探索发掘和实地考察的科研活动中，最先发现了集中分布于桥山的世界最大古柏群和世界最高柏树树龄，称黄帝手植的“轩辕柏”为“世界柏树之父”。

这历经数千年风霜雨雪，依然生机勃勃、郁郁葱葱的古柏，与陵冢庙堂一样，无疑已成为人们顶礼膜拜的对象，象征着中华民族伟大坚强、屹立不倒的精神标志。

黄帝陵中另一棵名闻天下的古柏，则名为“将军树”，又称“挂甲柏”，

《黄帝陵》邮票

在轩辕庙内“人文初祖殿”前左边。

这棵高耸摩天的古柏甚是奇特，伟岸的树干上斑痕密布，纵横成行，似留有古时兵将身披的铠甲的痕迹。树身上隐约可见洞孔排列，像有断钉在内，每年清明节柏树开花时，晶莹闪亮的柏汁就会从这些钉痕一样的孔洞里溢出，状如眼泪。更增添了质感，让你真假莫辨。而如此奇幻，堪称“柏树之奇”的挂甲柏，无论经过多少次科学鉴定也无法破译其为什么会从身上渗出柏液，因此，这神奇的“挂甲柏”被断定为柏树中极珍稀的树种。

笔者曾有一首诗写《挂甲柏》：“古柏披上铁甲 / 成为一尊大将军的雕像 / 擎绿色华盖 / 卫护着黄帝陵 / 卫护着人文初祖的威严 / 松脂如凝血 / 断箭咬铁环 / 聚汉武帝惊天地的奇功 / 还有共工触柱、夸父逐日 / 黄帝骑龙大战蚩尤的神勇 / 使这深沉的黄土 / 又厚实了几千尺”。

焦墨画《挂甲柏》（西安 · 梁耘绘）

“挂甲柏”，真乃千古奇柏，更有神话般的传说，“汉武帝征朔方还，驻跸挂金甲印烙所致”。让人不能不为如此神异绝妙的智慧联想而拍案称奇，汉武帝挂甲柏因此而传世，誉满天下。

黄陵周围的桥山上现有八十九公顷八万多株的柏树，树龄上千年的就有三万多株，是我国最大的古柏群。仅陵园内就有千年以上古柏六十九棵，除过“轩辕柏”“挂甲柏”，还有那伫立在黄帝陵之后的两株“龙角柏”，螺旋式上升，与天争锋；还有七扭八拧、如同麻花一样的“麻花柏”。真正是瑰丽神奇的古柏奇观，“老柏虬龙化，盘根绕帝陵”，让人在领略感悟着大自然鬼斧神工的造化之力时，油然发出“桥山古柏甲天下”的惊叹。

几千年以来，黄帝陵便成为华夏民族追本溯源的根之所在，牵系着海内外炎黄子孙寻根问祖的赤子之情。而我们唯有在黄帝陵扎下千年之根的古柏身上，来寻觅探究历史为人们留下的些许密码了。

（2）三大古柏群之一的仓颉庙古柏

说到中国的文字之祖，历代认可的就是仓颉。现在全国多处传说有仓颉活动遗迹的地方，都在争仓颉故里，各有各的依据道理，各有各的优越条件，争得是不亦乐乎。

陕西白水县遗存有汉代建的已被国务院列为国家级重点文物保护单位的仓颉庙和仓颉墓，在这场仓颉故里之争中自然占有首屈一指的优势地位。中国著名的历史学家范文澜先生在他所撰的《中国通史》中肯定了仓颉故里白水说：“‘仓颉造文字。’至今庙宇、墓冢、历代石碑、历代千年之古柏四十余株，皆妥为保护。仓颉生长卒葬于此无疑。白水人民至今颂为‘一圣’。”

焦墨画《仓颉手植柏》（西安·梁耘绘）

范先生文中提到这些历经千年之四十余株古柏，因为他们的树龄等信息，成了确定“仓颉故里白水说”的重要证物之一。

白水仓颉庙古柏是我国三大古柏群之一，与陕西黄陵、曲阜孔庙并称为中国三大古庙柏树群。这里的古柏以树龄最长传说为“仓颉手植柏”的“奎星点元”为首，此柏腰围超过七米，根围超过九米，高十七米，从稍远处看，庞大柏树的主干树枝婆娑摇曳，像一股巨瀑四下飞泻，卷起无数水花，故而人们又称“仓颉手植柏”为“瀑布柏”。林业专家断定它足有五千年树龄，可媲美黄帝陵的“黄帝手植柏”，陕西大地上的这两棵柏树，堪称中国古柏之最的“双姝奇葩”。

俗话说：“天下名山僧占多。”历代僧侣道士及其信徒们在开拓名山建寺观的过程中，为了造就恬静肃穆的环境和气氛，非常注意保护原来的天然植被，因而佛教寺院又有“禅林”“丛林”之称。“丛林”意指这些地方“譬如大树丛聚，始名为林”，另一方面则表示寺院多建于山林之地，后来道教的观庙亦袭用此类别称。在寺院建成时他们会栽植一些具有某种象征祥瑞意义的树木以示虔敬。而一些上古圣贤历史名人的墓地、祠堂等，有些也被称为庙，例如仓颉庙，载植瑞树嘉木也就成为必然了。

柏树寓意长青，素为正气、高尚、长寿、不朽的象征。尤其柏树四季长绿，斗霜傲雪、坚毅挺拔，乃百木之长。柏树的枝叶树干还散发出一种清香之气，更能营造一种肃穆、神圣、静幽的气氛。中国传统中医学认为，柏树发出的芳香气体具有清热解毒、燥湿杀虫的效能，可祛病抗邪，培养人体正气，还能宁神静气、松弛精神紧张、缓解稳定情绪。所以栽植在墓地四周，最能表达后人对前人的敬仰和怀念。因之柏树也就成为墓地祠堂、园林寺庙、名胜古迹栽植树木的最佳选择。在我国的园林寺庙、名胜古迹处，常常可以看到古柏参天，荫蔽全宇。人们还常以松柏长青来比喻高风亮节，君子风范。孔子曾说：“岁不寒，无以知松柏；事不难，无以知君子。”

仓颉庙四十八株古柏都有独具深蕴的名字和神奇玄妙的传说。例如“生死柏”“丹凤朝阳柏”“蛇戏柏”“瀑布柏”“二龙戏珠柏”“柏抱槐”“喜鹊柏”“惊贼柏”“孔屏柏”“卧鹰柏”“望乡灯柏”等等。首先说大门外的“惊贼柏”。相传，有两个贼娃子想翻墙进庙偷东西，刚爬上门楼，这棵古柏就发出了刺耳的声响，闪射出耀眼的红光，当时一个被吓得从门楼上摔了下来，当场丧命；一个摔断了腿爬了回去，此后便丢魂落魄吓破了胆，整天嘴中念叨：“古柏显灵啦！古柏显灵啦！再不敢去圣庙做贼啦！”

再说“柏抱槐”。1987年被中华古树名木公选养护委员会列为中华百棵名树之一，据林业专家们推测此柏约在两千岁左右。不知哪一年，树中间长空了，有槐籽落进去，长出了一棵槐树，于是，古柏抱槐，共生千年，孕育形成了这罕见的“柏抱槐”奇观。

令人难解的是一棵长在仓颉墓顶的古柏，枝干四出，每年轮流枯荣，相传能以枯荣预知所指方向的收成好坏，称“转枝柏”，可惜“文革”期间被毁了；庙院内还有一棵“二龙戏珠柏”，这古柏上两个干枯树枝左右张开，像两条空中飞翔的龙，围绕着中间看似“珠子”的圆树头上盘旋，加之此柏的树皮皱裂，揭起来似一片片“龙鳞”，因而得名。

其他的就是“猴子倒挂”“干枝梅”“飞檐走壁”等古柏，每个都有一番说辞，个个形象殊异，引人遐思。这仓颉庙四十八株有点灵异的古柏，能让人在欣赏品味其英姿俊逸、风神潇洒时，一悟仓颉造字，依类象形，似乎与这些古柏也存在着一种奥妙的联系。

总之，这白水仓颉庙古柏和《史记》《汉书》等古籍记的“仓颉造书”相互辉映，见证了揭开华夏文明帷幕者的“文字之祖”仓颉千古不朽的不世奇功。

（3）楼观宗圣宫“三鹰柏”与“系牛柏”

西安之西的周至楼观台下院的宗圣宫，以古柏参天，风姿卓异而远近闻名。其中一株古柏，树龄一千余年，树已衰老枯死多年，但仍然昂首挺立。在现存高九米的主干顶端分叉处有自然长成的三个木瘤疙瘩，酷似三只老鹰，停在树上，姿态各异，栩栩如生，故名“三鹰柏”。

这棵古柏虽死犹生，成为楼观宗圣宫里一道最耀眼的特异景观。它有“死而不亡者寿”之美誉，无枝无叶亦无树皮，裸着一身遒劲的筋骨，挺立在每一位拜谒老子的游客惊异而歆羡的视线里。那三只神鹰，仍各自保持着欲飞的姿态，随时准备着去搏击风云。这自然天成的“树雕”，给你一种精神永存的感慨，让每一个仰望者都有一种发自心底的激励。

陕西省西安市周至县楼观宗圣宫三鹰柏

楼观台的宗圣宫有一株“系牛

柏”，传为春秋时期思想家老子至此讲经时在树上系过他骑的青牛，还有一说是驾车的牛。专家推测这古柏，也不明确是秦始皇时修庙或汉武帝扩建时的遗物，还是“晋惠帝元康年间（291~299年）在这里植树十万”时的遗物，反正西安市林业局给这棵古柏标的是一千七百多年。树龄虽有争议，但都不妨碍这棵和道教始祖老子有关系的“系牛柏”成为一棵名柏中的名柏。

陕西省西安市周至县楼观宗圣宫古柏树

据《古楼观台志》记载，此树系过老子入关时驾车的牛。又据载，元始祖至元十五年（1278年），安西王曾遣人琢石牛置于树下，以示当年遗迹。如今这只石牛已被置于一个无水的水池中，不知是系牛的缰绳早已朽腐，还是水池外的那棵“系牛柏”已然垂暮，反正这石牛应该是一个自由身了，望着这通灵的石牛与“系牛柏”，似乎它们已得道多年了，全身笼罩在一团祥瑞的薄云淡紫之气中。

围绕着老子到楼观台讲经，还有一棵“再生柏”的传奇，并记入多种方志。清雍正十三年间修的《陕西通志·卷四十四》，引康熙六年（1667年）的《陕西通志》称：“周至升天台上有再生柏，世传老子说经于此，见二柏枯，以针灸之，复生，今尚郁茂。”二十世纪八十年代出版的《草木趣典》引《周至县志》：“再生柏二，一曰针，二曰灸。俱在说经台老子庙前，世传老子驻车说经于此，二柏枯，而针灸之复生，人以为灵异。”这种“世传”的传奇，非常有意思，虽有附会之嫌，但千古文章一大套，看你套得妙不妙。这传奇故事还真做足了功课，给这些神奇的古柏，增添了不少难得的人文内涵，信与不信，已无关紧要。无论老子“系牛柏”，还是被针灸过的“再生柏”，都成了担负历史责任，寄托后人愿望的信物。

《老子·道德经》有“合抱之木，生于毫末”，还有“草木之生也柔脆，其死也枯槁”“物壮则老”等以树木喻“道”、喻“人”的哲言。这些与老子有渊源的古柏，尤其那棵“死而不亡者寿”的“三鹰柏”，则告诉人们一种“道生万物”的精神，永世长存。

（4）药王手植柏

药王山位于铜川市耀州区，是一座千古名胜之地。在药王山一天门顶上的凌霄阁，凭栏远眺，就会在一览诸峰秀岭、丘壑纵横、山峦叠嶂中发现那满山如涛之翠柏，这一大块古柏林，可以和黄帝陵万株柏林相媲美。让你充分领略药王山绿意盈目、柏香扑鼻，真正的“万株古柏舞东风，兀盘龙虬腾云中。”

陕西省铜川市药王山的药王手植柏

药王山有两大景区：北洞、南庵，传说是先有南庵。于是在南庵大殿周围就存活有千年古柏十二株，苍劲挺拔，枝繁叶茂。最为著名的是“药王手植柏”，又称唐柏，“虬枝伛偻已千春”了。此柏高十三米多，腰围约四米，主干如柱，擎天而立，一枝斜出，如翔凤展翼。

再有，南庵之山门上的文昌阁，也叫魁星楼，长有一棵奇柏。令人注目的是，此柏穿楼角屋檐而长，楼抱柏，树插楼，真乃千古之奇观。而且药王山北洞药王大殿西侧门洞上，也有一古柏从石墙中钻出，曲身下探，飘飘欲飞，下临洗药池，水波倒映似有蛟龙戏水。这二株古柏，一南庵穿楼，上指青天；一北洞钻墙，下探碧水，可称双绝。

陕西省铜川市药王山南庵文昌阁“楼抱柏”

南庵还有几棵高数丈、粗几围的巨柏，都属于转纹柏，据《耀州志·五台山志》

陕西省铜川市药王故里挂药柏

载："转纹柏，立元殿前，古柏五株皆合抱材，其木理转纹如缠丝，然信奇绝瑰，异树也。"此等绝奇之异树，曾引来无数诗人赞美咏叹。明人乔因阜诗曰："鼎峙连抱蔽阶墀，黛色英蔚如翠盖，柯干从根皆纽丝，倒生轮囷也所称。"清人宋梓庵诗曰："断崖悬千尺，老柏雄万丈。"这些咏柏之佳句，都会让你对这几株千年古柏肃然起敬、刮目相看的。

药王山满山皆柏，形态千变万化，如仙鹤，似虬龙，郁郁葱葱，参天蔽日，聚拢起无尽之仙气。而古柏有情，也千年不悔不倦地为药王站班，卫护着药王的清誉美名。

另外，药王孙思邈喜爱崇敬古柏，与古柏灵气相通。耀州老县城东，静应庙院内有五株合抱古柏，也传为药王亲手所栽。离药王山有十里路的耀州区药王故里孙家原，药王孙思邈诞生地。有"药王幼读处"和为祭祀药王的祠堂"真人祠"。进门走至西边一个高台，映入眼帘的是一棵"挂药柏"，为一横卧如虬龙之古柏，传说乃药王悬挂药葫芦之古柏。

这些生长在药王故里的古柏啊，象征着药王"真人高风垂千古"，象征着药王拯衰救危、济世治人，苍生大医的奉献精神，而这种精神不老，像翠柏一样万古长青，"岁久色苍碧"。

（5）陕西古柏趣事逸闻

在秦岭之东南商洛的丹凤县南镇，有两棵古侧柏，树龄约两千一百年。传说秦始皇三十四年（前213年）发布"焚书坑儒"令时，有四位白发老人曾隐居于此，故名"四皓古柏"。

这四皓名东园公，夏黄公，绮里季，和角里，也称"商山四皓"，是秦始皇时七十名博士官中的四位，《史记·留侯世家》中有记载。后来"商山四皓"出山到长安做了太子刘盈宾客，曾经讽谏汉高祖刘邦不可废去太子刘盈（即后来的汉惠帝）。刘邦久闻四皓的大名，看他们有扶助太子之心，也就听其劝告啦。进入关中与楚霸王争天下时，刘邦曾请“商山四皓”出山为官，但被拒绝。他们宁愿过清贫安乐的生活，还写了一首《紫芝歌》以明志，歌曰：“莫莫高山，深谷逶迤。晔晔紫芝，可以疗饥。唐虞世远，吾将何归？驷马高盖，其忧甚大。富贵之畏人兮，不如贫贱之肆志。”

这得名于“商山四皓”的古柏，自然树龄超千年，成了陕西古树名木家族中的一员，因而卓然不凡。至今，这两棵千年的“四皓古柏”，仍苍劲挺拔，枝叶繁茂，成为当地老百姓心中的神树。

周公庙位于岐山县城西北七公里多的凤凰山南麓，即《诗经》记载的“凤凰鸣矣，于彼高岗”处。周公庙内古树参天，长有四株唐柏，闻名遐迩。传说是唐武德元年（618 年），高祖下诏于岐山之古卷阿腹地为周代开国元勋、制周礼的周公姬旦建祠，以缅怀其德贤勤政。而这四株还活着的唐柏，即此时遗物。其中周公殿侧有两株，大门两侧有两株。四棵唐柏都经历不凡，曾见证历史，留下英名。

史料记载，僖宗广明二年（881 年），黄巢农民义军自长安西攻凤翔。凤翔节度使郑畋命司马唐宏夫伏兵周公庙迎击之，唐出击前斩门前西侧古柏以誓军。庙内存的明嘉靖十三年（1543 年）刻的石碑，也记有此事：“台西一柏，父老谓黄巢之乱，屯兵于庙，斩此以誓军令，斧痕犹在，半身已枯，而枝叶复荣。”此唐柏如今为“周邸八景”之一，即“枯柏复生”。至今斧痕历历在目，让人不由不信。

宝鸡天王镇因为“姜太公钓鱼”而闻名天下，建有姜太公庙。庙门外有四棵苍翠古老的唐柏，更为太公庙增添了几分庄严和古朴。据《新唐书·礼乐志第五》，唐玄宗“开元十九年（731 年）始置太公尚文庙”地址在今天王镇瓦家坡村。太公庙当地称“四柏二石三间庙”，“四柏”即庙前巍峨屹立的四株唐柏，“二石”指钓鱼石和题有“孕璜遗璞”四个字的璜石，大石顶部原有五棵小柏树，故曰“一石驮五柏”，曾为钓鱼台的一大景观，可惜五柏已毁。在此钓鱼台名胜区尚有一“石生翠柏”景观。传说姜子牙隐居垂钓之前，这里全是光秃秃的石山峻岭。子牙来后，借得太上老君的青牛，每日耕山犁石，播下柏树种子，才有了这片翠柏林木。石上生柏，满目葱茏。

勉县武侯祠内现存的古柏，千年以上古柏四十余株，其中一百七十余年的二十二株，汉柏两株。于 1979 年 5 月经北京林学院陈俊愉教授等用同位素碳14法测定，古柏的树龄为一千七百多年，与清嘉庆时成书的《忠武侯祠墓志》所载“武侯祠与墓多古柏，祠凡六十四株，墓凡五十四株……相传为蜀汉炎兴元年（263年）植”的树龄基本一致。

武侯祠拜殿前汉柏上缠绕着一蔓生植物，名“凌霄花”，俗名“爬柏凌霄树”。叶似香椿而色翠，花似牵牛而色赤，每年自夏至开花到立秋止，花期长达百日之久。花季，朝开暮落，遍地红英；望之，苍苍翠柏，点缀奇花。柏显高洁，花名凌霄，象征诸葛亮羽扇纶巾、风神潇洒的儒雅气质和“鞠躬尽瘁，死而后已”“大名垂宇宙”的精神光华。

神木县解家堡“九龙古柏”（神木 · 刘春生摄）

司马迁祖籍韩城市，其墓祠在韩城南，距禹鉴龙门不远，东临黄河，西枕梁山，澽水冲前，芝水环绕而过，祠院内古柏参天，尤其墓顶上植有古柏数株，枝丫虬劲，浓密青翠。传说植于汉代。古柏苍郁遒劲，蟠若蛟龙。正如郭沫若为太史公祠所作五律诗：“龙门有灵秀，钟毓人中龙。学殖空前富，文章旷代雄。”这“钟毓人中龙”与“古柏若蛟龙”，皆让人“高山仰止”。

晋武帝太康八年（288年），弘农郡太守魏君实在华山植树，传为华山神所植，构成华山云台观盛景的“一百（柏）一十（石）一眼井”的柏，即为“晋柏”。当年，还在西岳庙至华山的路旁植下几千棵柏树。这柏树四季常青，质地坚硬，生命长久，栽上柏树更增加了西岳庙的庄重、森严的气氛。这些晋柏历经一千多年，1949年后尚有不少存活。自西岳庙经兴建堡、小张村、云台观（现在华山中学）至玉泉院到华山的路上均有。可惜后来惨遭破坏，已所剩无几了。

其他陕西的古柏，长安沣峪口万华山清凉寺、西安小雁塔的荐福寺都有；陕西宝鸡市西有长寿山，山上有道观，道观曾经破败得就剩一间大殿，唯有庙宇前的几棵古柏，诉说着它千年的历史。

再有陕西乾县师范学校原系乾县文庙，院内一棵古侧柏，据史志记载为唐初栽植，形态奇绝苍劲，1981 年被乾县人民政府列为重点保护文物。榆林市上盐湾乡柏树沟村有一棵五百多年的古侧柏，当地群众奉为“风水树”加以保护。平利县金石乡王家院子村民王永家门前一棵刺柏，树龄八百多年，此树被视为护庄的“祖先树”。还有凤县双石铺的侧柏，长安鸣犊乡的“龙柏”，宝鸡县凤阁岭的侧柏等。

陕西这些古柏，令人仰止，属于“中国人文的有生命的纪念塔”，代表着中华民族坚韧不拔、顽强奋斗、追求高尚的性格特征，如生命一样地、壮丽神圣，象征着生机勃勃的民族精神灵魂，成为华夏民族心中永远的图腾，成为一个民族生生不息的崇高意象。

5. 国树以槐位至尊

（1）长安国槐溯源

中国人对槐树有一种特殊的感情，除过实用价值，更赋予了槐树丰厚的文化内涵，槐树应该是中国第一的文化之树。

西安书院门老槐树（西安 · 骆延锋摄）

槐树生长茂盛，生机勃勃，古人看重它生命力的旺盛，视其为吉祥、祥瑞的象征，并视槐树为神。老百姓还认为槐树进禄、招财，喜欢在门前、庭院栽种。民间俗语有：“门前一棵槐。不是进禄就是进财。”这种对槐树的崇拜，已根深蒂固为一种信仰。

《春秋 · 纬 · 说题辞》载：“槐木者，虚星之精。”《汉书 · 五行志》记载：“昭帝建始四年，山阴社中大槐树，吏人伐断，其夜复自立如故。”《因话录》说“古槐之上常有仙人出游”。在古人心目中，槐树确实神异非常。另外，槐树被称为“星之精”，似乎已彻底被神化。

三国曹魏时曹丕、曹植兄弟都撰有《槐赋》。曹丕赋槐树曰：“有大邦之美树，惟令质之可嘉。托灵根于丰壤，被日月之光华。”曹植赋槐树曰：“羡良木之华丽，爰获贵于至尊。凭文昌之华殿，森列峙乎端门，观朱榱以振条。据文陛而结根。畅沈阴以溥覆，似明后之垂恩。在季春以初茂，践朱夏而乃繁。覆阳精之炎景，散流耀以增鲜。”一句“爰获贵于至尊”可以看出槐树在中国人心目中的至尊之位。

槐树在中国广泛栽种，亦是陕西关中地区最主要的乡土树种，不仅易于栽植生长，而且叶密荫浓，可以绿荫夹道，遮阳纳凉。

槐树被称为“国槐”有几种说法。

第一是周代长安丰、镐二京的宫殿外，有三棵大槐树，这三棵槐是朝廷所植的“社树”，我国古代有“社坛立树”的礼仪，而宫廷的“社树”就有槐树。《太公金匮》载：“武王问太公曰：‘天下神来甚众，恐有试者，何以待之。’太公请树槐于王门内，有益者入，无益者距之。”就说明槐树就是社神所凭依之“主”。

三公(太师、太傅、太保)朝天子时，面向三槐而立。《周礼·秋官》中有记载，苏东坡诗中有“周章危立近三槐”，应该说的是同一件事。后来这三棵大槐树就成了古代三公宰辅之位的象征，俗称槐位，即指三公之位。槐树因此成为中国著名的文化树种，估计这就是把槐树称作国槐的缘由。

古代汉语中槐官相连。如槐鼎，比喻三公或三公之位，亦泛指执政大臣；槐卿，指三公九卿；槐宄，也喻指三公；槐宸，指皇帝的宫殿；槐掖，指宫廷；槐望，指有声誉的公卿；槐绶，指三公的印绶；槐岳，喻指朝廷高官；槐蝉，指高官显贵。此外，槐府、槐第，是指三公的官署或宅第。

陕西省西安市周至县翠峰乡古槐（西安·林安令摄）

第二则有传说国槐为唐高祖李渊在长安所封，因之得名。

还有一说是为了区别于洋槐树，原产中国的乡土树种槐树就被称为中国槐，简称国槐，老百姓也叫家槐，是植物树木中唯一以中国命名的树。

洋槐是原产北美的树种，学名刺槐（国槐不长刺）。公元 1877 年后引入中国。洋槐春末时开白色花，花香浓郁，采摘下拌上面粉蒸着吃，叫槐花麦饭。而国槐开花要迟到夏天，花为淡黄色，发绿，有的还显紫色，没什么香味，有微毒，味涩不好食，能入药。但国槐叶可食，可做成槐叶饼。杜甫《槐叶冷淘》诗云："青青高槐叶，采掇付中厨；新面来近市，汁滓宛相俱。人鼎资过熟，加餐愁欲无；碧鲜俱照筋，香饭兼包芦……"说明在唐代，槐叶饼就是普通百姓品食的佳肴。北宋苏颂《图经本草》说槐树："初生嫩叶可炸熟，水淘过食。亦可作饮代茶。或采槐子中畦中，采苗食之。"

在汉代，《淮南子》说老槐可以生火，取火留火种；而从唐人元稹《遣悲怀》"落叶添薪仰古槐"诗句可知，槐枝槐叶也成为百姓家添薪助火的燃料。

（2）长安城"天街"称"槐街"

我国植槐起源于周代，《穆天子传》载："天子遂驱升于弇山，乃纪丌迹于弇山之石，而树之槐。"《管子》载："沃之土其木宜槐。"可见先秦时期已注重植槐的土壤选择。自汉代开始长安大道两侧尽植槐树，称槐路。

长安城中的槐树从隋初营都大兴城时开始大量种植，沿续于唐代栽植更为普遍。唐时，长安城中的通衢大街及坊巷街道两旁的行道树主要栽种槐树，这是从汉代沿袭下来的传统。朱雀大街两旁，槐树排列尤为整齐，因此朱雀大街才有"槐街"之美誉。

当然"槐街"也非朱雀大街专用，以后凡槐树夹道的大街皆被称为"槐街"。白居易的《寄张十八》和《永崇里观居》中有"迢迢青槐街，相去八九坊"和"永崇里巷静……满地槐花秋"的诗句。王维的《登楼歌》中有"俯十二兮通衢，绿槐参差兮车马"。韩愈的《南内朝贺归呈同官》中也有"绿槐十二街，涣散驰轮蹄"。另外，宋代大诗人苏轼《次韵曾子开别驾》也有"槐街绿暗雨初匀，瑞雾香风满后尘"的诗句，称颂"槐街"。《苻坚载记》云："自长安至渚州，皆夹路树槐柳，百姓歌之曰：'长安大街，夹树扬槐。'"这些描写说明槐树当时为长安主要行道树。

朱雀大街为唐皇城南北大街，与之相交的是皇城与宫城之间承天门处的东西向第一横街，这街中间（今西安教场门南口）曾有一棵有点传奇色彩的隋槐。这棵古槐历代史书里均有记载。当年，隋文帝长安选址建皇城时，发现这一带有村子名杨兴村，预兆他们杨家该兴，于是以此为中心建城，建成时就名叫大兴城，以此处一棵大槐树为标志，槐树就屹立于皇城第一横街的承天门西边。后来在横街两侧栽种了一排槐树，可是这棵古槐与新栽植的树行不齐，有司请示欲将此树伐除，隋文帝知道后急令保存。到了唐代，这棵槐仍因挡道面临被伐，传说唐太宗李世民下手谕，令妥为保护这棵槐树。民国十七年（1928 年）宋联奎编撰《咸宁长安两县续志》时，他亲自到这一带查看，发现这棵隋槐仍在。

《旧唐书》记载：唐德宗时，有一个名叫吴凑的京兆尹，当时官街槐树缺少了一些，所司就以榆树补缺，吴凑知道后就说“榆非九衢之玩”，即榆树根本配不上九衢大街的气势。于是立即下令让换栽槐树。那时长安大道宽阔笔直，坦荡如砥，两边槐树森茂如仪仗，如同衙门守卫甲士，人们也将“槐街”称为“槐衙”。

这国槐当年确实为人们所崇拜，并引出不少趣事逸闻。按《三辅黄图》载：汉朝在太学附近街上种有一排排槐树，太学士每月初一和十五聚会，交换生活学习用具，人们称之为“槐市”。唐武元衡《酬谈校书》诗云：“蓬山高价传新韵，槐市芳年记盛名。”可见唐代长安学宫中的情调。人们还常以槐指代科考，考试的年头称“槐秋”，举子赴考称“踏槐”，考试的月份称“槐黄”。唐李淖《秦中岁时记》载：“进士下第，当年七月复献新文，求拔解，曰：‘槐花黄，举子忙’。”宋朝诗人杨万里《槐》诗里也描写有：“阴作官街绿，花开举子黄。公家有三树，犹带凤池香。”

槐象征着三公之位，举仕有望，且“槐”“魁”古音相近，长安人自然企盼子孙后代得魁星神君之佑，而登科入仕。

其时，皇宫内广种槐树，称为“守宫槐”；官员官署门前植槐，称“槐府”，槐树因此亦被称为“官槐”；这就是为什么西安城中街道旁遗存的古树名木多为国槐的原因。

（3）西安市的市树——槐树

长安是周秦汉唐十三朝古都的所在地，有关槐树的历史都躲不开这块风水宝地。从周代宫廷前有“三公”之喻的三棵大槐树，唐长安城“天街”称“槐街”，到如今西安市内仍存活有千年以上历史的古槐不下四五十棵，千年古槐树数量居全国城市第一，是西安市树的典型代表，在全国都有相当高的知名度。西安市市树的选定自然非国槐莫属。

陕西省西安市小雁塔唐槐

现在整个城区的行道树和公园林带的绿化树，数量最多的也是槐树。真正是绿荫气爽，避暑飘香，夏日黄花满树，灿烂夺目，入冬如念珠状的荚果，悬挂于树上，经久不落。青槐树姿优美，树冠庞大，枝繁叶茂，绿荫如盖，行走树下，谁个不爱。

小雁塔唐代荐福寺遗址里几棵大槐树都是有千年历史的唐槐，笔者多次游览荐福寺的小雁塔，思古觅梦，臆想这条被誉为“槐街”的通衢大街，最真切的实物佐证就是这些活着的“唐槐”。笔者有一首小诗《小雁塔古槐》反映了这种心绪：“战火残留的断简 / 难以破译 / 枝柯仍在搜寻 / 云的调侃，风的豪爽 / 或，与烟囱的龃龉 / 额头种下几块老人斑 / 皱纹的沟槽中盛着 / 盛唐的琼浆 / 巨伞的脑壳里 / 收藏着多少变迁的酸辣……”

唐人子兰的《长安早秋》诗和韦庄的《惊秋》诗，也分别有“风舞槐花落御沟，终南山色入城秋”和“长安十二槐花陌，曾负秋风多少秋”。

在西安城内碑林博物馆四周的长安学巷、三府街、府学巷有五六株“唐槐”，因在书院门内，人称“书院槐”。东关南街大新巷和卧龙巷等处都保存有千年以上的“唐槐”，有树龄一千二百年以上的古槐，名“神龙槐”。树高二十余米，树围四余米，树冠一百七十余平方米，如虬龙摩天，气场绝对的强大，当你靠近之际，唯有谦恭仰视了，真正的神龙见首不见尾。西安市的南五台、内苑乡、木塔寺、沣峪口等地也有不少“唐槐”，虽然不曾亲临瞻仰，但名称各有不凡。申店乡的“十二神龙槐”，想是也巍巍堂堂；户县草堂寺的“杨抱槐”一定是神中见奇。西安雁塔区的木塔寺有两株倒栽古龙爪槐，相传为玄奘大师西天取经回到长安后所植，树姿雄奇，枝叶宛若游龙，如鸾凤飞腾，寺院早已颓废，惟此槐仍苍劲古朴，真正难得。

临潼县晏寨乡胡王小学院内生长有一棵古槐，树龄约两千三百年，树高超过二十三米，胸围超过七米，树冠面积三百三十多平方米，远望犹如一把浓郁葱绿的巨伞，擎天而立。相传楚汉相争时，项羽在骊山脚下摆下“鸿门宴”，想借机除掉刘邦，还上演了一出惊险万分的“项庄舞剑，意在沛公”的活剧。据《临潼县志》记载，刘邦与樊哙在鸿门宴中借着如厕，脱身而逃，本想直奔刘邦驻兵的灞上，但因天色已晚，迷失方向，藏匿在此树之下，躲过项羽的追杀，保全了性命。刘邦称帝后，封此树为“护王槐”。

陕西省西安市长安区净业寺古槐

位于西安市长安区终南山北麓的净业寺，为佛教律宗祖庭。净业寺门前孑立着一棵数抱粗之古槐，绿云覆盖，云拥雾绕，形如宝盖，集幽雅静为一身，约有六百五十余年树龄。这古槐曾经树干空心，主干有三处洞，四个主枝一枝枯死，气息奄奄，从二十世纪四十年代开始不发枝叶。有人以为死了，要伐，被寺院主持和僧众阻止，仍按活树对待，浇水养护。谁知到 1981 年春，又萌发新枝，逐日染翠。历经三十多年而能复生，已罕见至极，接着又越活越旺，再现满树绿荫，更是堪称植物界生命奇迹，于是此槐得名“苏醒槐”。

“苏醒槐”死而复生，从科学上讲是一种假死现象，古槐老根死而未僵，待环境适宜，侧根慢慢发出，代替老根，复苏而生，原因在此。但却被人们认为是佛祖显灵，是净业寺历代僧人慈悲为怀感动天地的善果。无论什么原因，毕竟是人为心愿，扶助善待古槐，才使得枯木逢春，复生苏醒。这应当为西安人爱树护树感天动地第一例。

在保护树木上，净业寺是有传统的，这里竖有一块清代道光年间，1796 年为古松柏立的保护碑。碑文中有：“其古松柏，不知几百年于今矣。山乃丛林风景，寺内壮观，断不可伐，弟恐后来无知之辈，为利生端，伐卖树株，是不可料，故勒石以示……”

西安市西门外的西关正街这棵老国槐有近一千年的历史，是西安市树的典型代表，在全国都有相当高的知名度。而逢西安城市建设扩展整修道路时，这棵占在路中，需或移或伐，但为了古槐，市上有关部门决定将这棵古槐留在原地，为此专门在树周围建了高台围墙，所经车辆必须避让，古槐树占道反而成为西安一景。此槐应称“路中槐”，或“避路槐”。由此可见西安人爱树爱槐之一斑。

“长安九逵上，青槐荫道植。”“落日长安道，秋槐满地花。”现在整个西安城区的行道树和公园林带的绿化树，数量最多的仍是槐树。无论古之长安，还是今之西安都与这大名叫中国的槐树结下了不解之缘。但愿国槐荫佑西安，永远郁郁葱葱，瑞雾香风，满城绿意，幽雅静谧，生机盎然，平安吉祥。

（4）陕西古槐树趣闻典故

陕西古树名木众多，各有各的趣闻逸事、历史典故。下面就试举几例。

渭南市白水县云台乡，有一棵树龄两千多年的古槐，黛色苍苍，葳蕤蓊郁，其冠遮天蔽日，肃穆而壮观。因为槐树寿龄尚比不得银杏和柏树，两千年就属于最稀罕的了。所以该树被列入陕西十大古树名木之中，号称“天下第一槐”。

药王故里的铜川市耀州区孙家原的“药王幼读处”，在村北一个幽静的小巷里，此处旧称“鱼儿岭”，是孙思邈幼年读书的地方。院内有一棵号称“陪读槐”的“千年古槐”，树围粗壮，树叶繁茂，荫盖一二亩之广。树龄约在一千四百年上下，历经千年风雨沧桑。

武功县武功镇有一棵槐树，相传为唐代所植，至今保存完好，枝叶茂密，生长旺盛，已被武功县人民政府列为重点保护文物。澄城县赵庄镇虎佃村有一棵千年古槐，被当地村民视作神树，多年来仰赖众村民尽心保护，才免遭盗卖和砍伐。

陕西省铜川市药王故里孙家塬唐槐“陪读槐”

咸阳的兴平市，古代名

为“槐里”，即槐树之故里。汉武帝早早就把自己的陵墓选择在这“槐树故里”的地方，即位第二年开始营建，共历时五十三年。《三辅黄图·卷六·陵墓》：“武帝茂陵……本槐里之茂乡，故曰茂陵。”兴平马嵬镇黄山宫村的一株树龄一千二百多年的槐树，相传系唐玄宗栽植，后被唐肃宗封为“太上槐”，为槐树故里增了色，添了光。

虽然陕西古树名木不少，而且肯定是会逐渐自然消失的，但若是因为人祸而湮灭，这就叫人遗憾万分了。

长安五台乡刘村四个村门口原有四株四人合抱的参天“唐槐”，在“文化大革命”中被当作“四旧”伐掉。

陇县有一奇树为“十柏抱槐”，在陇县城关镇北门外药王洞院内。原有十株古柏，根盘一处，形若丛生。十株树均匀排列围成圆圈，树根部相距一般只有两三厘米，有的已紧紧相连，树高约在十米左右，胸径三十厘米左右，树干相互离心外倾，树冠参差成一体。圆圈中央生长着一棵槐树，高六七米，树干古朴，为十棵柏树所怀抱，蔚为壮观，清康熙《陇州志》记载：“柏中有一清泉，四时不涸。”可惜泉水已塞竭多年，十柏一槐竟然也在“文化大革命”中全遭砍伐，连树根都被挖去！“十柏抱槐”之古槐奇景惨遭灭顶之灾，真让人欲哭无泪。

（5）《董永与七仙女》的故事在陕西

在“槐里”，这槐树之故里的兴平市子孝村村南，有一棵千年古槐至今依然根深叶茂，树冠硕大，郁郁苍苍，遮天盖地，故称“槐荫树”。有意思的是这里也有董永与七仙女《天仙配》的民间故事流传。

《董永与七仙女》邮票5-5枚“天地同心”

董永为孝子，就生在子孝村。传说董永和七仙女喜结连理却没有媒人，他们走到这棵树下时，槐树开口说话，要为他们做媒，于是就有“指槐为媒”的典故。此事虽有争论，但兴平还有人文景观遇仙桥、双冢、千年汉槐、仙女湖遗址等，流传也不是一天两天，而是上千年了。

关于董永故里，陕西还有周至一说，即周至司竹

《董永与七仙女》邮票5-2枚“大槐树下”

乡阿岔村。据周至作家、西安市作协副主席张长怀先生考证，有五点可以佐证。

一、在《四库全书》收录的《关中胜迹图志》中，有一幅清乾隆四十一年（1776年）陕西巡抚毕沅编著的“渭河图”，其中明确标明董永墓的位置在骆谷水与黑水河之间，即司竹乡阿岔村所在位置。

二、在不同时期的《周至县志》中，有董永墓记载。乾隆年间的《周至县志》显示：董永墓在阿岔村，旁有神女庙。相传董永纯孝格天，天降神女为之妇，故后人为之立庙。

三、《周至古籍钩沉》一书，收录有清朝嘉庆年间，周至才子诗人王禹堂诗一首：“一孝珍千里，佣身事也长。槐荫夫妇散，仙女事荒唐。”写的就是有关董永与七仙女的传说。

四、西汉刘向的《孝子传》中有“董永家住丹阳”的记载。而就在距离阿岔村十多里路的竹峪乡，就存在一个丹阳村，因为这里有座名声极大的丹阳观，民间有“先有丹阳观，后有周至县”的说法。

五、阿岔村和丹阳村之间的翠峰乡官庄村，有一棵巨大的千年古槐。槐树枝繁叶茂，树冠犹如华盖一般，粗壮的树干至少需要五六人合抱才能抱得过来。据传说，这棵槐树是唐代开元年间所植的古槐。

二十世纪八十年代，周至籍老作家周明先生还曾为这棵古槐前立的石碑题写碑文。周明回忆，听老辈人说，董永和七仙女曾指槐为媒，这棵大槐树就是他们订婚的媒人。他还讲道，董永和七仙女的传说在民间流传很广。“小时候我姨家就住在司竹乡，当时村里每逢正月十一，在仙姑庙附近都要举行一场很盛大的灯笼会，给孩子们送红灯笼。

官庄古槐（周至·刘永星摄）

大家都传说是当年七仙女被迫与孩子分开，送灯笼寓意孩子提着灯笼尽快找到妈妈。而在七月初七，村里的乞巧节也非常盛行。”

陕西的秦腔戏就有反映董永与七仙女传说的古本《槐荫媒》。因了戏中有槐荫下判定婚事，指槐为媒，后又送子槐下的情节，“天仙送子”也就缘于这出秦腔戏而流传开来。因槐树有灵，再因“槐籽”与“怀子”谐音，一些地方的人们视槐树为祈子的神树。育龄妇女要吃槐树籽，并在槐树上挂红布条，并烧香拜槐祈祷，以望早日“怀子”。

6. 灵树良木说梧桐

（1）梧桐栖凤凰

梧桐树栖凤凰，见于《诗经·大雅·卷阿》的“凤凰鸣矣，于彼高岗。梧桐生矣，于彼朝阳”之句，成为梧桐引凤凰传说的最早来历。卷阿，在今陕西扶风县周公庙遗址。

梧桐

梧桐树是高贵的象征，也是祥瑞的象征，因此凤凰非它不栖。宋代邹博的《见闻录》说：“梧桐百鸟不敢栖，止避凤凰也。”在中国的神话传说中，凤是神鸟。能引来凤凰的梧桐，自然也是祥瑞的嘉木、神树。

梧桐还被视为“灵树”，具灵性之说，有应验时事之能。《太平御览》引《王逸子》说：“扶桑、梧桐、松柏，皆受气淳矣，异于群类也。”《瑞应图》说：“王者任用贤良，则梧桐生于东厢。”梧桐的灵性还反映在它能知岁时，司马光《梧桐》诗曰：“初闻一叶落，知是九秋来。”所谓“一叶知秋”之典故也。唐代诗人崔曙《山下晚晴》早已有类似意象：“寥寥远天净，溪路何空濛。斜光照疏雨，秋气生白虹。云尽山色暝，萧条西北风。故林归宿处，一叶下梧桐。”《花镜》记载：梧桐“每枝十二叶，一边六叶，从下数一叶为一月，有闰月则十三叶。视叶小处，即知闰何月也。清明后如梧桐不开花，此年必大寒。”

梧桐

祥瑞的梧桐常在民俗图案中与喜鹊合构，谐音“同喜”，亦是寓意吉祥。

梧桐有青桐、碧梧、青玉、庭梧之名称。陈翥在《桐谱》中说：“桐之材，采伐不时而不蛀虫，渍湿所加而不腐败，风吹日晒而不折裂，雨溅污泥而不枯藓，干濡相兼而其质不变，楠虽寿而其永不敌，与夫上所贵者旧矣。”

汉代梧桐树被植于皇家宫苑，《西京杂记》载“上林苑桐三，椅桐、梧桐、荆桐”，“五柞宫西有青梧观，观前有三梧桐树。”汉代五柞宫，故址在今陕西省周至县东南。

魏晋时种植梧桐树开始增多，晋代夏侯湛《桐赋》曰：“有南国之陋寝，植嘉桐乎前庭。”南朝著名诗人谢朓《游东堂咏桐》诗曰：“孤桐北窗外，高枝百尺余；叶生既婀娜，落叶更扶疏。”都说的是在庭院中植桐。

西晋傅咸《梧桐赋》则述说了门前列行植梧桐树招引凤凰的盛况：“美诗人之攸贵兮，览梧桐乎朝阳……郁株列而成行，夹二门以骈罗，作馆宇之表章。停公子之龙驾，息旅人之肩行。瞻华实之离离，想仪凤之来翔。”傅咸(239~294年)西晋文学家，字长虞。北地泥阳(今陕西耀县东南)人，傅玄之子。曾任太子洗马、尚书右丞、御史中丞等职，史载他为官峻整，疾恶如仇，直言敢谏。

大规模种植梧桐树则是前秦苻坚在长安当皇帝时。《晋书·苻坚载记》有“坚以凤凰非梧桐不栖，非竹实不食，乃植桐竹数十万株于阿房城以待之”的记载，这个“阿房城”，即长安（今陕西西安）秦之阿房宫。

唐代种植梧桐树则变得极为普遍。《隋唐嘉话》的“唐初宫中，少树，孝仁后命种白杨……更树梧桐也”是在皇宫中种植梧桐树的写照。唐代王昌龄的《长信秋词五首》“金井梧桐秋叶黄，珠帘不卷夜来霜”，李贺《天上谣》的“秦妃卷帘北窗晓，窗前植桐青凤小”则是庭院中种植梧桐树的写照。

从以上史籍记载、诗词歌赋中，可以看出梧桐与陕西渊源深厚。

（2）华山种梧桐及其他

北宋时徐积《华州太守花园》诗："却是梧桐且栽取，丹山相次凤凰来。"描述陕西关中华州城官家园林中种植梧桐造景的情景。

古代传说梧是雄树，桐是雌树，梧桐同长同老，同生同死。

也可能因了这些传说，梧桐在古代诗人的意象中，都和凄美爱情、离愁别绪、怨忧情感相连。例如唐代薛涛《别李郎中》诗有："花落梧桐凤别凰，想登秦岭更凄凉。"宋代贺涛的《半死桐·鹧鸪天》词有："重过阊门万事非，同来何事不同归。梧桐半死清霜后，头白鸳鸯失伴飞。""半死桐"之说，源于汉赋大家枚乘的《七发》赋，赋中有句"龙门之桐……其根半生半死"。龙门就在陕西与山西交界的韩城黄河禹门口。白居易《和梦游春诗一百韵》也有"半死梧桐秃，暗镜对孤鸾"说法。

白居易在《长恨歌》中还有"春风桃李花开夜，秋雨梧桐叶落时"以及"摇落废井梧，荒凉故篱菊"的诗句，而元代杂剧四大家之一的白朴，还根据陈鸿的传奇小说《长恨歌传》和白居易的《长恨歌》创作出了杂剧《唐明皇秋夜梧桐雨》。

此外，李清照《声声慢》的"梧桐更兼细雨，到黄昏，点点滴滴。这次第，怎一个，愁字了得"，李煜《相见欢》（一名《乌夜啼》）中的"无言独上西楼，月如钩，寂寞梧桐深院锁清秋，剪不断，理还乱，是离愁，别是一般滋味在心头"和杜甫《宿府》的"清秋幕府井梧寒"，李贺《秋来》的"桐风惊心壮士苦，衰灯络纬啼寒素"表达的则是另一种感情。而苏轼的疏桐之唱"缺月挂疏桐，漏断人初静。时见幽人独往来，缥缈孤鸿影。惊起却回头，有恨无人省。拣尽寒枝不肯栖，寂寞沙洲冷"又充满着凄美寂寞和悲凉意。

（3）"焦尾琴"的传说

梧桐宜制琴。王充在其《论衡》中说："神家皇帝削梧为琴。"《诗经·鄘风·定之方中》云："树之榛栗，椅桐梓漆，爰伐琴瑟。"《齐民要术》说："梧桐山石间生者，为乐器则鸣。"

《警世通言》第一卷"俞伯牙摔琴谢知音"载有："此琴乃伏羲氏所琢，见五星之精，飞坠梧桐，凤皇来仪。凤乃百鸟之王，非竹实不食，非梧桐不

伯牙鼓琴图卷（元　王振鹏绘）

栖，非醴泉不饮。伏羲氏知梧桐乃树中之良材，夺造化之精气，堪为雅乐。”说的都是梧桐宜制琴的事。

“俞伯牙摔琴谢知音”还引出了“高山流水觅知音”的典故，说是伯牙与钟子期结识时，当伯牙弹奏的琴声雄壮高亢的时候，他的知音钟子期说：“这琴声，表达了高山的雄伟气势。”当琴声变得清新流畅时，钟子期说：“这后弹的琴声，表达的是无尽的流水。”于是他们相见恨晚，结为兄弟。可当第二年伯牙去访子期时，才知钟子期不幸染病去世，遂在钟子期墓前伯牙凄楚地重弹这首《高山流水》，以祭典子期。一曲终了，伯牙挑断琴弦，把心爱的瑶琴摔碎在青石上，悲伤地说：“我唯一的知音已不在人世了，这琴还能弹给谁听呢？”

清代木雕《俞伯牙遇钟子期》（韩城市党家村藏，王山水摄）

后来，人们在他们相遇的地方，筑起了一座琴台，纪念两位“知音”感天动地、千古不朽的友谊。

还有一件梧桐制“焦尾琴”的故事，也十分感人。“焦尾琴”为中国古代四大名琴之一，《后汉书》记载：“蔡邕泰山行，见焚桐，闻爆声曰：‘此良木也’，取而为琴”，是为“焦尾”名琴。而唐代李颀《题僧房双桐》诗

蔡邕

则记有东汉蔡邕与焦尾琴之遗事：“青桐双拂日，傍带凌霄花。绿叶传僧磬，清阴润井华。谁能事音律，焦尾蔡邕家。”

蔡邕是文学和书法名家，蔡邕的女儿蔡文姬也是一位音乐天才，《三字经》中都有一句“蔡文姬，能辨琴”，可见影响之深远。文姬出嫁的时候，焦尾琴成了她的嫁妆。出嫁以后命途多舛，辗转各地，相传这把焦尾琴一直伴在她身边。战乱年代，新寡的蔡文姬被掳到匈奴，成了匈奴左贤王刘豹之妻，后曹操平定北方，派出使者把她赎了回来。文姬作传唱千古的绝响——《胡笳十八拍》，被后人称为自屈原《离骚》之后，最值得欣赏的长篇抒情诗。

《蔡文姬》银币

文姬归汉后，在曹操的安排下，与屯田都尉董祀再结连理。后董祀犯了死罪，蔡文姬去向曹操求情得免。董祀感念蔡文姬的恩德，后来和妻子溯洛水而上，隐居山林。这隐居之地实际上是陕西蓝田终南山下的蔡邕庄。若干年以后，曹操行军路过，前去探视。《三国演义》第七十一回这样记载：操在马上望见一簇林木，极其茂盛，问近侍曰：“此何处也？”答曰：“此名蓝田。林木之间，乃蔡邕庄也。今邕女蔡琰，与其夫董祀居此。”

隐居蓝田的蔡文姬，专心致志地抄录蔡邕遗著，回忆编写蔡邕文章四百余篇，完成了《续后汉书》这浩瀚的文化工程。她死后，按她遗愿，就埋在蔡王村旁。今蔡文姬墓位于西安城东南蓝田县三里镇乡蔡王庄村西北约一百米处。

“文姬归汉”和“昭君出塞”一样，成为汉代最让人感伤、让人同情和敬佩的经典故事，这两位名女子的一归一出，也成了中国历史上最让人难忘的两个故事。宋代陈造《赠琴妓二首》诗云：“梦中曾揖蔡文姬，焦尾亲传半夜衣。”蔡文姬纪念馆前汉白玉雕像，就是文姬弹焦尾琴。

《文姬归汉图》（局部）（金 张瑀绘）

7. “天香”桂花

位居我国十大传统名花宝座的桂花，开花时馨香扑鼻，芬芳馥郁，沁人心脾，且香中带甜，优雅怡人，香气四溢，弥漫数里，深为老百姓喜爱。唐代宋之问诗夸桂花：“桂子月中落，天香云外飘。”人们遂称桂花为“天香”。宋代洪适诗夸桂花：“共道幽香闻十里，绝知芳誉亘千乡。”人们因此也把桂花称为“十里香”。而宋代女词人李清照更是高调称桂花“自是花中第一流”，宋代韩子苍则宣称“月中有客曾

桂花

分种，世上无花敢斗香”。看来，桂花之香，确是冠绝天下。

桂花，也是贵花，珍贵之花。有歌唱道：“桂花开在贵石岩，桂花要等贵人来，桂花要等贵客到，贵客来到花才开。”桂花花不大，花形也一般。但人们因其之香，却赋予了它深邃的内涵，让它生活在寄托着人们无数美好愿望遐想的月亮上，称它为月桂，让美丽得不食人间烟火的嫦娥仙子陪伴着它，成为仙树。而且任吴刚日夜用斧斤砍伐，就是立而不倒，特具象征意义。

而一代代的文人，更是对桂花喜欢得一塌糊涂。这是因为人们把科举及第、中榜登科，称为“折桂”、鱼跃龙门，而如此比喻，则是因了我国古代的乡试、会试一般都在农历八月间举行，其时正值桂花盛开时节。

桂花主要有四种，除过不太香的四季桂，有丹桂、金桂、银桂，宋代与苏轼交游唱和的僧仲殊有词赞美桂花曰：“花则一名，种分三色，嫩红、妖白、娇黄。”人们以此三桂，对应中榜的三甲。红是状元（丹桂）、黄为榜眼（金桂）、白是探花郎（银桂）。另外，对获得大成就者则被誉为戴上了“桂冠”，尤其是诗人，不是当今的诗界还在评选“桂冠诗人”吗？！

桂花，属木犀科、木犀属植物。原产我国西南、华南及华东地区，现四川、陕西、云南、贵州、广东、广西、湖南、湖北、浙江等地有野生资源。桂花适生于我国北亚热带和中亚热带地区，耐高温，不很耐寒。人们开始以为这属于南方树木的桂花，不适宜秦岭以北。2006 年春天，西安市在整修北大街的绿化中，把桂花作为行道树，东西两行，广植五里之长八百多棵。这些娇贵的桂花树，已在西安露天地越冬度过八个冬季。加上环城西苑公园、大明宫遗址公园、丰庆公园等园林中的桂花树，每到八月十五前后满城满街飘香，才意识到之前的少见多怪。

后来一查历史资料，方知我们的园林部门是从历史上借鉴而来的。早在西汉时桂花就已成功引种汉之长安城了。西汉刘歆撰《西京杂记》记载：“汉武帝初修上林苑，群臣皆献名果异树奇花两千余种，其中有桂十株。公元前 111 年，武帝破南越，接着在上林苑中兴建扶荔宫，广植奇花异木，其中有桂一百株。当时栽种的植物，如甘蕉、密香、指甲花、龙眼、荔枝、橄榄、柑橘等，大多枯死，而桂花有幸活了下来。”司马相如的《上林赋》中也提到桂花树。“行乎洲淤之浦，经乎桂林之中，过乎泱漭之野。”看来桂花引种汉长安城宫苑已形成一定规模。晋代时，桂花的栽培得到进一步推广和发展。唐宋时期，

《桂花》邮票

引种桂花更为普遍。自汉代至魏晋南北朝时期，桂花成为名贵的花卉与贡品，并成为美好事物的象征。诗仙李白《咏桂》诗有：“安知南山桂，绿叶垂芳根。清阴亦可托，何惜植君园。”卢照邻《长安古意》诗中也说：“独有南山桂花发。”这两首诗中都提到南山桂，莫非秦岭终南山下，从汉武帝时就引种了上林苑的桂花树吗？长安滦镇沣峪口丰德寺院内有一株古丹桂树，丰德寺建于唐高宗永徽年间，这株丹桂树岂不应是千年以上的“南山桂”了吗？。

地处秦岭之南的汉中地区，是最适宜桂花树生长的地方。不但秦巴山中生长有野生品种，而且各地都广为栽种。留坝县城沿河堤植有数十株桂花树，每逢花期，花便开得烂漫恣肆，香气袭人，闻之欲醉。金桂、丹桂、银桂、四季桂竞相吐芳，眼前展现出“一树银花一树金，还有丹桂在前面”的迷人美景。

据历史记载，中国桂花栽培历史达两千五百年以上。在众多名花中，桂花是一种长寿植物，汉中市城东南七公里的南郑县圣水寺内有一棵存世最古老的桂花树，经科学测定，树龄一千多年。这株汉桂，粗需四五人合抱，每年开两次花，主花期在农历七八月份，第二次在农历十月份。这株汉桂开花五到七瓣，比普通桂花多二到三瓣，花径大，花期长，以秋季为盛。每次花期二十至三十天，甚为殊异。相传这棵桂花树是西汉初年，汉高祖刘邦的大臣萧何亲手栽植，故称“汉桂”。勉县武侯祠还有树龄约一千七百年的桂花树；因而汉水、汉朝、汉字、汉语、汉族发源之地的汉中市，就理所当然地把桂花树定为了市树。

金桂

而在我国古代神话传说中，唐明皇游月宫，就借助了桂花树。据《唐逸史》记载，天宝初年的一个中秋之夜，玄宗与道士罗公远在唐长安的宫中赏月。罗公远说：“陛下愿意跟臣一道到月宫中游玩吗？”玄宗听了十分高兴，罗公远折取一枝桂树，向空中掷去，桂树化为一座绿色的长桥，罗公远与玄宗一同登上长桥，步入一座巍峨的城阙，这就是月宫。在月宫，玄宗见数百个穿着白色羽衣的仙女，翩翩起舞，舞曲曼妙，舞姿婀娜。舞毕，玄宗上前询问这是什么舞，仙女回答说这叫《霓裳羽衣舞》。随后与罗公远沿着桂树化作的长桥返回。第二天，玄宗根据自己的记忆，创作出著名的《霓裳羽衣曲》。这个美妙至极的传说《开元天宝遗事》中也有记载。

桂花和陕西渊源十分深厚，秦岭南北皆能生长。从汉武帝上林苑中引种的桂花树林到李白诗中的“南山桂”、南郑圣水寺萧何手植的桂花树、汉中的市树“桂树”、汉桂之名的来源、桂花树化长桥唐明皇游月宫、留坝河堤上品种齐全的桂花树、西安北大街八百棵桂花行道树。原来桂花与我们距离如此之近，真乃是：待到八月秋风来，秦岭南北桂花香。

8. 牡丹之宗在陕西

牡丹别称鼠姑、鹿韭、白茸、木芍药、百雨金、富贵花，亦有花中之王之称。

牡丹为毛茛科芍药属落叶小灌木，有三十多种。李时珍在《本草纲目》里对牡丹的名称解释为：“虽结籽而根上生苗，故谓牡，其花红色，故谓丹。”

《牡丹》邮票 15-1 枚
“胜丹炉”

看来当时牡丹是以红色为上品的。《神农本草经》载：“牡丹味辛寒，一名鹿韭，一名鼠姑，生山谷。”牡丹最早是因药用而被载录的，北宋李昉主编的《太平御览》亦将牡丹收入卷 992《药部》，二十世纪七十年代初甘肃武威板树乡东汉早期圹穴出土医简中，有用牡丹治疗“血瘀病”的处方，是迄今已出土文物中有关牡丹最早的文字记载。

北宋欧阳修《洛阳牡丹记》中有：“牡丹初不载文字，唯以药载《本草》。然于花中不为高第，大抵丹、延以西及褒斜道中尤多，与荆棘无异，土人皆取以为薪。”

丹指陕西宜川，延指延安，褒斜道中则指秦岭山中。秦岭是动植物天然的基因库，牡丹出于秦岭，古有记载，而褒斜道穿越的秦岭主峰太白山，现仍保留有牡丹的野生品种紫斑牡丹。而陕北延安的万花山，也叫牡丹山，现仍有野生牡丹五万多株，二十七个品种，总面积一千多亩，被列入国家三级保护野生植物。宋《图经本草》载：“今丹、延山中皆有，但花有黄紫红白数种。”《大清一统志》载：“牡丹山，在肤施县（今属延安）南四十里，其地多产牡丹。山为花占，故万花山得名于牡丹，又荣于牡丹。”

延安万花山牡丹经专家鉴定为中国牡丹原生种之一，具有很高的科研和种群保护价值。日本专家亦认为万花山的牡丹全是难得一见的稀有品种，除了大红、粉红、白、黄、紫等常见颜色外，还有黑牡丹和绿牡丹。欧阳修的《洛阳牡丹记》有“牡丹出丹州、延州”，并在《花谱》中载有延安红、丹州红。宋代寇宗爽《图经》说“牡丹生巴郡山谷及汉中”，李时珍《本草纲目》中亦有此说。看来陕南的汉中及大巴山也是牡丹的原生地。故洛阳牡丹之宗在陕西，天下牡丹之宗也在陕西了。

牡丹应该是在唐代才作为观赏花卉为世人所认识的。明人徐渭《牡丹赋》载：“兹上代之天闻，始绝盛于皇唐。”

《牡丹》邮票 15-4 枚
“赵粉”

唐代诗人咏长安牡丹的诗词有数百首之多，蔚为大观。白居易描绘长安赏牡丹时之盛况："花开花落二十日，一城之人皆若狂。"刘禹锡诗云："唯有牡丹真国色，花开时节动京城。"一个"狂"字，一个"动"字，真乃写尽了长安人争赏牡丹的热烈与痴迷。卢纶诗有"长安豪贵惜春残，争说街西紫牡丹"；王毂有"牡丹娇艳乱人心，一国如狂不惜金"；白居易还写道"家家习为俗，人人迷不悟"。他在《看恽家牡丹花戏赠李二十》一诗中，对身在长安的李绅道说："人人散后君须看，归到江南无此花。"当时白居易任杭州刺史，诗中的"江南无此花"，当然是指牡丹盛在长安。

清代石雕《凤戏牡丹》（神木县城，王山水摄）

白居易赞美牡丹"绝代只西子，众芳惟牡丹"，晚唐诗人皮日休说"落尽残红始吐芳，清名唤作百花王。竞夸天下无双绝，独立人间第一香"，徐寅则直书牡丹"万万花中第一流"。而牡丹"国色天香"之誉也始于唐代。唐敬宗时，李正封咏牡丹诗云："国色朝酣酒，天香夜染衣。"从此，牡丹有了"国色天香"的美誉。太和、开成间，唐文宗还特为打听京城传唱的牡丹诗中，"谁为首出？"得到的回答是，中书舍人李正封，句有"国色朝酣酒，天香夜染衣"，文宗闻之嗟赏移时。帝王的知遇，朝野的推崇，自然就令牡丹身价扶摇直上或曰身价百倍了。《唐国史补》曰："京城贵游尚牡丹三十余年矣。每暮春，车马若狂，以不耽玩为耻。执金吾铺，官园外寺观，种以求利，春有植数万者。"当朝诗人亦有"近来无奈牡丹何，数十千钱买一颗"（柳浑）、"此物疑无价，当春独有名"（裴说）等描述。

牡丹又被誉为"花品第一"。舒元舆的《牡丹赋》说得明白："我案花品，此花第一。脱落群类，独占春日。其大盈尺，其香满室。叶如翠羽，拥抱比栉。蕊如金屑，妆饰淑质。玫瑰羞死，芍药自失。夭桃敛迹，秾李惭出。踯躅宵溃，木兰潜逸。朱槿灰心，紫薇屈膝。皆让其先，敢怀愤嫉。"段成式《酉阳杂俎》

《中国2009世界集邮展览》邮票小型张“国色天香图”

记载，长安兴唐寺有牡丹一窠，唐元和中有一年春天，长出二千一百朵花，其色有正晕、倒晕、浅红、浅紫、深紫、黄、白、檀等，有的花面径达七八寸。

传说的武则天把牡丹贬于洛阳，其实是小说家贬损武则天的虚构之言，见于明人冯梦龙《醒世恒言》卷中的《灌园叟晚逢仙女》。其中大意是武则天于冬月之间要游后苑，写出四句诏来，道：“来朝游上苑，火速报春日。百花连夜发，莫待晓风吹！”于是，百花不敢违旨，一夜发蕊开花。次日，只见千红万紫，芳菲满目。单有牡丹花不肯奉迎，一根叶儿也没有，则天大怒，贬之于洛阳，后来才有了“洛阳牡丹冠于天下”的口实。

这传说，肯定不足为信，因为唐初及武则天在世时牡丹之名还不盛行，如欧阳修所言“牡丹初不载文字，唯以药载《本草》。然于花中不为高第”，当时的唐代诗人还没有咏牡丹之诗，据考证当时也称牡丹为木芍药。但如果设想武氏将长安牡丹携至洛阳，也是有可能的。

到了天宝年间，诗仙李白在长安城兴庆宫，以牡丹比杨贵妃，写下了极负盛名的《清平调》三首。其中的“云想衣裳花想容”“名花倾城两相欢”已成为流传千古的名句。但“名花倾城”的名花并未点明就是牡丹，看来牡丹已有实而名尚不显。

《牡丹》邮票15-10枚“蓝田玉”

中国四大美女以沉鱼落雁、闭月羞花而闻名天下，杨贵妃有羞花之美，这所羞之花就是牡丹。唐玄宗与杨贵妃还在华清宫“宿酒初醒，凭妃子肩，同看木芍药。上（皇帝）亲折一枝，与妃子递嗅其艳。帝曰：不唯萱草忘忧，此花香艳，尤能醒酒。”

唐玄宗称牡丹为“花木之妖”。宋代苏东坡《牡丹记叙》也称其“穷妖极丽，所以擅天下之观美。”一个“花木之妖”，一个“穷妖极丽”，以“妖”来形容牡丹，真可谓意味深长，观赏牡丹者如何能不为其所惑呢？

1964年8月5日邮电部发行特61《牡丹》邮票，都是最为名贵的牡丹品种。其中“蓝田玉”，以产于西安蓝田的蓝田玉为名，与“丹州红”“延州红”“延安黄”同列宋代的牡丹花谱之中。

请不要忘记天下牡丹以陕西为宗，曾经的长安牡丹甲天下。抛却武则天把牡丹贬到洛阳的荒谬传说，其实千百年来，是我们长安人自己把牡丹贬离了长安。西安不是在评选市花时抛弃牡丹，选了石榴花吗？石榴汉唐时从西域引入，并非陕西的原生种，中国的四大花卉，甚至十大花卉中也没有石榴的位置。而且，西安有几棵石榴树？石榴花顶多也就是临潼的区花。

我们要重振大唐的盛世之风，就应该向河南洛阳、山东菏泽学习，尽快在西安的兴庆宫、华清宫、大明宫，以及曲江池遗址，营建大规模的有着长安独有特色的牡丹园，建立牡丹研究机构，恢复长安牡丹绝胜天下的历史地位，给世人一个惊喜。这样才不会忘掉历史，把金子当铜来卖。

9. 天然名卉杜鹃花

（1）花中杜鹃似西施

杜鹃花令人印象深刻是因为唐代诗人白居易。

白居易是诗坛咏花的顶尖高手，他痴爱迷恋杜鹃花的程度令人惊异。他赞美杜鹃花，好似眼中再无其他花了。先一句“回看桃李都无色，映得芙蓉不是花”，再一句“花中此物似西施，芙蓉芍药皆嫫母”，最后一句“细看不似人间有”，真正是把话都说绝了。就这还不遂心，他一会儿“此时逢国色，何处觅天香”“花中无此芳”，一会儿竟要“好差青鸟使，封作百花王”，如此连篇累牍，不厌其烦地作诗赞美杜鹃，白居易堪称古今第一人。

在中国十大名花中，杜鹃花排位第六。杜鹃花有映山红、山石榴、山踯躅、红踯躅等许多别名。在中国文化中，杜鹃花与报春花、龙胆花合称“三大天然名花”。它种类多，花期长，五颜六色，璀璨夺目。春暮繁花似锦，夏日

《杜鹃》邮票套票

茂密青翠，秋冬又有色叶，四季可赏，在所有观赏花木中，堪称花叶兼美。

大历十年（776 年），进士王建作宫词百首，其中之七十四首曰：“太仪前日暖房来，嘱向朝阳乞药栽，敕赐一窠红踯躅，谢恩未了奏花开。”其中太仪指公主母亲，“暖房”是唐人礼俗，甫迁新居，提前赠送礼品，谓之暖房。说明其时长安大明宫等宫殿中已种植有红踯躅（红杜鹃），在“暖房”这种唐人宫廷礼俗中，作为“敕赐”礼品。

白居易的“花中此物似西施”句，就出自《山石榴寄元九》这一首长诗：“九江三月杜鹃来，一声催得一枝开。……日射血珠将滴地，风翻火焰欲烧人。闲折两枝持在手，细看不似人间有。花中此物似西施，芙蓉芍药皆嫫母。……拾遗初贬江陵去，去时正值青春暮。商山秦岭愁杀君，山石榴花红夹路。题诗报我何所云，苦云色似石榴裙。”诗中的山石榴花即杜鹃花，据此可以看出，白居易写的杜鹃花就是生长在秦岭之南商山的了。商洛市柞水县牛背梁山顶有万亩杜鹃花海，这里生长的杜鹃花为高山杜鹃，一丛千朵，烂烂漫漫，赪如丹砂，灿若堆锦，奇芳绝艳，嫩紫殷红。主要品种有太白杜鹃和金背杜鹃。太白杜鹃细分还有

杜鹃花（西安 · 林安令摄）

牛背梁杜鹃花

紫红色的"秀雅杜鹃"，紫中带蓝的"密枝杜鹃"，而花为粉红色的就直接叫"太白杜鹃"了。这种粉红杜鹃数量最多，如胭脂一般妍红娇嫩，霞染一般火焰欲燃，是牛背梁万亩杜鹃花海的主色调。至于诗中的"苦云色似石榴裙"一句，则让人联想到美女腰下的石榴裙，原来这石榴裙和被称为山石榴的杜鹃花也有关系。而杜牧《山石榴》赞美杜鹃花的"似火山榴映小山，繁中能薄艳中闲。一朵佳人玉钗上，只疑烧却翠云鬟"又让杜鹃成了"佳人头上的玉钗"。

秦岭杜鹃野生品种资源有二十八种，占我国杜鹃种类的百分之五，主要分布在眉县太白山、镇安木王、宁陕平和梁、蓝田王顺山、佛坪凉风垭、周至楼观台、柞水牛背梁、商洛金丝大峡谷等国家森林公园和风景区。离柞水牛背梁不远的西安市蓝田县王顺山国家森林公园内，还生长着一大片野生杜鹃林。其中有一株杜鹃巨人，树龄超过千年，树围接近一米八，属于罕见杜鹃珍品，被誉为"千年杜鹃王"。

（2）太白五月杜鹃花

太白山的杜鹃花有万亩之多。每当农历五月，只见满山杜鹃一片雪白，那杜鹃花开得恣肆，声势浩大，把个太白山装点得素洁娴雅，格外好看。

其实你如果深入到杜鹃林中近距离观赏品评，就会感到，这雪白的杜鹃花，花蕊是金黄色的，花瓣上一抹浅红色斑点，显得娇艳无比。而含苞待放的花蕾，却是胭脂一般妍红含露，如美人初醉；当花苞初绽时，则如霞染般红粉黄嫩了。置身林中，只见花开枝头，数十朵挤成一团，聚拢着一种内

蓝田县王顺山杜鹃花

敛的狂放，那花团锦簇的热烈，让你感悟尤深。

杜鹃花是中国四大名卉之一，被诗人比作“花中西施”。此时在太白山万亩杜鹃花海的深处，正好将苏东坡的一句诗改作“欲把杜鹃比西子，淡妆浓抹总相宜”。

这白色如雪的杜鹃，也叫金背杜鹃，矮丛，高丈许，树干粗若碗口，树皮皲裂，黑如铁质，枝干上附生着褐中泛绿斑斑驳驳的苔藓。而叶子却绿油油的肥硕光鲜，椭圆形的叶片，手掌般大小，质感厚实。叶子背面却泛出橙黄之色。原来，金背杜鹃的名字由叶子而来。

站在杜鹃林中放眼望去，只见在缕缕阳光透射下，如镶金边的叶片闪闪烁烁，甚是灿亮。这金背杜鹃生性喜阴，好酸性疏松肥沃腐殖土，生长在海拔三千米左右的高寒之地，可以算得上是：凌寒眠霜，耐久芳馨，铅华洗尽，自然有精神了。

杜鹃花（西安·林安令摄）

其实太白山的杜鹃花除过金背杜鹃是白色的，其他品种如秀雅杜鹃，花是紫红色的；密枝杜鹃，花是紫中带蓝的。花开时一花双色紫亦红，密枝秀雅竞风流，煞是好看。杜鹃花又名映山红，而太白山的这两个品种却是映山紫，颜色独异，霞染紫气，一派玉宇清平、仙风和畅的景象。《录异记》中说太白山“时有紫气覆之”，大概就是应在这两款杜鹃花上。而紫气东来是道家所谓祥瑞之兆。《三十六洞天记》称太白山是道教三十六洞天中的第十一洞天，亦称“玄德洞天”“德元之天”。又说太白山三十六洞皆列有名，以鬼谷子洞为首，次为大雪岩、香引山、上板寺……钟吕坪、青牛洞等均为道家圣地。太白山杜鹃盛开，紫烟蒸腾，不愧为道家的福地仙山。

太白山杜鹃中还有一个品种，直接就叫太白杜鹃，花为粉红色，枝干细高，长势较弱，天然窈窕，娉娉袅袅，更显玉人仙姿。

说到杜鹃花如玉人仙姿，还真有传说，这就是太白山的七女峰。传说王母娘娘有七个女儿，生长在太白山，后来有六个忍受不了太白山的寒冷和寂寞，分别离开了太白山，只有名叫杜鹃的七仙女，心地善良，能吃苦耐寒，留在

太白山七女峰

了太白山，人们怀念这位杜鹃仙子，就把这座山峰称为七女峰。

而如今，有一部分人认为这传说略为不妥，因为神话传说中的七仙女，从来都是姐妹情深，友爱团结，她们绝不会丢下哪个不管的。这七女峰应该是七位仙女共同化身的山峰，她们姊妹为太白山神奇壮丽的风光所吸引，寂寞守望，不离不弃，情义无价，感天动地。

每当我们远眺七女峰时，都在细数着这堪称太白山最为秀美的七座峰头。想象着七位仙女白衣霓裳，迤逦而行，携手飘然而至，在青山巍峨、紫烟轻岚，一片圣洁之光的映衬下，婀娜多姿，顾盼生辉，艳光四射，逼迫得人们不敢仰视。真乃“云中仙袂飘飘举，霞裙风帔影翩翩，雪肤花貌绰约姿，冰肌玉滑擅无双”也。

在中国人的心目中，仙女们都是纯洁得不沾一丝人间烟火的天使，是美丽、善良、智慧的化身，深受世间小民的倾慕爱戴和仰敬。她们的形象不容有一丝的亵渎和轻慢。

太白山的七女峰，这个有着美丽传说的山峰，和太白山的杜鹃花这个大自然创造的花海奇观，组成了太白山最为亮丽的一道风景。

太白山因杜鹃花而美丽！太白山因七女峰而神奇！

（3）花鸟同名曰杜鹃

据说鲜红的杜鹃花，是杜鹃鸟啼血染成，杜鹃花因此得名。

当然这只是历代诗人的联想而已。唐代成彦雄《杜鹃花》：“杜鹃花与鸟，怨艳两何赊。疑是口中血，滴成枝上花。”杨行敏《失题》：“杜鹃花里杜鹃啼，浅紫深红更傍溪。”李白《净兴寺杜鹃花》：“一

红杜鹃

园红艳醉坡陀，自地连梢簇蒨罗。蜀魄未归长滴血，只应偏滴此丛多。”李绅《新楼诗》：“惟有此花随越鸟，一声啼处满山红。”

杜鹃树是树名，杜鹃花是花名，杜鹃还是鸟名。这种动植物同名的现象极为罕见。而从杜鹃之名的渊源来看，这其中还承载着一件千古不朽的爱情传奇故事呢。

千百年来，流传着“杜鹃啼血，子归哀鸣”的悲情故事。白居易《琵琶行》：“其间旦暮闻何物？杜鹃啼血猿哀鸣。”传说古代蜀国有个蜀王，名叫杜宇。他是一个非常负责而且勤勉的君王，深爱百姓，也与王后恩爱尤嘉。后因奸人所害，悲惨而死，其灵魂化作杜鹃鸟，每日在王后花园啼鸣哀号。王后听闻杜鹃鸟哀鸣，悟为丈夫阴魂，亦日夜哀号“子归，子归”，终亦郁郁而逝，化为杜鹃花，与杜鹃鸟相栖相伴。

还有一说是：蜀王杜宇亦曰杜主，自天而降，也称望帝，传说是周朝末年蜀地的君王，后禅让退位，归隐深山。不幸国亡身死，死后灵魂化为杜鹃鸟。每年暮春杜鹃花开时节日夜鸣叫，悲鸣不已，直到口中滴血。其声凄切，所以人们借以倾诉悲苦和哀怨之情。杜甫的《杜鹃行》以杜鹃之哀惨，叹唐玄宗失去帝位之悲，寓意深长：“古时杜宇称望帝，魂作杜鹃何微细。跳枝窜叶树木中，抢佯瞥捩雌随雄。毛衣惨黑貌憔悴，众鸟安肯相尊崇。隳形不敢栖华屋，短翮唯愿巢深丛。穿皮啄朽觜欲秃，苦饥始得食一虫。谁言养雏不自哺，此语亦足为愚蒙。声音咽咽如有谓，号啼略与婴儿同。口干垂血转迫促，似欲上诉于苍穹。蜀人闻之皆起立，至今斅学效遗风，乃知变化不可穷。岂知昔日居深宫，嫔嫱左右如花红。”此外，他还写过《杜鹃》《子规》等集中笔墨描摹杜鹃的诗，其《玄都坛歌寄元逸人》中的“子归夜啼山竹裂”，《客居》中的“子归昼夜啼，壮士敛精魂”，《秋日府咏怀奉寄郑监李宾客一百韵》中的“伤

石雕《杜鹃》（西安 · 林安令摄）

春怯杜鹃”，《虎牙行》中的“杜鹃不来猿狄寒”等，都堪称佳句。

与杜甫合称大杜小杜的杜牧，也有一首《杜鹃》诗：“杜宇竟何冤，年年叫蜀门？至今衔积恨，终古吊残魂。芳草迷肠结，红花染血痕。山川尽春色，呜咽复谁论？”其《惜春》一诗：“花开又花落，时节暗中迁。无计延春日，何能驻少年。小丛初散蝶，高柳即闻蝉。繁艳归何处，满山啼杜鹃。”其中同样提到了杜鹃。

《益鸟》邮票小型张“杜鹃”

可见二位诗人都有一种杜鹃情结。不知是因了他们都姓杜，还是都对杜鹃花与鸟，以及人的挚爱沉潜于心，而“感时花溅泪”了。

“血染杜鹃花”也有一说是：西楚霸王身陷十面埋伏，四面楚歌之中，演绎了一幕悲壮史剧“霸王别姬”。当霸王爱妻虞姬为了重振霸王士气，挥剑自刎，她的血溅到杜鹃上，一夜间，满山遍野杜鹃花全部变成了血红的颜色。

杜鹃鸟身体黑灰色，尾巴有白色斑点，腹部有黑色横纹。春末夏初时常昼夜不停地鸣叫，这是一种美丽可爱、富有灵性和神奇传说的益鸟。杜鹃鸟又叫杜宇、布谷、子规、望帝、蜀鸟等。《华阳国志》有子规鸣声凄厉，最容易勾起人们别恨乡愁的说法。杜鹃的鸣声很像人说“不如归去”，所以子规鸟又叫思归、催归。

韦应物《子规啼》云：“高林滴露夏夜清，南山子规啼一声。邻家孀妇抱儿泣，我独辗转何时明。”一句“南山子规啼一声”格外凄清，寄托了诗人的无限伤感和哀怨，强化了杜鹃悲情感人的意象。因之中国历代的文人骚客，都似乎把杜鹃当作一种悲鸟来咏叹了。

写杜鹃的诗还有李白的《宣城见杜鹃花》：“蜀国曾闻子规鸟，宣城还见杜鹃花。”王维的《送梓州李使君》：“万壑树参天，千山响杜鹃。”白居易的《江上送客》：“江花已萎绝，江草已销歇。远客何处归？孤舟今日发。杜鹃声似哭，湘竹斑如血。共是多感人，仍为此中别！”而下边两首均把杜鹃和陕西蓝田联系起来，一是李商隐的《锦瑟》：“锦瑟无端五十弦，一弦一柱思华年。庄生晓梦迷蝴蝶，望帝春心托杜鹃。沧海月明珠有泪，蓝田日暖玉生烟。此情可待成追忆，只是当时已惘然。”二是李贺《老夫采玉歌》：“采玉采玉须水碧，琢作步摇徒好色。老夫饥寒龙为愁，蓝溪水气无清白。夜雨冈头食蓁子，杜鹃口血老夫泪。蓝溪之水厌生人，身死千年恨溪水。”蓝溪，就指古代以产玉著称的蓝田山下一条三十里长的河流。

北宋诗词大家陆游《鹊桥仙·夜闻杜鹃》云：“茅檐人静，蓬窗灯暗，春晚连江风雨。林莺巢燕总无声，但月夜常啼杜鹃。催成清泪，惊残孤梦，又拣深枝飞去。故山犹自不堪听，况半世飘然羁旅。”这是陆游在宋孝宗乾道八年，在陕西南郑参加抗金战争并取得显著战绩后，被调任到后方的成都府路安抚司参议官，离开抗战前线时创作的诗。此时的陆游极为苦闷，此作就是“借物寓言”。诗人从杜鹃夜啼而思归，希望重回到抗金前线，报效国家。但主和派当权，诗人只能无奈地发出报国无门的悲叹。

杜鹃鸟灰黑色的毛羽并不美，可是文人对它的礼遇和尊重，恐怕任何鸟也不及。

我们常见的杜鹃鸟有大杜鹃和四声杜鹃（小杜鹃）。分布地包括中国大陆的东部自河北至陕西以南。大杜鹃的叫声好像是“布谷！布谷！”所以又称布谷鸟；四声杜鹃的叫声特点是四声一顿，让陕西的关中人依他们方言口音来听，就听成了“算黄算割”，因此关中人都把杜鹃叫“算黄算割”。

因为过去在关中农村，夏收也叫抢收。麦子熟得快，割得慢了麦粒就会从麦穗上爆裂掉到地上。更害怕的是遇暴雨，关中夏天雨来得猛。如果雨来了麦子让雨一泡还会发芽，那就减产得厉害，而人们就得吃芽芽麦。就是麦子堆在麦场上，也要赶快碾场、扬场，把麦子收回家。否则一场暴雨就会把他们一年的希望都浇灭。“算黄算割”意思是麦子黄一块就赶紧收割一块，意在提醒人们不要错过农时。这里的农村人都认为杜鹃鸟是吉祥鸟，加上杜鹃鸟吃害虫，也是人们公认的益鸟。

其实，杜鹃毛病也很多，有些种类是一种夏候鸟，既不营巢，也不孵卵哺雏，关中有的地方也依其习性和叫声，叫它“光棍好过”。指它到了生殖季节，把卵产在柳莺等鸟的巢中，破壳后，便把雏莺一个个挤出巢外，任其自谋生路，鸠占鹊巢。《诗经·召南·鹊巢》有云：“维雀有巢，维鸠居上。”这鸠，就是杜鹃。

10. “梨花一枝春带雨”

梨花（西安·骆延锋摄）

唐代的白居易早在《长恨歌》中就用“玉容寂寞泪阑干，梨花一枝春带雨”来形容倾国倾城的杨玉环。宋代诗人汪洙的《梨花》：“一枝春带雨，泪湿贵妃妆。”朱淑真《梨花》“朝来带雨一枝春，薄薄香罗蹙蕊匀。冷艳未饶梅共色，靓妆长与月为邻。许同蝶梦还如蝶，似替人愁却笑人。须到年年寒食夜，情怀为你倍伤神。”以及宋代诗人秦观的《春日》：“有情芍药含春泪，无力蔷薇卧晚枝。”这些诗都是由白居易的诗意引发的，可见白诗用梨花状写美人的成功。

杜牧有一首诗《鹭鸶》写到梨花“霜衣雪发青玉嘴，群捕鱼儿溪影中。惊飞远映碧山去，一树梨花落晚风。”也透着那种难得的高远旷达的意境。杜牧还有一首《残春独来南亭因寄张祜》，其“带叶梨花独送春”一句，亦写得不俗。诗仙李白在长安奉诏为唐玄宗所作的《宫中行乐词八首》其中一首有句“梨花白雪香”，名家出手，同样不凡。

唐诗中有无名氏所作《杂诗》曰：“且向长安过暮春，一树梨花一溪月。”说明长安的梨花开得好有意境。

天下之花，要说以白取胜，当数梨花。春风荡漾，梨树花开，千朵万朵，压枝欲低，冰肌雪貌，玉骨晶莹，素面淡雅，靓艳含香，风姿绰约，谓其“占断天下白，压尽人间花”，虽有夸饰，亦不远兮。

陆放翁如此颂赞梨花：“粉淡清香自一家，未容桃李占年华。常思南郑清明路，醉袖迎风雪一杈。”他意象中的梨花，应该是在陕西的汉江畔的抗金前线南郑看到的。

梨树，为蔷薇科梨属植物，多年生落叶果树，乔木，叶为卵形，花多白色，果子多汁、可食。八九月间果实成熟时采收，鲜用或切片晒干。主要品种有

梨花（西安·骆延锋摄）

秋子梨、白梨、沙梨、洋梨四种及其亚种。原产于中国西部。

《诗经·秦风·晨风》中记载有："山有苞棣。"苞棣，就是梨的古称。梨在先秦古籍《庄子》《韩非子》中都有记载，说明其在中国栽培历史可推到西周或先秦。从长沙马王堆西汉墓中出土的梨子实物来推测，汉代已有较大规模的梨园了，且育出了优良品种。《史记》中，记录了大如拳、甘如蜜、脆如菱的"真定御梨"。《西京杂记》中，也记录了上林苑出产的紫梨、芳梨、大谷梨、细叶梨、瀚海梨等。公元二世纪，梨传入印度、波斯等国。梵文里称梨为"秦地王子"，也证明了梨来源于中国的秦地。

古老的梨树，与长安结下了难解之缘。唐朝的李隆基爱好文艺，参与创作《霓裳羽衣舞》，他所创办的乐舞教习所，就选在长安三大宫之一的大明宫会昌殿附近的一片皇家梨园里。《新唐书》记载：相传唐玄宗既知音律，又酷爱法曲，选坐部使子弟三百教于梨园，声有误者，玄宗必予纠正，号"皇帝梨园弟子"。另外，天宝年时，选宫女数百人置于东宫宜春北苑教习乐舞，此虽不在大明宫梨园，然在此习乐舞之宫女，亦称为"梨园弟子"。从此，后人便以"梨园弟子"来泛指戏曲演员。戏曲行也称"梨园行"，唐玄宗也被戏人尊为"梨园祖师"。

杜甫在《观公孙大娘弟子舞剑器行》中说："梨园弟子散如烟，女乐余姿寒映日。"白居易在《长恨歌》里说："梨园弟子白发新，椒房阿监青娥老。"

梨，不光花美，果实更被人看重。梨子的顶部有一圆圆的浅涡，还引出了"梨涡浅笑"的故事，《宋史·胡铨传》记载有：宋朝人胡铨，饮于湘潭胡氏园，旁有侍妓梨倩。胡铨尽兴题诗云："君恩许归此一醉，傍有梨颊生微涡。"后来朱熹诗中亦有一句："归时梨涡却有情。"从此，人们便以"梨涡"来形容女子面颊上的酒窝了。

梨树的果实梨子，是水果中的珍品，梨外皮呈现出金黄色或暖黄色，里面则为通亮白色，鲜嫩多汁，口味甘甜。而且梨的药用价值也很高，味甘性寒，有润肺、消痰、止咳、降火、清心之功效，有“百果之宗”的美誉。《名医别录》《清导录》《三秦记》《物类相感志》《名医类案》《本草纲目》《木草经疏》《本草图经》《寿世传真》《重庆堂随笔》《本草衍义》等古籍中，对梨的品种及药用，都有比较详尽的记录。

11.“雄冠华夷”玉兰王

陕西周至终南山下的国家级黑河森林公园内有一株古玉兰树，树龄一千多年，令人惊异的是一树盛放白、红、紫三色花朵，被视作世所罕见之绝品。花开之际，香飘数十里外，花团锦簇，白若碧玉晶莹，红艳似火染霞，紫气弥漫其间，非常之奇美壮观，树冠荫蔽面积两亩有余，真乃一树三色玉兰花，一座花的峰峦。国家林业局有关专家赞其是“雄冠华夷”的玉兰王，是迄今为止，中国国内发现的最大的一株玉兰树。

《玉兰花》（曾孝濂绘）

玉兰是木兰科木兰属落叶小乔木。玉兰和木兰同属一科，但有区别，可是古人在典籍及诗歌中经常是把木兰和玉兰混为一谈，有时分有时合，混淆不清。所以我们在说玉兰时也只能继续混淆了。

玉兰早在战国、秦汉之时已有栽培。战国时期楚国诗人屈原《离骚》中就有“朝饮木兰之坠露兮，夕餐秋菊之落英”的佳句，以示其高洁的人格。《三辅黄图》载：“阿房宫以木兰为梁，以磁石为门。”这里的木兰，应该是指玉兰。汉代司马相如和东方朔描述秦代上林苑种植的花木文章中，就有木兰；扬雄《蜀都赋》也有“被以樱、梅，树以木兰”等记述。

玉兰是我国最具代表性的早春名贵花木。喜光，稍耐阴，具较强的抗寒性。原产印度、爪哇以及我国中部山区，自秦岭到五岭均有分布。玉兰树高可达十米，因其花朵色白微碧，香味似兰，所以叫做玉兰。玉兰，又名白玉兰、应春花、望春花、玉堂春，有白、黄、紫红诸色，以白色为主。白玉兰先花后叶，花洁白、美丽且清香，早春开花时犹如雪涛云海，蔚为壮观。古时常在住宅的厅前院后配置，名为“玉兰堂”。想着满园白玉般的蝴蝶飞舞起来，“微风吹万舞，好雨尽千妆”，其景致，其情韵，该是何等的销魂。

玉兰花

明代文征明《咏玉兰》曰：“绰约新妆玉有辉，素娥千队雪成围，我知姑射真仙子，天遗霓裳试羽衣，影落空阶初月冷，香生别院晚风微，玉环飞燕元相敌，笑比江梅不恨肥。”用词华美，用典博雅。以唐玄宗在长安梨园排演最负盛名的“霓裳羽衣舞”来比喻玉兰花摇曳的姿态，同时借古代“四大美女”中杨贵妃和赵飞燕的舞姿、体态、神韵来衬托玉兰花盛开的芳容。明代睦石《玉兰》诗曰“霓裳片片晚妆新”，沈周《题玉兰》诗曰“翠条多力引风长，点破银花玉雪香。韵友自知人意好，隔帘轻解白霓裳。”清代查慎行《雪中玉兰花盛开》诗曰：“阆苑移根巧耐寒，此花端合雪中看。羽衣仙女纷纷下，齐戴华阳玉道冠。”其中均有以“霓裳羽衣”来形容玉兰的诗句，可见写诗“英雄们”所见略同啦。

再有，玉兰树也有形容英俊潇洒美男子的成语“玉树临风”，出自杜甫《饮中八仙歌》的“宗之潇洒美少年，举觞白眼望青天，皎如玉树临风前”。长篇小说《七侠五义》中主角“锦毛鼠”就名为白玉堂，端的是帅气英俊、气宇轩昂、风流倜傥、风度翩翩。中国戏曲中流传最广的剧目就有《玉堂春》，说起其中一折国粹中的经典“苏三起解”，京剧票友中谁个能不熟呢？

说到玉兰和木兰的区别，其实还是很明显的，例如玉兰为高大乔木，花朵大，而不怎么香，木兰为灌木或小乔木，花小而香气较浓郁，木兰别名则有林兰、桂兰、紫玉兰、木莲、女郎花等。中国古人还把木兰称为“辛夷”，其花蕾很像毛笔头，所以又称木笔花。屈原《楚辞·涉江》中云：“鸾鸟凤凰，日以远兮。燕雀乌鹊，巢堂坛兮。露申辛夷，死林薄兮。腥臊并御，芳不得薄兮。阴阳易位，时不当兮。”其中的辛夷和木兰是一回事。自号少陵野老的杜甫曾有诗：“辛夷始花亦已落，况我与子非壮年。”在周至做过县尉的白居易，也有诗《题灵隐寺红辛夷花戏酬光上人》：“紫粉笔含尖火焰，红脂胭染小莲花。

《玉兰花》邮票

芳情香思知多少，恼得山僧恨出家。”王维《辛夷坞》诗云：“木末芙蓉花，山中发红萼。涧户寂无人，纷纷开且落。”诗名的“辛夷坞”，则是他在秦岭山中蓝田辋川别业的一处胜景，因广种木兰而称之。

据传说，辛夷得名于一个美丽的故事。古有一秦地举人，他的家乡流传着一种怪病，患者常常头痛头昏，流浓鼻涕，腥臭难闻。秦地举人也被传染上了，他四处求医问药，终无疗效。后他来到一个夷族居住的地方，遇一鹤发童颜的老者，便向其求治。那老人见秦举人彬彬有礼，就笑道：“这有何难。”老人爬上一棵高大的开着像莲花一样的花的大树上，采了几十朵泛着紫红色的酷似笔椎的花蕾，让他每日一次，配煮鸡蛋而食。哪知不足半月，秦地举人怪病就痊愈了。他后来还特地去拜谢老人，并带回“笔椎花”种子，种在秦地自家门前屋后，待其长大后结出花蕾，赠予和他一样患此怪病的病人治疗，无不见效。别人问此为何花？他一时答不上来。他想这是辛庆年间在夷人处获得的，便随口答道：“这叫辛夷花。”辛夷于此得名。

唐代陆龟蒙《和扬州看辛夷花次韵》曰：“柳疏梅坠少春丛，天遣花神别致功。”则称辛夷为“花神”。

古有“鲁班刻木兰舟”的传说。用木兰建造的船叫“兰舟”或“兰桡”，于是“兰舟”就成了船之美称。李时珍的《本草》载：“木兰枝叶俱疏，其

《花木兰》银币背面

花内白外紫，亦有四季开者，深山生者尤大，可以为舟……”看来，辛夷花不仅能入药，还可刻舟，真乃富贵双全，吉祥嘉瑞，于世有奇功之树与花。

白居易《题令狐家木兰花》云：“从此时时春梦里，应添一树女郎花。”直呼辛夷花为“女郎花”，这是因为北朝乐府《木兰诗》中的女扮男装，替父从军的主人公名木兰，诗中也有“不知木兰是女郎”一句，文人们就乘机把“木兰”戏称为“女郎”了。陆游不少诗就是这样用的，如《病中观辛夷花》：“粲粲女郎花，忽满庭前枝。繁花虽少减，高雅亦足奇。”《春晚杂兴》诗之五：“笑穿居士屐，闲看女郎花。”《春晚出游》：“王孙草生与阶齐，女郎花发乳莺啼。”因花引出一位忠孝双全的一代巾帼女英雄花木兰，还真巧合成一桩传颂古今，光耀史册的千古奇闻。

这木兰替父从军的传奇故事就发生在陕西。而被认定的木兰故里首先是延安。因为元人侯有造《孝烈将军祠像辨征》记载：“其所据之地域为河套……延安郡。”且豫剧大师常香玉所主演的1956年长春电影制片厂拍摄成电影的河南豫剧《花木兰》中，花木兰在从军的路上向相遇的从征伙伴自我介绍时，就明确地说，她是延安府尚义村人。另外，在新中国成立前后一些著名的剧作家在他们所创作的戏剧中，不论京剧、越剧、河北梆子，均称花木兰系延安府人氏。

而豫剧《花木兰》中所提到的延安府尚义村，就是今延安市的花源屯村。位于延安西南四十里的杜甫川。山上建有木兰陵园，还有最高一层绕山而筑的木兰墓，山顶上有传说为木兰跑马习武的跑马梁。1984年恢复重建的木兰陵园，为古典式建筑群，有原中国书协主席，被称为“红军书法家”的舒同先生题书的“木兰诗”和“花将军之墓”。还有“文化大革命”中最早被冲击的“三家村”（邓拓、吴晗、廖沫沙）之一的廖沫沙先生题写的“木兰祠”。

本文开篇提到陕西省周至县黑河森林公园内有一株千年古玉兰王树。而陕西省长安区终南山北麓南五台弥陀寺内也有两株千年古玉兰树，不过花是红色的。这三棵千年玉兰树，皆属珍贵嘉木奇树。都被当地人视为“神树”，经常有人去拜谒，树上挂满了祈福纳祥的红布条。这三棵千年玉兰树，亦证明了陕西秦岭山区为玉兰树最重要的原生之地。

另外，陕西富平县觅子乡西间村唐代大将军李光弼的墓园内还有一株千年古玉兰，高十二米，胸围三米，可惜经过漫长岁月的剥蚀摧残，已于1986年自然枯死。

陕西省汉中市勉县武侯祠院内的旱莲

值得一说的还有，汉中市勉县武侯祠院内，生长一株落叶乔木旱莲，旱莲属木兰科，属于玉兰花的变种。已有四百余年的历史，树高超过十三米，胸围超过一米。因其花开之时，花朵酷似莲花，而生于旱地，故有旱地莲花之美誉。武侯祠内的这株古旱莲，是迄今世界上发现的唯一一株古旱莲，每年三月上旬开花，花期半个月。初春满树鲜花，十分喜人，花后枝叶繁茂，五月长出花蕾。此花蕾要在树上孕育十个多月，经历夏、秋、冬，来年才绽放，俗称之“十月怀胎”。夏至后，花树结籽，籽如红豆，碧光坚硬。旱莲花初开时呈红色，盛开时花朵颜色变幻成红白相间，花蕊略呈粉红色，清丽绝俗，粉嫩欲滴，妖娆多姿，真纯无瑕，呈现出“红胭脂染小莲花”的美丽靓影。这世间罕见的古树，花开在阳春三月，故又称其树为“武当木兰”“应春玉兰”。

这棵古旱莲，因其珍罕少见，曾被视为“绝后”之花卉。令人高兴的是，经过多年辛苦实验，当地已培育出一批旱莲新苗，如今移栽至汉中市天汉大道两侧，并花苞初绽，使旱莲这一古老而珍罕名贵花卉得以延续，实为难得。

旱莲花于2000年被汉中市政府确定为汉中市“市花”。旱莲也被当地老百姓视为祥瑞之花，汉中市有关部门还为它举办了旱莲文化节和祈福活动，吸引各方的游客前来品花赏花，借旱莲（玉兰花）的祥瑞之气，福佑“天汉”这一有“汉家发祥地，中华聚宝盆”美誉的风水宝地。

12. “西府海棠”第一品

海棠花是我国的传统名花之一，花姿潇洒，花开似锦，素有“花中神仙”“花贵妃”“国艳”之誉。

“西府海棠”为海棠花四品中第一品。明代《群芳谱》记载：海棠有四品，皆木本。四品指：西府海棠、垂丝海棠、木瓜海棠和贴梗海棠。但按今天的植物分类法来看，它们虽都同为蔷薇科，却并不同属：西府、垂丝海棠为苹果属，贴梗、木瓜海棠为木瓜属，差异是颇大的，但古人因为它们有许多相似之处，把它们捏合在一起，号为“海棠四品”，芳名昭彰，我们也只能将错就错了。

西府海棠（西安·骆延锋摄）

海棠花开娇艳动人，但一般的海棠花无香味，唯有“西府海棠”既香且艳，是海棠中的上品。其花含苞时，花蕾红艳欲滴，似胭脂点点，绽放后渐变粉红，有如晓天明霞，娇嫩无比。

花名西府，是因晋朝时生长于关中西府而得名。西府一般指咸阳以西，北至彬县，中含武功、兴平、礼泉，西至宝鸡市境内三区九县。在这里，西府不仅是个地理概念，更多的是花含有深厚的历史蕴味。于是 2009 年 4 月 24 日陕西省宝鸡市选海棠花为市花。

“西府海棠”最为唐宋八大家之一的苏东坡所赏识。可能和他一出道，即走上仕途之初，就在西府的凤翔府任签书判官有关。对于西府的海棠花，可能一见难忘，终身结缘吧，苏东坡无论走到哪里，都有此花陪伴。他无限深情地咏赞《海棠》：“东风袅袅泛崇光，香雾空蒙月转廊。只恐夜深花睡去，故烧高烛照红妆。”诗中借用唐明皇和杨贵妃的一则传说：昔明皇在长安兴庆宫沉香亭召贵妃同宴，而贵妃宿酒未醒，帝曰“海棠睡未足也”。东坡以此传说“恐夜深花睡去”戏之，暗以花比易醉嗜眠的美人，莫让她到了夜色深沉、月转回廊的时候蔫蔫然慵睡不醒。这首海棠诗历来脍炙人口，传为经典。

宋代释惠洪《冷斋夜话》卷一也记载：“东坡作海棠诗曰：‘只恐夜深花睡去，故烧高烛照红妆’，事见《太真外传》，‘上皇登沉香亭，诏太真妃子，时妃子卯醉未醒，命力士从侍儿扶掖而至，妃子醉颜残妆，鬓乱钗横，不能再拜。上皇笑曰：岂是妃子醉，真海棠睡未足耳。’”这也是海棠花得

苏轼像

名“花贵妃”最早的出处吧。

其实，以海棠花比美女晋已有之。据《王禹偁诗话》载，西晋开国元勋石苞的第六子，荆州刺史石崇，曾对着盛开的海棠说：“汝若能香，当以金屋贮汝！”所谓“金屋贮汝”用的是《汉武故事》中的典故：汉武帝还在儿时，长公主抱他于膝上，问他以己女阿娇配之好否？他笑曰：“好！若得阿娇作妇，当作金屋贮之也。”而唐代诗人何希尧在他的《赞海棠》一诗中也用了“金屋藏娇”这个典故：“著雨胭脂点点消，半开时节最妖娆。谁家更有黄金屋，深锁东风贮阿娇。”

苏东坡与石崇把海棠花比作美女，也算异曲同妙，各擅胜场了。当然，以海棠比中国四大美女杨贵妃，和宋代陈与义《海棠》“却笑华清夸睡足”，宋代彭渊材的《海棠》“雨过温泉浴妃子”，以贵妃出浴喻海棠，似乎更为香艳娇美。宋代刘克庄《黄田人家》则说：“海棠妙处有谁知，今在胭脂乍染时。试问玉环堪比否？玉环犹自觉离披。”发出海棠妙处，胭脂乍染，试问玉环堪比否的疑问。

海棠花有“睡美人”之誉，陆游有“何似多情睡海棠”句，“睡海棠”应该也是指杨贵妃睡态若海棠这个典故了。明代唐伯虎所画《海棠春睡图》中题画诗《题海棠美人》有“褪尽东风满面妆，可怜蝶粉与蜂狂。自今意思谁能说，一片春心付海棠。”把海棠比作睡美人应和陆诗同出一典。

海棠还有雅号为“解语花”，意指花能解人意。典出《开元天宝遗事》：“帝（唐明皇）与妃子（杨贵妃）共赏太液池千叶莲，指妃子与左右曰：‘何如此解语花也。’”也就是说杨贵妃就是“能说话的名花”，后遂用“解语花、解语倾国”等比喻美女，或指美女可人。黄庭坚《饮润父家》诗中就有“一醉解语花”句。

另外，还有唐代刘兼的《海棠花》：“淡淡微红色不深，依依偏得似春心。烟轻虢国颦歌黛，露重长门敛泪衿。低傍绣帘人易折，密藏香蕊蝶难寻。良宵更有多情处，月下芬芳伴醉吟。”

其中“烟轻虢国颦歌黛”，又把海棠花比作杨贵妃的姐姐，艳绝长安《丽人行》中的虢国夫人了。唐代诗人张祜在其诗《集灵台·其二》中描述虢国夫人：“却嫌脂粉污颜色，淡扫蛾眉朝至尊。”虢国夫人淡扫蛾眉，不施脂粉反显其清丽绝俗，丰姿绰约，比之海棠似乎自有道理。

苏东坡不单写诗以赞海棠花，他还亲手培育栽种过海棠。据宜兴《邵氏家谱》记载，东坡与宜兴人邵民瞻是嘉枯（1056 ~ 1063 年）同榜进士，二人当年诗酒交流，过从甚密，一次在邵氏家中作客时，东坡乘兴在邵氏庭园中栽种了一株“西府海棠”。九百五十多年过去了，令人惊异的是，这株长寿海棠六枯六荣，原树胸围一抱，高约两丈，枝枯中空，1953 年被台风刮断，后从树干基部萌生新枝，一直顽强地活了下来，目前新形成的植株主干有碗口粗，高一丈多。今天，被中国著名报人，创办《文汇报》《大公报》的徐铸成先生叹为“稀有的宝贝”的这株“西府海棠”犹盛开不衰，不仅成了中外游客慕名而至的一方名胜，也成了闻名天下的“西府海棠”最古老的实物见证。

唐代德宗、顺宗、宪宗三朝宰相贾耽著的《百花谱》就有“海棠为花中神仙”之说。唐李绅《海棠》中进一步诠释：“海边佳树生奇彩，知是仙山取得栽。琼蕊籍中闻阆苑，紫芝图上见蓬莱。浅深芳萼通宵换，委积红英报晓开。寄语春园百花道，莫争颜色泛金杯。”到宋代时已普遍地称海棠为花仙子了，如洪适《黄海棠》曰：“汉宫娇半额，雅澹称花仙。”杨万里《海棠》曰：“妖红醉入肌，花仙别无诀。”唐代吴融《海棠》诗云：“雪绽霞铺锦水头，占春颜色最风流，若教更近天街种，马上多逢醉五侯。”一句“最风流”不过瘾，又说如在更近于长安城中央大街的天街栽种，那就会把上朝的众多高官们“五侯”都醉倒了。

王象晋《二如堂群芳谱》赞曰：“其花甚丰，……望之绰约如处女，非若他花冶容不正者可比。盖色之美者，惟海棠，视之如浅绛外，英英数点，如深胭脂，此诗家所以难为状也。”那类红中有白，白中泛红，雪白霞红的花色，“绰约如处女”，或者恰似少女的唇颊，不胜娇羞，而绝无做作之丽质天生，纯真之美，令人爱怜无限。

古人对海棠的评价，曾引出海棠与有花魁、花王之誉，国色天香的梅花、牡丹争雄媲美，攀比风头，以争高下的情景。再如陈思《海棠谱序》说的：“梅花占于春前，牡丹殿于春后，骚人墨客特注意焉。独海棠一种丰姿艳质，固不在二花之下。”还说“到了本朝，由于真宗皇帝的品题，被列为圣品，从此烜耀千古”。吴芾在《和陈子良海棠四首》中甚至认为海棠应居花中第一：“十年栽种满园花，无似兹花艳丽多，已是谱中推第一，不须还更问如何。”宋代祖秀《华阳宫记》甚至说：“望湖亭前有西府海棠一株，所谓汉宫三千，赵姊第一，良非虚语。”

宋代王禹偁《商山海棠》诗曰：“春里无勍敌，花中是至尊。”这是王禹偁遭贬为商州团练副使时所写。商山、商州，即今陕西商洛市旧名。看来，商山海棠也是世之绝色了，又因为“锦里名虽盛，商山艳更繁”，才使王禹偁得出海棠“花中是至尊”的最高评价。

其他还有陆游的“一梢初放海棠红”“一枝气可压千林”“海棠尤可念”“猩红千点海棠开”；李清照的“试问卷帘人，却道海棠依旧。知否？知否？应是绿肥红瘦”等，都是咏海棠的名句。

《广群芳谱》《阅耕馀录》均记载：南宋淳熙年间秦中（今陕西中部）有双株海棠，其高数丈，与周围矮小纤弱的花木相比，“翛然在众花之上”。

关于海棠花，自古亦有“蜀中海棠甲天下”之称。沈立《海棠记》中有：“大足（原属四川，今属重庆）治中，旧有香霏阁，号曰海棠香国。”“岷蜀地千里，海棠花独妍；万株佳丽国，二月艳阳天”之说。蜀中海棠，也称“西府海棠”，应属从陕西西府引进的同源之花。海棠在我国分布很广，南北都可种植，北京可以露地越冬，颐和园和故宫御花园都栽有海棠。

而唐宋时陕西秦中海棠尚闻名全国，明清至今却渐渐式微，甚为可惜。但想着每到春夏之交，海棠花开，迎风峭立，明媚动人，楚楚有致，心中就如春花般愉悦。而自古画家们把海棠与玉兰、牡丹、桂花绘在一幅图上，形成吉祥花卉图“玉棠富贵”，那眼前就一定是花团锦簇、姹紫嫣红了。

因为这四种名花，皆与陕西有缘：西安市周至县厚畛子镇八斗河村有树龄约一千年“中国玉兰王”；出自陕西宝鸡的“西府海棠”为海棠花四品中第一品；陕西延安和太白山褒斜以西是中国牡丹之宗所在地；汉中南郑县圣水寺有萧何手植桂花树，树龄一千八百多年，勉县武侯祠树龄约一千七百年的桂花树。真可谓“玉棠富贵”在陕西啦！

参考书目

［1］司马迁（汉）.《史记》. 北京：中华书局，1982 年第 2 版 .
［2］班固（汉）.《汉书》. 北京：中华书局，2007.
［3］朱景玄（唐）.《唐朝名画录》.
［4］张彦远（唐）.《历代名画记》.
［5］朱熹（宋）注解《诗经》. 陕西：三秦出版社，1996.
［6］骆天骧（元） 纂修 .《类编长安志》.
［7］吴承恩（明）著 .《西游记》. 陕西：陕西人民出版社，1995.
［8］许仲琳（明）著 .《封神演义》. 陕西：三秦出版社，2005.
［9］冯梦龙（明）编 .《警世通言》. 陕西：三秦出版社，2003.
［10］冯梦龙（明）编 .《醒世恒言》. 陕西：三秦出版社，2003.
［11］冯梦龙（明）编 .《喻世明言》. 陕西：三秦出版社，2003.
［12］凌濛初（明）编 .《（初刻）拍案警奇》. 陕西： 三秦出版社 . 2003.
［13］凌濛初（明）编 .《（二刻）拍案警奇》. 陕西：三秦出版社 . 2003.
［14］西安半坡博物馆编 .《半坡史前文物精华》. 陕西：陕西旅游出版社，1995 年 9 月第 1 版 .
［15］李域铮编著 .《陕西古代石刻艺术》. 陕西：三秦出版社出版，1995.
［16］刘士莪编 .《西北大学藏瓦选集》. 陕西：西北大学出版社，1987.
［17］何志明 . 潘运告编 .《唐五代画论》. 湖南：湖南美术出版社，1997.
［18］张永禄主编 .《汉代长安词典》. 陕西：陕西人民出版社，2012 年 11 月第 2 版 .
［19］张永禄主编 .《唐代长安词典》. 陕西：陕西人民出版社，2011 年 10 月第 2 版 .
［20］萧涤非 . 周汝昌 . 程千帆等编著 .《唐诗鉴赏辞典》. 上海：上海辞书出版社，1983.
［21］庞进 .《凤图腾》. 北京：中国和平出版社，2006 年 1 月第 1 版 .
［22］庞进 .《中国祥瑞 . 凤凰》. 陕西：陕西人民出版社，2012 年 6 月第 1 版 .

[23] 庞进.《中国祥瑞.龙》.陕西：陕西人民出版社，2012 年 6 月第 1 版.
[24] 庞进.《中国祥瑞.麒麟》.陕西：陕西人民出版社，2012 年 6 月第 1 版.
[25] 庞进.《中国祥瑞.貔貅》.陕西：陕西人民出版社，2012 年 6 月第 1 版.
[26] 李林.康兰英.赵力光编著.《陕北汉代画像石》陕西：陕西人民出版社，1995 年 3 月第 1 版.
[27] 舒惠芳.沈泓.《门神文化》.中国财富出版社（原中国物资出版），2012 年 2 月第 1 版.
[28] 陕西省文化厅、陕西省非物质文化遗产保护中心编.《陕西剪纸.延安卷、榆林卷、西安卷、宝鸡卷、铜川卷、汉中卷、安康卷、商洛卷、渭南卷、咸阳卷》.陕西：陕西人民美术出版社，2012 年 10 月第 1 版.
[29] 陕西省艺术馆.《民间画师手稿精品集》.陕西：陕西人民美术出版社，2012 年 10 月第 1 版.
[33] 王山水.张月贤.《陕西民居木雕集》.陕西: 三秦出版社,2008 年 1 月第 1 版.
[34] 王宁宇.杨庚绪.《母亲的花儿——陕西乡俗刺绣艺术的历史追寻》陕西：三秦出版社，2002 年 10 月第 1 版.
[35] 常怀林.《中国善良》.北京：北京工业大学出版社，2012 年 6 月第 1 版.
[36] 李志慧.《汉赋与长安》.陕西：西安出版社，2003 年 12 月第 1 版.
[37] 田旭东主编.《话说陕西——远古西周卷》.陕西：西北大学出版社，2009.
[38] 贾志刚主编.《话说陕西——隋唐五代卷》.陕西：西北大学出版社，2009.
[39] 张铭洽.卢鹰.《话说陕西——汉魏六朝卷卷》.陕西：西北大学出版社，2009.
[40] 徐卫民.《话说陕西——秦卷》.陕西：西北大学出版社，2009.
[41] 王建军主编.《话说陕西——民国卷》.陕西：西北大学出版社，2009.
[42] 丛苍.满祥.鲁旭.赵戈.《凤翔民间艺术》.陕西：陕西人民出版社，2010 年 11 月第 1 版.
[43] 殷伟.殷斐然.《中国寿文化》.云南: 云南人民出版社, 2005 年 2 月第 1 版.
[44] 陈纪元.《陕西汉剧脸谱》.2003 年.
[45] 蔡昌林.《唐墓壁画中的动物》.
[46] 蔡昌林.《唐墓壁画的研读与欣赏》.
[47] 蔡昌林.《我的周秦汉唐梦——虎伏羲与龙女娲》.

[48] 王耀林.《古人咏花木诗选》. 香港：中国文化出版社，2007年12月第1版.

[49] 郭志东. 陈喜炜编著.《守望剪刀》. 陕西：陕西人民美术出版社，2014年3月第1版.

[50] 郭志东编著.《陕北的魂魄》. 陕西：陕西人民美术出版社，2014年3月第1版.

[51] 郭志东编著.《母亲的艺术》. 陕西：陕西人民美术出版社，2014年3月第1版.

[52] 刘合心. 雒长安主编.《韩城古代建筑壁画》. 北京：世界图书出版公司，2008.